KB245418

習、習

붓글씨 — 雁月 장효택 (현대오일뱅크 부장, professional learning coach)

성공하려면
액션러닝하라

성공하려면
액션러닝하라

기업들이 공개하지 않는 액션러너의 성공 스토리

봉현철 지음

행성:B웨이브

추천의 글

우리 회사는 지난 2009년부터 회사의 전략적 이슈와 생산 및 영업현장의 현안과제들을 해결하기 위한 방법으로 액션러닝을 활용하고 있다. 아직 속단하긴 이르지만 우리는 지난 17개월 동안 액션러닝을 통해 수많은 회의와 워크숍의 진행방식을 참여적이며 생산적인 결과를 창출하는 과정으로 변화시켰다. 특히 전 임원과 팀장의 약 50%를 러닝코치로 양성하는 과정에서 한독의 리더십 스타일이 변화하는 것을 느끼고 있다. 이 과정을 도와준 봉현철 교수가 쓴 이 책이 보다 많은 조직에서 액션러닝을 체계적으로 운영하는 데 실질적으로 기여하길 기대한다.
— **김영진 회장(한독약품)**

액션러닝은 내가 평소에 꿈꿔왔던 학습조직 구축이라는 이상을 건설회사라는 척박한 현실 세계에 구현할 수 있도록 안내해준 구체적 방법론이다. 나는 이 사실을 전 직장과 현재의 동부건설에서 확실하게 체험하고 있다. 특히 이 책 안에는 우리 액션러닝 팀들이 추진했던 몇 가지 사례들이 생생하게 묘사되어 있어서 매우 흥미롭게 읽었다. 이 책이 보다 많은 최고경영자들에게 읽혀서 우리나라 기업들이 실질적인 학습조직으로 거듭나길 기대한다.
— **김용식 부사장(동부건설)**

나는 지난 8년 동안 회사를 경영하면서 액션러닝이 전사적으로 운영되었을 경우 도산 위기에 처한 기업을 구할 뿐만 아니라 조직문화를 유연하고 창의적인 방향으로 변화시킬 수 있다는 것을 직접 경험했다. 저자는 이 책에서 10여 년에 걸친 풍부한 경험과 탄탄한 이론적 토대를 바탕으로 조직 내에 액션러닝을 성공적으로 정착시키기 위해 CEO와 임직원들이 반드시 유념해야 할 액션러닝의 구체적 방법론을 쉽고 재미있는 이야기로 풀어놓았다. 성과창출과 역량 향상이라는 두 마리 토끼를 잡고자 한다면 이 책을 정독해보길 권한다.
— **서영태 사장(Quintessa Investment Co. 대표이사, 전 현대오일뱅크 대표이사)**

액션러닝은 '액션 없는 러닝은 공허하고, 러닝 없는 액션은 무모'할 수 있음을 가르쳐 주는 기업의 경영혁신 전략이자 개인의 평생 학습방법이다. 배우고 익히는 가장 좋은 방법은 몸을 움직여 실천하는 것이다. 훌륭한 생각이나 좋은 아이디어만으로는 세상이 바뀌지 않는다. 실천만이 변화를 일으키는 원동력이다. 이 책은 조직의 변화와 혁신은 물론, 리더로서의 역량 향상에 필요한 개인의 자기계발 노하우가 가득 들어있다. 무엇보다도 이 책은 오늘보다 더 나은 미래를 꿈꾸는 개인과 조직을 위해 저자가 지난 10여 년간 액션을 통해 온 몸으로 깨달은 교훈의 보고(寶庫)가 곳곳에서 살아 숨 쉬고 있는 액션러닝의 바이블이다. 액션러닝을 액션하기 이전에 러닝하면서 탐독해야 될 필독서로 적극 추천하고 싶다. ― 유영만 교수(한양대학교 교육공학과)

나는 기업교육을 담당하고 있는 사람으로서 우리 회사 구미사업장에서 PRO팀이라는 이름으로 지난 13년간 액션러닝의 철학을 현장에 뿌리내리게 하기 위해 노력해왔다. 이 과정에서 아는 것이 힘이 아니라 할 줄 아는 것, 하는 것이 힘이며 그러한 문제와 해답이 공존하는 현장에서 절실한 문제와 해결 아이디어를 찾아내고 실질적인 액션을 통한 문제 해결을 이룸으로써 부가가치를 창출해야 한다는 저자의 주장이 얼마나 옳은가를 체험하고 있다. 나는 이 책이 단순한 지식인을 벗어나 작은 것이라도 실천에 옮겨 사원 자신과 조직, 그것을 통해서 세상을 변화시켜나가는 '학습창조인'이 우대 받는 풍토를 정착시키는 데 기여할 것이라고 확신한다. ― 전정권 부장(삼성전자)

우리 그룹은 지난해, 그룹의 부장급 직원들을 임원후보자로 육성하기 위한 목적으로 액션러닝 프로그램을 도입 운영했다. 참가자들은 액션러닝을 통해 CEO들이 고민하는 회사의 전략적 이슈에 대해 내외부의 기대를 능가하는 실현 가능한 해결방안을 도출했을 뿐만 아니라 그 과정에서 학습내용의 실천과 적용을 통해 임원에게 꼭 필요한 리더십 역량을 실질적으로 향상시켰다. 10여 년간 액션러닝만을 연구하고 여러 회사들과 다양한 경험을 쌓아온 저자가 실전 경험을 토대로 쓴 이 책을 통해 보다 많은 우리나라 기업에 액션러닝의 진정한 철학과 정확한 방법론이 정착되길 진심으로 바란다. ― 정하영 상무(한화 인재경영원)

저자의 말

1999년에 마쿼트 교수가 쓴 『Action Learning in action』이라는 책을 번역해 출판한 지 12년의 세월이 흘렀다. 그 후로 나는 수많은 기업체와 정부기관에서 여러 가지 형태의 액션러닝 프로그램을 통해 수많은 사람들과 정말 많은 과제를 수행했다. 이 책에 소개한 것처럼 나와 학습자(액션러너)들은 생산현장의 고질적인 품질불량 문제를 해결하기도 했고, 고가의 핵심부품을 설계하는 절차를 담은 매뉴얼을 만들기도 했으며, 부하직원들의 직무 기술을 향상시키기도 했다. 그런가 하면 신제품을 개발하여 외화를 절약하기도 했고, 신공법을 개발하여 건축 현장에 적용함으로써 건설업계의 트렌드를 바꿔놓기도 했다. 그리고 그 과정에서 학습자들은 자신의 의사소통과 리더십 스타일을 바꿔서 가족은 물론 직장 동료들과의 관계를 개선했고, 문제 해결의 달인으로 성장하여 승진도 했고 영전도 했다.

나는 그때마다 그들의 이슈와 문제를 실질적으로 해결하도록 돕기 위해 내가 할 수 있는 최선을 다했다. 우리는 항상 공동 운명체로서 우리 이슈에 대해 깊게 고민하고 최선을 다해 노력했으며, 이런 우리의 열정은 매번 정직한 결과를 가져다주었다.

지난 12년 동안 나는 정말 많은 것을 배웠다. 기업의 현안문제와 조직문화에 대해, 다양한 업종과 비즈니스의 특성에 대해, 훌륭한 리더들의 의사소통 방식과 리더십에 대해, 팀 단위의 문제해결과 의사결정 프로세스에 대해, 그리고 이 시대를 살아가는 직장인들의 애로사항과 진정한 관심사에 대해 많은 것을 알게 되었고, 많은 것을 깨달았다.

2005년에 나는 여러 동료들과 함께 한국액션러닝협회를 설립했으며, 우리가 액션러닝 과정에서 배운 교훈과 현장에서 터득한 실질적인 방법론을 현재까지 1,000여 명의 우수한 인재들에게 전수함으로써 액션러닝을 보다 많은 조직에 전파하기 위해 노력해 왔다. 그러던 어느 날 내가 매우 아끼는 제자가 나에게 강력한 항의를 제기했다. 교수님이 가지고 계시는 지식과 노하우를 왜 책으로 쓰지 않느냐는 것이었다. 아직 잘 모른다, 시간이 없다, 책으로 이야기하기에는 너무 복잡하다 등 몇 가지 변명을 했지만 그 친구의 입장은 단호했다. "책을 쓰지 않는 것은 교수님의 직무유기입니다!" 난 아직도 그날 그 친구의 상기된 얼굴 표정을 생생하게 기억하고 있다.

천성이 게으른 내가 그 제자의 명령을 실행에 옮기는 데 2년의 세월이 걸렸다. 그리고 내 솔직한 심정은 아직 좀 더 미루고 싶다. 우리 기업들의 사례나 우리 기업들에게 적합한 액션러닝 방법론을 좀 더 완벽하게, 좀 더 구체적으로 담은 훌륭한 책을 만들고 싶기 때문이다. 나무들에게 부끄럽지 않도록.

이 책을 읽고 독자들이 과연 액션러닝이라는 보물의 진가를 알아

볼 수 있을까? 무엇보다도 내가 액션러닝의 철학과 방법론을 충분히 구체적으로 표현한 것일까? 이 질문에 후련하게 "예!"라고 대답할 수 있기 위해 더 많이 고민하고 싶었다. 그러나 이제는 그 망설임을 과감하게 내려놓기로 했다. 일단 이 책을 통해 내 경험과 의견을 더 많은 분들과 공유한 다음, 집단지성의 힘을 빌어 더 나은 책으로 발전시키기로 다짐했기 때문이다.

내 사고와 표현력의 한계 때문에 이 책에 담긴 내용이 복잡하게 얽혀 있는 경영 현장의 이슈를 해결하는 데 충분하지 못할 것이라는 점을 잘 안다. 그렇지만 나는 그동안 액션러닝을 통해 수없이 확인한 것처럼 독자들이 현명한 판단력으로 이 책을 봐주리라 믿는다. 특히 방법론과 관련된 부분을 무조건적으로 받아들이지 않고 액션러닝의 철학을 올바로 이해하기 위한 보조도구 정도로 생각해주기를 바란다.

나는 지난 10여 년간의 경험을 통해 액션러닝의 가장 큰 특징이자 매력이 방법론적 유연성에 있다는 것을 깨달았다. 액션러닝은 모든 문제의 답은 현장에 있으며, 해답을 찾을 수 있는 최적의 적임자는 바로 그 일을 수행하는 사람이라는 전제에서 시작된다. 학습자들이 실존하는 과제를 수행하면서 그들의 역량을 향상시키는 과정이 액션러닝이다. 그리고 과제를 수행하는 방법은 과제와 학습자, 학습자들이 속한 조직과 그 조직의 업무 특성, 그리고 과제수행과 학습에 할애할 수 있는 기간과 제반 여건에 따라 모두 다를 수밖에 없고, 또 당연히 달라야 한다.

부디 여러모로 부족한 이 책이 자신과 조직의 이슈를 실질적으로 해결하고 자신의 역량을 향상시키고자 하는 독자들에게 구체적인 도움이 되기를 진심으로 바란다.

　모든 액션러닝 프로그램들이 그렇듯이 이 책도 나 혼자의 작품이 절대 아니다. 이 자리를 빌려 이 책의 숨은 저자들에게 감사의 말씀을 전하고 싶다. 책에 나오는 모든 사례의 주인공들이 이 책이 있게 한 장본인들이다. 그들 모두에게, 그리고 이 책에는 등장하지 않지만 액션러닝의 철학을 그들이 처한 현실에 구현하기 위해 노력했던 수많은 학습자들, 스폰서들, 러닝코치들, 그리고 프로그램 담당자들에게 진심으로 감사한다. 참고로 이 책에 나오는 모든 이야기들은 내가 실제로 경험한 사실을 책의 내용과 맥락에 적합하도록 스토리텔링으로 재구성한 것이다.

　이 책에서 설명한 많은 방법론들 또한 나 혼자 만들어낸 것이 아니라 일일이 열거할 수 없을 정도로 많은 분들이 집단지성을 발휘하여 진화시킨 것들이다. 그 많은 분들 중에서도 특히 한국액션러닝협회의 임원들에게 깊은 감사의 말씀을 드리고 싶다. 좋은 책을 만들기 위해서는 전문가들의 도움을 반드시 받아야 한다는 사실을 절실하게 깨닫게 해주신 행성B의 임태주 대표와 윤주용 편집팀장, 그리고 글을 쓰는 데 도움을 준 신영란 실장의 진심 어린 협조와 노력에 깊이 감사드린다. 마지막으로 부모님과 장인 장모님, 그리고 사랑하는 아내와 세 아이들에게 진심으로 감사하며 이들에게 이 책을 바친다.

봉현철

Chapter3 **2차 학습팀 회의**

에너지를 한곳에 집중하라

Chapter4 **과제조인식과 3차 학습팀 회의**

액션러닝에 연습문제는 없다

프롤로그

하늘기업 창립 25주년 기념행사가 열리는 고구려호텔 정문 안으로 들어서는 명민한의 표정은 어느 때보다 활기가 넘쳤다. 이날은 그가 영업1팀 부장에서 경영지원 부문 상무이사로 승진하는 영광스러운 날이기도 하다.

"축하드립니다, 상무님!"

행사장에 미리 와 있던 영업1팀 팀원들이 우루루 달려와 인사를 건넸다.

"벌써부터 왜 이래, 쑥스럽게."

"쑥스럽긴요. 저희는 아주 입에 착착 달라붙는데요, 명 상무님?"

"이 사람들이 참. 아무튼 고맙네."

아직은 상무라는 호칭이 어색하기만 하다.

입구 쪽으로 황정의 부사장이 들어서고 있다. 어찌 보면 황 부사장은 명민한의 오늘이 있게 한 장본인이나 마찬가지다. 황 부사장의 배려와 격려가 아니었더라면 지금쯤 그는 다른 일에 종사하고 있을지도 모른다.

"이제 어깨가 더 무거워졌으니 내년에도 애 많이 써주게."

황 부사장이 악수를 청하며 부드럽게 미소 지었다.

"모든 게 다 부사장님께서 돌봐주신 덕분입니다."

명민한은 진심으로 고개를 숙여 고마움을 표시했다.

명민한이 하늘기업에 입사한 지도 어느덧 15년이라는 세월이 흘렀다. 파릇파릇한 영업부 신입사원 시절을 거쳐서 지금까지 오는 동안 이런저런 우여곡절도 많았다. 열심히 일을 해서 인정받고 싶은 욕구는 시간이 갈수록 강해졌지만 시시각각으로 변화하는 상황에 발목이 잡혀 우왕좌왕하다가 엉뚱한 실수를 저지르기도 했다.

5년 전, 부장 타이틀을 달고도 몸값을 못한다고 느꼈을 때는 차라리 사표를 내고 개인 사업이라도 해볼까 생각했다. 돌이켜보면 그때는 모든 게 엉망이었다. 상사들 앞에서는 괜히 주눅이 들어서 눈치 보기 바빴고 퇴근길에는 어깨가 천근만근이라 가족들에게도 충실하지 못했다.

'이러다 결국 도태되고 마는 건 아닐까.'

온갖 불안한 상상들이 뇌리를 스쳤다. 열정이 식은 것도 젊은 날만큼 패기가 모자란 것도 아니었다. 명민한은 자신에게 닥친 슬럼프를 벗어날 수 있는 돌파구가 어딘가에 분명히 있을 거라 생각했다. 그래도 한때는 보란 듯이 승승장구하던 시절이 있었는데 추락하는 일만 남았다고는 믿고 싶지 않았다.

인생에는 적어도 세 번의 기회가 있다고 하지 않았던가.

명민한에게 그 첫 번째 기회가 하늘기업에 입사한 것이었다면, 두 번째는 쟁쟁한 입사동기들을 제치고 제일 먼저 부장 자리에 올랐을 때였다. 세 번째는 말할 것도 없이 깊은 슬럼프의 늪에서 빠져나와 전 직원들 앞에서 최우수사원 표창을 받았던 지난해 겨울이었다.

　"상무님을 뵐 때마다 정말 존경스럽다는 생각이 듭니다. 어떻게 하면 저희도 상무님처럼 될 수 있는지 비법이 있으면 좀 알려주십시오."

　"네, 한 말씀 해주십시오. 상무님!"

　뒤풀이 자리가 무르익어가면서 영업1팀 직원들의 눈길은 일제히 명민한에게 향했다.

　분위기를 띄우려고 하는 말인 줄 알면서도 듣기 싫지는 않았다.

　"솔직히 비법이 있기는 있지. 정말 알고 싶은가?"

　명민한이 술을 한 잔씩 따라주면서 물었다.

　"네!"

　부하직원들의 힘찬 목소리에서 3년 전 자신의 모습이 그려졌다.

　명민한은 앞으로 회사의 주역이 될 보석 같은 후배들을 위해 그 열정의 기록들을 풀어놓기 시작했다.

Chapter 1
오리엔테이션

명민한, 액션러닝에
참가하다

ACTION
LEARNING

하늘기업 해바라기팀의 액션러닝

첫 번째 이야기

오리엔테이션 — 액션러닝, 몸값을 올리는 팀 학습

'안 그래도 힘들어 죽겠는데 교육은 무슨 교육이야. 대체 일을 하라는 건지 말라는 건지 모르겠군.'

핵심부장 과정에 참가하라는 인재개발팀의 연락을 받고 명민한의 뇌리에 맨 처음 떠오른 것은 회사 인트라넷의 월간 매출 실적 화면이었다.

명민한이 팀장을 맡고 있는 영업1팀은 휴대폰 단말기 판매 사업본부 소속이다. 요즘 영업1팀은 영업 부문에서 6개월째 내리 하위 팀을 면치 못하고 있는 중이다. 불과 2~3년 전까지만 해도 차기 영업본부장감으로 윗선의 주목을 받으며 동료들의 부러움을 샀던 그로서는 여간 자존심 상하는 일이 아니다.

"경기가 안 좋으니 어쩌니 하는 것도 다 핑계지 뭐. 중요한 건 고객들이 뭘 원하는지 정확히 파고드는 전략이야."

퇴근길에 회사 근처 갈비집 앞을 지나다가 문득 지난주 영업 부문 회식 때 영업3팀장이 했던 말이 떠올랐다. 딱히 누굴 겨냥한 말은 아니었지만 왠지 듣고 있기가 거북했다.

"보라고. 다른 집이나 이 집이나 맛도 비슷하고 가격도 별 차이가 없지만 왠지 모르게 손님을 끄는 어떤 포스가 느껴지지 않나? 이 집 주인이 마케팅이 뭔지 아는 사람이란 뜻이야."

영업3팀장은 누가 묻지도 않은 말을 계속 지껄이다가 은근슬쩍 회사 이야기로 방향을 바꾸었다.

"올해 우리 영업 부문 전체 매출 목표가 20%나 높게 잡힌 거 말이야. 무리라고 생각하지 않나? 다행히 요즘 우리 팀은 그럭저럭 실적을 올리고는 있지만 아무래도 전체적으로 좀 불안해서 말이야."

요는 자기들은 잘할 수 있는데 다른 팀에서 죽을 쑬까 봐 걱정이란 뜻이다. 명민한은 은근히 부아가 솟구쳤다. 영업3팀은 인터넷 전화 사업을 담당하고 있다. 최근 영업3팀의 매출이 눈에 띄게 좋아진 것은 사실이다. 그렇다고 자기네가 회사를 다 먹여 살리기라도 하는 것처럼 거들먹거리는 태도가 비위를 긁었다.

'아직 연말이 되려면 한참 멀었는데 길고 짧은 건 대봐야 아는 거지. 지들이 언제부터 그렇게 잘 나갔다고.'

아니꼬운 생각에 한 마디 해주고 싶었지만 꾹 참았다.

지금이라도 사내 최고의 실적을 자랑하며 사기가 하늘을 찔렀던 영업1팀의 신화는 아직 끝난 게 아니란 사실을 보여줘야 한다. 현 대표이사가 새로 부임하면서 차장급이던 자신을 부장급으로 승진시킨 것도 윗선의 기대감이 크게 작용했을 터였다.

승진 이후 뚜렷한 성과를 내지 못한 아쉬움을 만회하기 위해서라도 열심히 뛰어야 한다. 헌데 이 와중에 교육이라니. 그것도 4개월이나 걸리는 교육이란다.

"끝나고 나랑 잠깐 이야기 좀 할 수 있을까?"

사무실에 도착해 대충 오전 업무를 정리한 다음 인재개발팀 유 차장에게 전화를 걸었다. 교육 명령이 떨어진 이상 빼달라고 할 순 없겠지만 대체 무슨 프로그램인지나 제대로 알아보고 싶었다.

인재개발팀에서 보내온 안내 메일에 의하면 부장급이라고 누구나 참여하는 건 아니고 부장급 전체 인원 중 일부만 선발하여 교육을 받는다고 한다. 총 20명, 그 정도면 전체의 절반에도 못 미치는 규모이다. 교육 결과를 일정 부분 임원승진에 반영한다고 하니 좋은 기회가 될 수도 있다. 그럼에도 기분이 썩 가볍지만은 않은 건 도무지 마음에 여유가 없기 때문이다.

"갑자기 교육 명령이 떨어져서 당황하셨죠?"

약속장소인 일식집에 미리 와서 기다리고 있던 유 차장이 명민한의 눈치를 살폈다. 이미 만나자는 이유가 뭔지 알고 있다는 표정이다.

"요새 우리 팀 바쁜 거 유 차장도 알잖아. 이럴 때 자꾸 자리 비우는 것도 그렇고."

"왜요, 본부장님이 뭐라 그러실까 봐 신경 쓰이세요?"

"당연히 신경 쓰이지. 발에 땀이 나도록 뛰어다녀도 모자랄 판에 교육이니 뭐니 하면 어떤 상사가 좋아하겠나?"

"선배님, 일단 그 부분은 걱정 마세요. 교육 기간이 4개월이긴 하지만 이번 과정은 현업을 유지하면서 병행하는 프로그램입니다."

유 차장은 오리엔테이션 사흘을 제외하곤 특별히 근무시간에 지장을 주지 않는 프로그램이라고 했다. 하지만 명민한은 그게 더 부담스러웠다. 결국 일은 일대로 하면서 4개월이나 교육을 받으라는 말이 아닌가.

"잠깐, 그런데 그 액션러닝이란 게 대체 뭐야?"

명민한이 따지듯이 물었다.

"액션러닝은 말 그대로 Action Learning, 즉 일하면서 배우고, 배운 것은 꼭 실천에 옮긴다, 대강 이런 뜻입니다. 그러니까 단순한 교육 프로그램으로 끝나는 게 아니라 교육과정 중에 직접 과제를 실행에 옮겨 성과를 도출해내는 프로그램이란 거죠."

"현업을 하면서 교육을 받는다며, 과제를 실행한다는 게 가능해?"

"제가 알기로는 가능하다고 들었습니다. 선배님, 여러모로 힘든 상황이라는 건 알지만 회사 차원에서 하는 일이니 좀 도와주십시오."

회사 차원에서 하는 일이라는데 더 할 말은 없지만 내키지 않는 건 사실이다.

유 차장은 한 달 전쯤 대표이사를 비롯하여 부사장급 임원들과 각 사업 부문 본부장들이 이 분야 전문가인 어떤 교수 한 명과 미팅을 갖고 학습자들에게 부여할 과제와 스폰서 선정까지 마쳤다고 했다.

"그날 이미 각 팀 과제 스폰서들의 사인도 받았으니 실행과정에서 별 문제는 없을 겁니다."

도대체 무슨 과제를 어떻게 실행한다는 건지.

유 차장의 장황한 설명에도 명민한의 굳어진 표정은 달라지지 않았다.

"선배님. 제가 이 분야에서 실력이 쟁쟁하기로 유명한 헤드헌터들에게서 들은 이야긴데요. 액션러닝을 잘하면 학벌보다 더 중요한 경력으로 인정받을 수 있답니다."

계속해서 떨떠름해하는 명민한의 태도가 마음에 걸렸던지 안절부절못하던 유 차장은 잘하면 몸값이 올라갈 수도 있다는 말을 했다.

"헤드헌터들은 회사에 인재를 소개할 때 과거 직장에서 어떤 프로젝트에 참여했으며 어떤 역할을 했는지 뒷조사를 하기 마련인데, 액션러닝은 팀원 모두에게 실질적인 문제 해결 능력을 키워주기 때문에 성공한 액션러닝 프로그램에 참여했다는 경력 자체가 참가자를 그 분야의 전문가로 만드는 데 일조하게 되는 거죠."

유 차장은 모 기업의 경우 굵직굵직한 프로젝트에 참여한 직원들 대부분이 액션러닝 학습팀 출신이라며 그 명단이 헤드헌터들의 스카우트 대상 1위로 돌고 있다는 설명을 덧붙였다.

"그 회사 인트라넷에 들어가 보면 그동안 액션러닝을 통해서 축적한 기술 DB만 해도 500개 가까이 된답니다. 거기에 학습팀 명단도 뜨는데 외부 사람들에게는 공개가 안 된다고 해도 유능한 헤드헌터들은 이미 그 명단을 꿰고 있다는 거죠."

유 차장 말은 액션러닝이 회사 입장에서 보면 인적자원 개발의 일환이지만 당사자 입장에서는 자기 역량을 높이는 기회가 될 수도 있으니 프로그램 참여를 그렇게 부담스러워하지 말라는 뜻이리라.

"그렇게만 된다면 얼마나 좋겠나."

"어려운 일 있으면 언제든 불러주십시오. 선배님이 필요하다고 하시면 언제든 달려가 돕겠습니다."

"알았으니까 한 잔 마시고 일어나자고."

명민한은 더 하고 싶은 말을 삼키고 유 차장과 헤어져 집으로 돌아왔다. 직접 부딪쳐보면 알게 되겠지. 이왕 결정된 일, 너무 많은 이야기를 하는 것도 후배인 그에게 부담을 주는 일일 것이다.

다음날 퇴근 시간에 명민한은 모처럼 반가운 전화를 받았다.

"나 지금 오빠네 회사 근처에 있는데 잠깐 볼 수 있을까?"

호주로 이민을 떠난 지 7년 만에 다시 돌아온 여동생 연숙의 목소리다. 하나뿐인 여동생인데 귀국한 지 몇 주가 지나도록 통화만 하고 말았던 게 마음에 걸렸던 참이다. 남매는 저녁 식사를 마친 뒤 전통 찻집에 자리를 잡고 앉았다.

"집 정리는 다했니? 사는 데가 어디라고 했지?"

"응, 역삼동 E아파트라고 알지?"

"그럼, 알지. 지내기는 불편하지 않고?"

아파트 이야기가 나오자 연숙의 음성이 한 옥타브 높아졌다.

"주변 환경부터 실내 인테리어까지 흠잡을 데가 없어. 다른 데도 몇 군데 가봤는데 이 아파트는 특별히 신경 쓴 티가 나더라고."

아파트도 브랜드 시대라 내부 인테리어나 공간 활용도 면에서 빠르게 진화하고 있다는 것 정도는 알고 있었지만 외국에서 살다 온 동생 입에서 찬사가 그칠 줄 모르니 좀 의외라는 느낌이 들었다.

"새로 지은 아파트라서 그런가?"

"3년도 넘었다던데? 애 아빠 친구가 그 아파트 지은 회사에 다니잖아."

아파트를 대체 어떻게 지었기에 성격 까다롭기로 둘째가라면 서러워할 여동생 마음에 쏙 들었을까? 외국에 오래 살다 오니 고국의 모든 것이 긍정적으로 비쳐지기라도 한 것인가?

명민한은 얼마 안 가 그 이유를 알게 되었다.

핵심부장 과정 액션러닝 오리엔테이션

현수막이 내걸린 인재개발원 입구로 들어서자 비로소 교육에 참여한다는 실감이 났다.

강당 안에는 4개의 테이블이 연단을 향해 역삼각형으로 놓여 있었고 인재개발팀 직원 2명이 분주히 오가며 필기도구와 각종 교보재, 그리고 학습자들의 이름과 해바라기팀, 진달래팀, 목련팀, 장미팀 등 꽃 이름을 딴 팀 명칭이 적힌 팻말을 비치하고 있었다.

준비가 모두 끝나자 20명의 학습자들이 하나둘씩 안으로 들어와 정해진 자리에 앉았다. 해바라기팀 팻말이 놓인 명민한의 테이블에도 5명의 학습자들이 연단을 향해 둘러앉았다.

"저는 이번 액션러닝 프로그램의 마스터 코치를 맡은 경영민이라고 합니다."

진행자의 안내에 따라 연단에 오른 한국대학교 경영민 교수가 좌중을 둘러보며 인사를 했다. 40대 후반쯤 되었을까? 말끔한 정장 차림의 경 교수는 날카로운 듯하면서도 전체적으로는 부드러운 이미지를 갖고 있었다.

지난 10여 년간 국내 30여 개 기업에서 액션러닝 프로그램을 실시해왔다고 자신을 소개한 경 교수는 칠판에 다음과 같이 적고 밑줄을 그었다.

액션러닝 – 팀, 學, 쩝

"여러분은 최근 3~5년 사이에 준공된 아파트의 저층부 건물 외벽이 어떤 자재로 마감되는지 알고 계십니까?"

"대리석 말입니까?"

경 교수의 물음에 대답한 사람은 해바라기팀 학습자 가운데 한 명이었다.

"네, 그렇습니다. 혹시 대리석 중에서 주로 어떤 색을 쓰는지도 알고 계신가요?"

"브라운 계열인 것으로 알고 있습니다만."

"맞습니다. 그런데 어떻게 그렇게 잘 아십니까?"

"그냥 제가 사는 아파트가 그렇다는 거지요."

"아, 그러시군요. 역시 하늘기업 부장님이시라 좋은 아파트에 사시는군요!"

학습자들 사이에서 가벼운 웃음이 터져 나왔다. 곧이어 경 교수가 미리 준비한 슬라이드 화면을 열어 보였다.

공동주택 외부 오염 사례와 대책에 관한 연구

− D사 건축 ○○본부 깔끄미팀 −

'2005년 액션러닝 우수 학습팀 사례'라는 글귀에 덧붙인 'D사 E아파트의 경우'라는 제목을 보고 명민한은 눈이 번쩍 뜨였다.

E아파트라면 동생 연숙이 산다는 그 아파트였다.

"아파트 외벽의 저층부를 대리석으로 마감하는 공법을 맨 처음 시행한 곳이 바로 이 아파트입니다. C아파트도 E아파트를 벤치마킹한 케이스라고 보시면 됩니다."

명민한은 자못 흥미로운 느낌으로 슬라이드 화면을 응시하였다. 여동생이 그렇게 입에 침이 마르도록 칭찬한 아파트가 액션러닝 프로그램과 관련이 있다는 사실이 신기하지 않을 수 없었다.

"다시 말씀드리지만 액션러닝의 기본은 팀, 학, 습입니다."

경 교수는 액션러닝은 팀 단위로 이루어지는 학습이기 때문에 액션러닝이 액션러닝다우려면 무엇보다도 학습 팀원 전체가 혼연일체가 되어야 한다고 말했다. 아울러 무임승차자는 조직의 암적인 존재이기 때문에 절대로 있어서는 안 된다고 힘주어 강조했다.

다음으로 학(學)자를 가리키며 액션러닝에서 배움의 원천은 현장, 고객, 벤치마킹(동종 및 이업종), 사내외 전문가, 동료, 이렇게 5가지라고 설명했다. 경 교수는 그 예로 공동주택 외부오염에 관한 대책을 수립하기 위해 깔끄미 팀원들이 교과서나 논문 등 이론 서적을 먼저 본 것이 아니라는 점을 들었다. 그보다는 자사 아파트 현장을 비롯한 수많은 아파트 단지를 돌며 그곳에 사는 주민들로부터 생생하게 살아 있는 지식을 획득했다는 것이다.

이야기는 다시 습(習)에 대한 개념으로 넘어갔다.

"이 습(習)이라는 글자는 날개 익(翼)자와 흰 백(白) 자를 합친 것인데, 원래는 흰 백(白)자가 아니라 일백 백(百)자가 쓰였답니다. 새가 나는 기술을 완전히 익히려면 적어도 백 번은 연습을 해야 된다는 뜻입니다."

경 교수는 잠시 회상에 잠긴 표정으로 설명을 이어갔다.

"제가 액션러닝을 본격적으로 연구한 지 올해로 10년째입니다. 지난 10년 동안 저는 저의 모든 에너지를 온통 액션러닝에 쏟아부었습니다. 강의를 해도 논문을 써도 세미나에 참석해도 프로젝트를 해도 국제학술회의에 참석할 때도 액션러닝에 관계된 것이라면 지구촌 어디라도 갈 것이지만, 그렇지 않으면 한 발짝도 옮기지 않겠다는 심정으로 오로지 액션러닝만을 생각하며 살고 있고 앞으로도 그럴 것입니다."

경 교수는 자신이 평생 액션러닝에만 전념하기로 결심한 건 오로지 습(習)이라는 글자 때문이었다며 학습자들을 돌아보았다.

"여러분 중에 혹시 대학 때 ○○ 학습과를 다니신 분 계십니까?"

강당 안에 침묵이 감돌았다.

"우리나라에 경영학과는 많은데 경영학습과는 없습니다. 전자공학과나 교육학과, 간호학과는 많은데 전자공학습과, 교육학습과, 간호학습과는 없습니다."

경 교수는 그 이유가 습의 중요성을 외면하는 우리나라의 사회 분위기와 무관하지 않다고 꼬집었다. 배우기만 하고 배운 것을 익히려 하지 않는 모순된 현실에 대한 경 교수의 날카로운 비판은 그대로 명민한의 메모장에 옮겨졌다.

아는 게 힘이 아니라 할 줄 아는 것, 하는 것이 힘이다. 우리는 소위 지식인이라고 하는 사람들, 많이 알고 많이 배운 사람들만 떠받들어 왔다. 그러나 그 사람들로부터 부가가치가 창출되는 건 아니다. 진정한 부가가치는 배운 것을 익힌 사람들, 할 줄 아는 사람들, 실질적 문제 해결 능력을 가진, 실천하는 사람들로부터 나온다.

더 늦기 전에 패러다임을 바꿔야 한다. 사람들은 뭔가를 배운다고 하면 일단 교실이나 교사, 책을 떠올리지만 사실 그 안에는 우리가 생각하는 것처럼 현실에 적용할 수 있는 실질적인 내용이 그리 많지 않다. 세상은 빠르게 변한다. 그만큼 우리가 필요로 하는 지식의 내용도 빠르고 광범위하게 변화하기 마련이다. 전문가들의 머릿속에 들어 있는 지식이 활자화되어 생활에 유용한 정보로 바뀌려면 적어도 몇 개월 혹은 몇 년은 걸려야 한다. 그렇기 때문에 활자화된 지식, 즉 형식지의 내용은 현실 적용성이 더 낮아지는 것이다.

물론 형식지의 가치를 무조건 폄하하려고 하는 건 아니다. 다만 이 사회가 많이 알고 많이 배우기만 한 사람들보다는 실질적인 문제 해결 능력을 갖춘 사람들이 존중받고 대우받는 그런 사회가 되어야 한다는 것이다.

한창 열변을 토하던 경 교수가 다시 칠판에 글을 적고 밑줄을 그었다.

액션을 하면서 러닝을 해라.
그리고 러닝을 했으면 액션으로 옮겨라.

"아무리 좋은 아이디어라도 보고서 차원에서 끝낸다면 사장되고 말 것입니다. 아이디어를 끝까지 현장에 적용하고 실천하는 것, 이것이 액션러닝의 철학입니다."

현장에 가서 문제점을 찾아보고 전문가 의견을 듣고 동료들끼리 고민하면서 열심히 학(學)을 했다고 끝난 것이 아니다. 아이디어를 실행에 옮기려면 예산이 필요하다. 회사의 규정이나 시스템을 바꾸기 위해 윗사람, 동료, 아랫사람까지 설득해야 될 수도 있다. 액션러닝에 팀원들의 신념과 열정이 절대적으로 필요한 것은 이 모든 과정이 순조롭지만은 않기 때문이다. 실행과정에서 본의 아니게 상사 또는 동료 선후배들과 갈등을 겪게 될 수도 있다. 갈등을 피하고 싶다고 과거에 선배들이 했던 대로, 상사가 시키는 대로, 회사 규정대로 하려고만 했다면 액션러닝의 수많은 베스트 프랙티스(best practice)는 세상에 구현되지 않았을 것이다.

"한 배에 탄 승객으로서 그 어렵고 힘든 과정을 모두 돌파했을 때 여러분은 비로소 '액션러닝 했다'고 말할 수 있을 것입니다."

액션러닝 과정에서 학습자들은 스스로 뿌린 만큼 결실을 거두게 될 것이다. 그것도 정직하게 뿌린 만큼만, 그리고 뿌린 만큼은 꼭. 그러기 위해서 액션러닝은 학습자들에게 많은 것을 요구하게 될 것이다. 만약 그 모든 난관을 극복하고 액션러닝을 성공적으로 수행한다면 학습자들의 직장생활은 물론 가정생활, 개인적인 경력개발에서 가장 중요한 성공요인인 '실질적 역량 향상'이라는 평생 잊지 못할 소중한 보람과 기쁨을 얻게 될 것이다.

명민한은 경 교수의 신념에 찬 강의를 귀담아 들으며 4개월 후 자신의 모습을 그려보았다. 아직 분명한 건 모르겠다. 하지만 적어도 프로그램에 참여하면서 지불하게 될 갖가지 비용, 즉 시간과 노력이 아깝다는 생각은 들지 않을 것 같았다.

과제 선정 — 현존하는 절실한 과제를 택하라

명민한의 해바라기팀은 영업3팀 나명석 부장, 디자인 개발부 주용해 팀장, R&D 부문 연구1팀장으로 있는 원이상 부장, 생산기술팀 남주남 부장까지 합해서 총 5명이다.

팀원들은 서로 인사를 나누며 간단하게 자기소개를 했다. 주용해 팀장은 얼핏 보기에 대인배 기질이 강한 인물 같고, 원이상 부장은 따지기 좋아하는 인상, 남주남 부장은 일 처리가 깔끔하다는 평판은 들었지만 눈매가 여간 날카로운 게 아니었다. 며칠 전 회식자리에서 속을 긁었던 영업3팀 나 부장을 제외한 나머지 3명은 서로 얼굴만 아는 정도일 뿐 업무상으로는 마주칠 일이 거의 없었다. 어쨌든 4개월 동안 한 팀으로 뭉쳐 움직여야 될 사람들이었다.

제비뽑기 결과 해바라기팀의 러닝코치는 경 교수가 맡게 되었다. 러닝코치는 4팀에 각각 한 명씩 배정되는데 프로그램 전체의 마스터 코치 역할을 하는 경 교수가 러닝코치로 배정된 것은 행운이었다.

팀 구성이 끝난 뒤 간단한 아이스 브레이크(ice break) 타임이 있었다. 팀원들은 요즘 유행한다는 '접어 게임'을 즐기며 초반의 어색했던 분위기를 풀었다. 본격적인 학습에 들어가기 전에 제일 먼저 한 일은 그라운드 룰을 정하는 것이었다. 해바라기팀에서 만장일치로 정한 그라운드 룰은 '절대로 지각하지 않기'였다. 그라운드 룰을 어길 경우에 대한 벌칙도 정했다.

그밖에도 자신에게 맡겨진 과업 충실히 수행하기, 발언권 균등 분배하기, 타인에 대한 비판 금지, 회의 시 휴대폰 진동으로 하기 등 몇가지 룰이 정해졌다.

경 교수는 단 한 명의 무임승차자도 없는 '전원 참여의 원칙'은 그어떤 경우에도 양보할 수 없는 액션러닝의 절대적 조건임을 몇 번이고 강조하였다.

두 번째로 경 교수가 강조한 것은 철저한 팀워크였다. 서로 다른 기질과 성격을 가진 팀원들끼리 활동하다 보면 갈등이 생길 수 있다. 경 교수는 이런 상황을 방지하려면 무엇보다도 서로의 의견을 존중하고 배려하는 경청의 자세가 필요하다며 역할 연기 방식의 실습을 통해서 경청의 기술을 실제로 발휘하는 것이 얼마나 중요한지 느끼게 한 다음, 팀원들에게 한 가지 숙제를 내주었다. 즉 가족들과 동료들 중에서 인간관계를 개선하고 싶은 대상을 한 명씩 선택한 다음 지금 배운 경청의 기술을 활용하여 대화를 해보고 그 결과를 기록하여 다음 미팅 때 가져오라는 것이었다.

아무리 좋은 이야기를 해주어도 듣는 귀가 열려 있지 않으면 소중한 정보를 흘려듣기 마련이다. 상대방이 무심코 내뱉은 말 속에 자신이 필요로 하는 결정적인 아이디어가 숨어 있을 수도 있다.

경 교수가 프로그램 초반부터 경청의 기술을 완벽하게 익히도록 숙제를 내준 것은 액션러닝 과제의 성공적 수행을 위해서 뿐만이 아니었다. 의사소통은 앞으로 임원이 되어서 여러 가지 과업을 수행할 때도 매우 중요하다. 그런데 의사소통의 기본은 말하는 것이 아니라 경청이다. 따라서 조직의 리더가 되려면 경청이 절대적으로 중요하다는 것이다.

또한 경 교수는 경청의 기술을 실습하는 이유는 액션러닝에서 배운 내용을 실제 생활에 적용해서 가시적인 효과를 경험함으로써 습(習)의 중요성을 깨닫고, 액션러닝이 자신에게 가져다줄 개인적인 효용을 프로그램 초기에 몸으로 느껴봄으로써 앞으로 있을 액션러닝 프로그램 전 과정에 팀원들이 보다 적극적으로 참여하게 하려는 의도도 내포되어 있다고 덧붙였다.

　그런데 경청을 했으면 그만이지 왜 실천한 결과를 기록으로 정리하라는 것일까? 팀원들은 이 의문에 대한 답을 얻기 위해 다음 미팅 때까지 기다려야 했다.

　오리엔테이션의 마지막 날은 과제 선정을 위한 시간이었다. 액션러닝 교육과정의 운영을 담당하고 있는 유 차장은 오리엔테이션이 시작되기 2개월 전부터 여러 가지를 심사숙고하여 4개의 학습팀들이 수행해야 할 과제를 미리 선정해두었다고 했다. 다만 학습팀원들에게도 선택할 권한을 주기 위해 각 팀에게 두 개의 과제를 부여한 다음 그중에서 한 개의 과제를 선택하도록 했다고 설명했다.

　'나름 신경을 많이 썼군.'

　이날 경 교수가 가장 힘주어 강조한 것 또한 좋은 과제 선정의 중요성이었다.

　좋은 과제란 조직 내에 실존하는 과제, 인위적으로 만들어진 문제가 아니라 조직의 실질적인 이익 또는 생존에 직결된 중요한 문제여야 한다. 아울러 문제가 해결되었을 경우 조직 또는 개인에게 변화를 가져올 수 있는 것이어야 한다는 게 경 교수의 설명이었다.

　액션러닝의 목적은 단순히 새로운 지식을 습득하거나 과제 해결의 아이디어를 내는 데 그치는 것이 아니다. 학습자들은 그들의 아이디어를 실행에 옮겼을 때에야 비로소 그것이 효과적이고 실용적인 해결책인지 검증할 수 있다. 또한 문제 해결 과정에서 어떤 이슈를 간과했으며, 그로 인해 어떤 문제가 야기되었고 개선점은 무엇인지, 그 아이디어가 조직의 다른 부문이나 학습자들 각자의 인생에 어떤 식으로 적용될 수 있을지 실행을 통해서만 정확하게 판단할 수 있다.

"좋은 과제를 선정하는 것이 중요한 이유는 무엇보다도 그것이 스폰서의 적극적인 관심을 이끌어내는 데 유리하기 때문입니다."

경 교수의 설명이 이어졌다.

스폰서(Sponsor)는 행사·자선사업 등에 기부금을 내어 돕는 사람 또는 상업방송의 광고주를 뜻한다. 좀 더 직설적으로 말하자면 어떤 특정한 사업 또는 개인이나 특정한 활동에 필요한 돈을 내주는 사람이란 뜻이기도 하다.

액션러닝에서 스폰서는 학습팀이 과제를 실행하는 과정에서 실질적인 의사결정권을 가진 사람을 뜻한다. 또한 학습팀의 활동에 필요한 경비를 지원하고 벤치마킹 또는 외부 전문가 의견 수렴의 중간 다리 역할을 하는 사람이다. 경 교수는 스폰서가 과제 해결의 물꼬를 트는 데도 중요한 역할을 한다고 말했다. 그들이 갖고 있는 고급 정보와 경험이 학습팀에게는 아이디어의 보고(寶庫)가 될 수 있기 때문이다.

예를 들어 학습팀에서 벤치마킹을 하기 위해 생면부지의 타 회사 관계자와 면담을 청하면 상대방의 반응이 호의적일 수만은 없다. 하지만 임원급 위치에 있는 스폰서는 타 회사 임원들과 교류할 기회가 잦은 편이라 자신의 인맥을 통해서 학습팀에게 도움을 줄 수도 있다.

해바라기팀에게 배정된 과제는 '매출이 저조한 신규 사업 활성화 방안'과 '사내 지적 재산권의 효율적인 관리 방안' 두 가지였다. 팀원들은 다소 긴장할 수밖에 없었다. 혹 자신들의 과제가 스폰서의 관심권에서 벗어난 것은 아닐까 우려가 되었던 것이다.

해바라기팀의 스폰서는 고용진 영업지원 본부장이었다.

"오늘 과제 정하는 날이라면서요?"

스폰서 설명회 때 경 교수와 안면을 익힌 고용진 전무가 형식적인 인사말을 건넨 뒤 자리에 앉았다.

"난 잠깐 시간이 나서 들른 거니까 열심히들 해보세요."

'과제에는 관심이 없고 대충 사인만 하고 가겠다는 말인가.'

명민한은 고 전무의 조급해하는 태도에서 일말의 무성의를 느꼈다. 과제는 직접 일할 사람들이 정하면 되지 정작 본인은 무엇이 되어도 상관없다는 식이었다.

"그 전에 잠깐 팀원들의 이야기를 들어보는 건 어떨까요?"

경 교수도 뭔가를 간파한 듯 과제 선정을 잠시 미룬 뒤 명민한에게 질문을 던졌다.

"명 부장님은 액션러닝이 무엇이라 생각하는지 아는 대로 말씀해 주시겠습니까?"

"주어진 과제를 팀 학습을 통해서 끝까지 수행하는 것 아닙니까?"

뜬금없이 이틀 동안 귀에 못이 박히도록 들었던 내용을 재방송하라는 경 교수의 의도가 궁금했지만 명민한은 자신이 알고 있는 것을 간단하게 대답했다.

"그럼 주 팀장님은요?"

"저도 명 부장님과 같은 생각인데 '액션러닝에는 연습게임이 없다' 라는 말이 인상적이었습니다."

경 교수의 질문은 다시 남주남 부장에게로 향했다.

"저는 성과가 검증된 여러 기업들의 사례를 들으면서 우리 회사에도 꼭 필요한 프로그램이라고 느꼈습니다."

남 부장은 특히 자신이 관리를 맡고 있는 생산기술팀에 액션러닝에서 배운 원리를 적용하면 업무효율성 면에서 많은 변화가 있을 것 같다는 개인적인 소견을 덧붙였다. 이어지는 나명석 부장의 대답은 회사뿐만 아니라 자기 자신의 발전을 위해서도 액션러닝의 필요성을 느낀다는 것이었고, 다음은 원이상 부장 차례였다.

"매뉴얼을 갖춘 21세기형 실학(實學)이라고 할까요? 좀 전에 과제는 조직의 실질적인 이익과 생존에 직결된 중요한 문제라야 좋은 과제라고 했던 경 교수님 이야기를 듣고 더욱 그런 확신이 들었습니다."

팀원들의 이야기가 모두 끝난 뒤 경 교수는 빙그레 웃으며 고 전무를 바라보았다.

"……과제가 뭐였다고?"

고 전무가 처음과는 180도 달라진 호기심 어린 눈빛으로 책상 위에 놓인 서류를 훑어보았다. 아마도 한 달 전에 경 교수가 진행했다는 스폰서 설명회 때에는 이야기를 대강 흘려들었던 게 분명하다.

두 개의 과제 중 고 전무가 특히 관심을 보인 것은 '매출이 저조한 신규 사업 활성화 방안'이라는 과제였다.

"마침 잘 됐군. 이 부분에 대해서라면 회사에서 특별히 신경 쓰는 문제가 있어."

고용진 전무가 말하는 회사에서 신경 쓰는 과제란 2년 전부터 하늘기업에서 야심차게 추진하고 있던 '디지털 TV 사업'을 가리키는 말이다. 현재 하늘기업에서 '즐거운 TV'라는 브랜드로 선보인 디지털 TV 상품은 연내에 가입자 30만 명 확보를 목표로 하고 있었다.

"즐거운 TV 사업본부 서환희 팀장과 의논하면 도움을 받을 수 있을 걸세. 서 팀장한테는 미리 말해둘 테니 필요하면 학습팀 회의에도 참가시키도록 하게."

고 전무는 팀원들의 분발을 당부하며 일일이 악수를 청했다. 고용진 전무가 주고 간 해바라기팀의 과제는 '즐거운 TV 가입자 연내 30만 명 확보 방안'이었다.

"이제 우리 학습팀의 과제가 명확해졌군요."

경 교수는 그것이 결코 쉬운 일은 아닐 거라면서도 왠지 흡족한 미소를 지었다.

대림산업 깔끄미팀의 액션러닝

낡은 아파트도 언제나
새 아파트처럼!

2003년 액션러닝을 시행하면서 대림산업 건축사업본부에서 제시한 본부 현안 과제는 '일시적 마케팅 개념에서 탈피한 평생 서비스 개념 도입으로 아파트의 브랜드 가치를 극대화시킨다'는 것이었다. 당시 아파트는 일단 공사가 끝나고 분양이 이루어지면 그것으로 시공사의 책임은 완수했다고 보는 게 업계의 통념으로 작용하던 시절이었다.

곧바로 전략과제 팀과 자율과제 팀으로 나누어진 총 43개의 액션러닝 팀이 꾸려졌다. 그중 '깔끄미팀'이 결성된 것은 2003년 3월이었고, 이 팀은 일반적으로 5~6명으로 운영되는 액션러닝 학습팀 규모에 비해 다소 많은 8명으로 구성되었다.

과제를 선정하기 위해 깔끄미팀이 제일 먼저 찾아간 곳은 이미 준공이 완료된 자사 아파트 단지였다.

"이 아파트 지은 지 1년도 안 된 것 맞죠?"

현장을 돌아본 뒤 팀원 중 한 명이 물었다.

"입주 시작한 게 작년 5월이니까 아직 1년이 못 됐죠."

"그런데 외관상으로는 훨씬 더 오래된 것 같지 않습니까?"

"내부는 전혀 그렇지 않은데 이상하군요."

다른 팀원들도 모두 같은 반응이었다.

역시 현장은 답을 알고 있었다. 준공년도에 비해 아파트가 낡은 느낌을 준다는 건 분명 문제가 있었다. 아울러 그것은 일시적 마케팅 개념에서 탈피한 평생 서비스 개념으로 아파트 브랜드의 가치를 극대화한다는 본부의 현안 과제와도 맞아떨어졌다.

고객, 즉 아파트 주민들을 대상으로 한 설문조사 결과도 팀원들의 의문을 뒷받침해주었다. 깔끄미 팀원들은 자신들이 그 문제를 해결해보기로 뜻을 모았다. 그렇게 해서 정해진 자율과제가 '공동주택 외부 오염 사례와 대책에 대한 연구'였다.

이때부터 8명의 팀원들은 공식 팀 학습 시간이 아닌 주말 등을 이용하여 각자 카메라를 들고 서울 지역 17군데, 경기 지역 6군데 총 23군데의 e-편한세상 아파트들을 이 잡듯이 뒤지고 다녔다. 지하 주차장에서부터 아파트 옥상, 벽면 페인트칠은 물론 엘리베이터 옥탑, 경비실 앞 조형구조물과 화단, 단지 안내판에 이르기까지 자사 아파트 단지 내에 속한 것이라면 돌멩이 하나까지도 메모와 촬영의 대상이 되었다. 준공년도가 비슷한 타사 아파트는 물론이고 백화점, 고급 빌라 등 힌트를 제공할 수 있다고 생각되는 건물은 모두 벤치마킹 대상으로 삼았다.

사진 자료만 해도 1,000여 장, 깔끄미팀은 단지 내 조형물을 비롯한 아파트 외부 구조물이 눈, 비, 먼지 등에 의해 생각보다 빠르게 훼손되거나 파손되고 오염되는 특성을 갖고 있다는 사실을 알아냈다. 오염의 원인은 설계, 자재, 시공 등 3가지 분야에서 나타났다.

가령 비가 오면 아파트 화단의 흙이 빗물에 튀어 건물 저층부가 시간이 지날수록 지저분해졌고 단지 내 조명등에 씌워진 갓은 거미 같은 곤충들의 서식지 역할을 했다. 입구에 설치된 동 안내 표지판에 나무를 사용한 것도 건물이 노후된 느낌을 주는 원인으로 분석되었다.

이제 개선 방법을 찾아낼 차례였다. 8명의 팀원들은 사내외 전문가에게 지극히 세세한 부분까지 대책을 문의하고 토론에 토론을 거듭한 결과 마침내 최종 해결방안을 도출해낼 수 있었다.

마지막으로 깔끄미팀에게 남은 과제는 자신들이 찾아낸 해결책을 직접 실행할 현장을 찾아내는 것이었다. 팀은 이를 위해 전국 각지에 흩어져 있는 자사 아파트 시공현장을 찾아다니며 현장소장을 설득하기 시작했다.

그러나 이미 공사 마무리 단계에 들어선 상태에서 선뜻 외부 구조물 설계 변경에 동의하는 현장소장을 만나기란 하늘의 별 따기였다. 설계 변경을 하고 자재를 바꾸어 다시 시공을 한다는 것은 사실 엄청난 대공사였기 때문이다.

8명의 팀원들은 다시 사방으로 흩어졌다. 그들 모두가 한마음 한뜻이 되어 끈질기게 협력자를 찾아다녔다. 예전에 단 한 달이라도 같이 일했던 인연이 있는 사람이 현장소장으로 있는 경우 그 현장에 찾아가 협조를 요청했다. 그렇게 3개월을 쫓아다닌 결과 어렵사리 협조를 얻은 현장이 역삼동이었다.

물론 현장소장의 동의를 얻었다고 해서 과제가 끝난 것은 아니었다. 실행 결과를 검증해 보이기 전의 액션러닝은 언제나 현재 진행형일 뿐이다. 재시공이나 마찬가지인 작업승인을 받기 위해서는 본사의 최종 결재를 얻어내야 했기 때문에 팀원들은 본사 임원들과 담당자들을 일일이 찾아다니며 작업의 필요성을 설명하고 협조를 구했다.

이처럼 넘어야 할 산이 많았지만, 깔끄미 팀원들은 차례로 그 첩첩산중을 헤쳐나갔다. 시간이 지나면서 건물 외관이 서서히 오염되는 건 당연한 일인데 왜 굳이 일을 만드느냐고 못마땅해 하던 사람들도 마침내 그들의 설득에 넘어가고 있었다.

그들이 어렵사리 협조를 구하게 된 역삼동 e – 편한세상 아파트는 당시 입주를 불과 1년 앞둔 시점이었다. 그러나 2004년 12월 입주가 완료된 지금의 이 아파트는 설계 당시와는 전혀 다른 모습을 하고 있다.

무엇보다도 가장 눈에 띄는 것은 건물 아래층에 해당하는 외벽을 흙탕물이 튀겨도 표시가 나지 않는 브라운 계열의 대리석으로 단장하여 친환경적이면서도 세련된 이미지를 강조한 것이다. 단지 안내 팻말 장식은 썩지 않는 이중 강화 유리를 사용했고, 동 입구를 표시하는 아크릴 판을 안쪽에 설치하여 오염 가능성을 최소화하였으며 고급스러운 분위기를 연출했다. 깨질 위험이 있는데다 먼지와 곤충의 분비물로 지저분해지기 쉬운 조명등 갓은 아예 없애버렸다. 그 밖에도 단지 구석구석에 걸쳐 세밀한 설계 변경 작업이 이루어졌다.

이제 마지막으로 고객들의 최종 평가를 통해 과제 해결의 성과를 검증하는 단계만이 남았다. 그 무렵 역삼동 단지에는 타 회사가 지은 아파트가 2군데 더 있었다. 8명의 깔끄미 팀원들은 입주 후 1개월이 지난 시점에서 주민들을 상대로 단지 내 다른 아파트와 비교하여 구체적인 만족도를 체크했다. 조사 결과는 팀원들의 환호성을 불러일으키기에 충분했다.

"저 아파트에 벌써 사람이 들어와 살고 있나요?"

지은 지 한 달밖에 안 된 타 회사 아파트는 1년쯤 된 것 같다고 대답했던 사람들이 e-편한세상 아파트에 대해서는 절대적으로 후한 점수를 주었다.

깔끄미팀은 그해 대림산업 전사지식발표회에서 우수학습팀으로 뽑혀 표창을 받았다.

다른 액션러닝 팀이 2년 여에 걸친 각고의 노력 끝에 신기술을 개발하여 특허를 받지 않았더라면 아마 대상을 받았을 것이다. 아깝게 대상을 놓치긴 했지만 깔끄미팀의 학습 결과는 그날 외부 심사위원으로 참가했던 경 교수를 비롯한 심사위원들의 주목을 받기에 부족함이 없었다. 경 교수는 당시 대림산업의 학습조직 구축 프로젝트에 액션러닝을 도입하자고 제안했을 뿐만 아니라 그 아이디어가 전국에

흩어져 있는 수많은 건설현장에 실제로 적용되기까지 필요한 제반 활동을 지도한 장본인이었기 때문에 그 자리에 초대되었다.

회사와 직원들의 경쟁력 강화를 위해 이미 10여 년 전부터 전사적으로 지식경영을 추구하고 있던 대림산업의 최고경영층은 이후 깔끄미팀의 사례를 모든 아파트 건축현장의 귀감으로 삼도록 했다.

지금도 외부 오염 가능성을 최소화하여 청결하고 세련된 이미지를 최대한 오래 유지할 수 있도록 설계된 e-편한세상 아파트의 성공 사례는 타사 아파트를 비롯한 많은 공동주택의 벤치마킹 대상이 되고 있다.

수선화 생명보험 회사의 영업사원 액션러닝

150% 개인별 판매실적을
향상하라

수선화 생명보험 회사는 2008년에 보험설계사들을 대상으로 하는 교육 프로그램에 액션러닝 방식을 도입하기로 결정했다. 액션러닝을 도입할 경우 보통의 기업이라면 학습팀들에게 전략적 이슈를 과제로 부여하는 것이 일반적이다. 그런데 오로지 자신들의 영업실적 외에는 관심이 없는 보험회사 영업사원이라는 직업의 특성상 이럴 경우 충분한 동기 부여가 되지 않는다는 한계가 있다.

수선화 생명보험 회사는 당시 마스터 코치였던 경 교수의 자문 의견을 받아들여 오픈그룹 프로그램 방식(207쪽 참고)으로 액션러닝을 진행하기로 하고 베테랑 보험설계사 가운데 36명의 지원자를 선발하였다. 학습팀은 1팀에 6명씩 총 6개 팀으로 구성되었고 프로그램은 3주마다 1박 2일씩 5번에 걸친 워크숍을 진행하며 약 4개월 정도 운영하기로 했다.

36명의 학습자들에게 주어진 개인별 과제는 전년 동기 대비 150% 판매실적 향상이었다. 팀원 각자가 야심찬 과제를 가지고 참여하는 이 워크숍에서는 크게 3가지 방식으로 학습이 진행되었다.

첫 번째는 팀별로 6명이 각자 1시간씩 돌아가면서 자신의 문제에 대해 발표하고 토론하는 시간을 갖는 것이었다. 이때 발표자는 자신의 문제와 문제 해결 과정, 그리고 그 과정에서 부딪친 장애요인이나 고민거리 등을 설명하며 팀원들에게 도움 받고 싶은 사항을 구체적으로 이야기해야 한다. 이때 발표자를 제외한 팀원들은 발표자가 현재 가지고 있는 문제의 본질 파악, 원인 분석, 해결방안 개발에 도움이 될 수 있는 질문을 통해 자신의 의견을 제시하거나 정보를 제공해주는 역할을 한다.

가령 어떤 팀원이 신규고객을 확보하기 위해 변호사 쪽 인맥을 쌓고 싶은데 그 분야에 아는 사람이 없어서 고민이라는 이야기를 하면, 나머지 팀원들은 각자 알고 있는 범위 내에서 구체적인 조언을 해주는 식이다. 단순히 열심히 해보라는 식의 막연한 격려가 아니라 실질적인 도움을 제공한다는 측면에서 팀 학습의 미덕이 발휘될 수 있다.

예를 들어 팀원들은 자신이 아는 사람 중에 도움이 될 만한 사람을 소개시켜주거나 변호사들을 상대로 영업해본 경험담을 들려주기도 하면서 동료의 고민을 해결할 수 있는 방안들을 모색했는데, 이렇게 고민을 공유하자 팀원들 간에 든든한 유대관계가 형성된 것은 물론이고, 이 유대 관계는 다시 액션러닝의 성과를 높이는 활력소가 되기도 했다. 토론은 1인당 1시간씩 6시간을 기준으로 하지만 1박 2일이라는 워크숍의 특성상 팀원들끼리 합의만 이루어진다면―물론 잠자는 시간을 줄여야 했지만―시간은 플러스 알파가 되어 얼마든지 조절이 가능하다.

두 번째는 팀원들이 자신만의 판매기법을 공개함으로써 발표자의 문제 해결을 돕는 원 포인트 레슨 플라자(one point lesson plaza) 방식으로 이루어졌다. 일반적으로 볼 때 보험설계사를 대상으로 이런 방식의 프로그램을 진행하는 것은 거의 불가능에 가깝다고 할 수 있다. 왜냐하면 보험설계사라는 직업의 특성상 같은 회사의 직원들도 잠재적 경쟁자로 보는 경향이 강하고, 이러한 상황에서 영업과 관련된 노하우를 공유한다는 건 있을 수 없는 일이기 때문이다. 그러나 액션러닝 학습팀에 들어선 학습자들은 모두 한 배에 탔다는 동지의식으로 마음의 빗장을 풀고 그들이 현장에서 갈고 닦은 노하우와 경험을 매우 구체적이고 상세하게 공유했다.

세 번째는 카페테리아 방식으로 진행되는 전문가 초청 특강 프로그램이었다. 교육 담당자는 이 특강을 위해 최소한 3주 전에 학습자들의 요구사항을 조사해야 한다. 학습자들이 어떤 분야의 전문가가 초청되기를 원하는지 파악한 다음 지원자가 많은 순서대로 초청강사를 선정해야 하기 때문이다. 예를 들어 이 과정 중의 한 워크숍에서는 세무사, 본사 상품개발 담당자, 전년도 판매왕 등 3명의 강사가 초빙되었는데, 이때 36명의 학습자들은 10~15명씩 팀을 이루어 자신들이 원하는 특강 프로그램에 참여했다.

원칙적으로 전문가 초청 특강에서는 질의응답만 하도록 되어 있다. 베테랑 설계사들로 이루어진 학습자들이라 해도 모든 걸 다 알 수는 없기 때문에 일방적인 주입식 강의보다는 학습자들이 궁금해하는 내용을 묻고 답할 수 있도록 프로그램을 구성하는 것이다.

이렇게 워크숍이 끝나면 학습자들은 그로부터 3주 후에 있을 다음 워크숍까지 자신이 해야 할 일을 각각 발표하고 구체적인 추진계획을 수립한다. 그리고 3주 후에 열리는 워크숍에서 스스로 계획했던 대로 움직였는지 예상한 것 이외의 문제점은 없었는지 또 그에 따른 해결방안은 무엇인지 서로 토론하고 경청하는 시간을 갖는다.

짧은 시간이지만 36명의 보험설계사들은 이러한 1박 2일짜리 워크숍을 5번 반복하면서 많은 학습 효과를 경험하게 되었다. 자신의 문제를 토론에 부치고 발표자 역할을 하면서 자신의 문제를 보다 객관적인 시각에서 바라보는 경험을 했고, 다른 학습자들의 문제를 토론하는 과정에서 타인의 입장에서 생각해보는 경청의 기술과 배려의 태도를 배우고 익혔다. 또한 팀원들과 힘을 합쳐서 자신의 문제를 해결해가는 과정에서 자신과 타인의 잠재능력을 새롭게 인식하는 경험을 쌓기도 했다.

무엇보다도 오픈그룹 프로그램을 통해 학습자들이 얻게 된 가장 큰 결실은 서로의 지식과 경험, 정보 등을 공유함으로써 각자의 문제를 해결하는 데 결정적인 도움을 주고받았다는 사실이다.

그해 연말, 학습팀에 참여한 그룹과 비참여 그룹의 판매실적 신장률 차이를 조사했다. 그 결과 적게는 9%에서 많게는 24.7%까지 차이가 나는 것을 확인할 수 있었다. 특히 그중의 한 팀원은 전년 동기 대비 판매실적이 무려 300%나 신장하는 성과를 보여 스타 보험 설계사 대열에 올랐다.

학습팀의 성공 스토리가 사내에 널리 알려지면서 액션러닝은 이후 수선화 생명보험 회사의 명품 프로그램으로 자리 잡게 되었다.

전남대학교 병원 액션Q팀 수간호사들의 액션러닝

신입 간호사 주사기술 향상시키기

 전남대학교 병원의 수간호사들을 대상으로 한 액션러닝 프로그램은 2004년에 8주 동안 실시되었다. 참여 인원은 29명, 학습팀은 5~6명씩 짝을 이루어 5개 팀이 운영되었다. 이때 학습에 참여한 수간호사들은 액션러닝이 과제를 수행하는 프로그램이란 사실을 미리 알고 나름대로 과제를 준비해왔다. 그런데 대부분의 과제가 '병원 이미지 제고 방안', '환자 만족도 제고 방안' 등 포괄적이고 광범위한 성격을 띠고 있었다.

 과제가 실행된 후의 아웃풋 이미지를 구체화시키도록 돕는 것은 러닝코치의 역할 가운데 일부분이다. 당시 러닝코치였던 경 교수는 수간호사들이 현장에서 가장 스트레스 받는 문제가 무엇인지 물었다. 그 문제만 해결되면 간호사들이 집에 가서도 발 뻗고 잘 수 있겠다고 할 만큼 현실적으로 절실한 과제를 선택하도록 유도한 것이다.

이때 한 팀의 수간호사들이 이구동성으로 대답한 내용은 다음과 같았다.

"신입 간호사들이 주사 놓는 걸 무서워하고 실수를 자주 하기 때문에 고민이에요. 가뜩이나 일손이 부족한데 이것만 해결되면 정말 소원이 없겠어요."

이제 갓 대학을 졸업하고 현장에 투입된 어린 간호사들은 실전 경험이 부족할 수밖에 없다. 행여 실수라도 할까 봐 마음을 졸이다 보면 환자들 앞에 서는 것 자체가 고역일 수도 있다. 실제로 혈관을 잘못 찾아서 두 번 세 번 실수를 반복하는 바람에 환자들이 질겁을 한 경우도 있었다. 이 무렵 병원은 암센터까지 새로 문을 열어서 한창 일손이 딸리는 상황이었고, 설상가상으로 신입 간호사들의 잦은 실수로 환자들의 불만이 많아지자 환자들과 신입사원 관리를 책임지고 있던 수간호사들은 심각한 수준의 스트레스를 받고 있었다.

토의 결과 '액션Q팀' 수간호사들이 정한 과제는 '신입 간호사 말초정맥 주사기술 향상 방안'이었다. 그러나 경 교수는 이에 만족하지 않았다. 액션러닝은 실행을 전제로 하는 것이기 때문에 과제는 보다 실제적이고 실천이 가능한 것이어야 했기 때문이다. 경 교수의 조언에 따라 과제는 곧 '신입 간호사 말초정맥 주사기술 향상'으로 수정되었다.

말초정맥 주사란 흔히 말하는 링거 주사를 뜻한다. 간호사가 주사를 잘 놓는 건 당연한 일이지만 학교에서 배운 이론을 실무에 바로 적용하기에는 무리가 있다. 결국 신입 간호사들이 현업에서 부딪치는 가장 큰 난관은 실전 경험이 부족하다는 사실에서 비롯된 것이다.

"신입 간호사들이 실전 경험을 쌓으려면 제일 좋은 방법이 무엇일까요?"

경 교수가 물었다.

"그야 당연히 주사 놓는 연습을 많이 하는 것이지요."

액션Q팀의 수간호사들은 당연하다는 듯 대답을 했다.

"그럼 간호사들 중에서 실수를 하지 않고 제일 주사를 잘 놓는 사람은 누구죠?"

경 교수는 계속해서 답이 뻔히 보이는 질문을 했다.

환자들에게 주사를 놓는 일이라면 수간호사만큼 실력이 뛰어난 전문가가 있을 수 없다. 학습자들은 비로소 그 질문의 의미를 알아차렸다.

"하지만 8주라는 짧은 기간에 과제를 실행한다는 건 현실적으로 불가능하지 않을까요?"

학습자들은 어떻게 과제를 수행할 것인지 그 방향에 대한 이해는 했지만 결과에 대해서는 회의적인 반응을 보였다.

학습팀에 참여한 수간호사는 6명인데 교육이 필요한 신입 간호사는 무려 100명이 넘었기 때문이다. 경 교수는 다시 액션Q팀의 팀원들에게 각자가 데리고 있는 신입 간호사가 몇 명인지 물었다. 6명의 수간호사가 데리고 있는 신입 간호사의 숫자를 모두 합해보니 모두 8명이었다.

"여러분들의 도움으로 자신감을 회복한 8명의 후배들과 이들이 담당하는 환자들의 밝은 얼굴을 상상해보십시오. 어렵더라도 한번 해볼 만한 일 아닙니까?"

"그럼, 우리가 데리고 있는 8명만 교육시키면 되는 건가요? 그래도 액션러닝이라고 할 수 있나요?"

"네, 그렇습니다. 액션러닝의 본질은 실천을 통한 현장의 변화에 있기 때문에 8명만 확실하게 변화시킬 수 있다면 여러분은 액션러닝을 훌륭하게 하시는 겁니다."

"아, 그렇군요. 그렇다면 해볼 만한 거 아닌가요?"

경 교수의 격려에 동기부여가 된 팀원들은 우선 자신들이 데리고 있는 신입 간호사들부터 교육을 시키기로 했다.

"주사 놓다가 실수할까 봐 환자들 보기만 해도 겁이 나요."

"병원 출근시간만 되면 머리가 아파요."

과제를 실행하기 전 신입 간호사들을 대상으로 촬영한 동영상에는 수간호사들 못지않게 주사로 인한 스트레스에 시달리는 신입 간호사들의 고충이 고스란히 묻어났다. 심지어 어떤 간호사는 어릴 때부터 나이팅게일의 꿈을 안고 이 길을 선택했으나 지금은 후회스러울 따름이라며 울음을 터뜨리기도 했다.

학습팀원들은 그런 후배들에게 용기를 주기 위해서라도 열정적으로 교육에 임했다. 하루 8시간의 고된 교대 근무를 마치고 남는 틈을 이용하다 보니 하루에 20~30분, 길게는 한 시간 정도밖에 짬을 낼 수 없었지만 자신이 알고 있는 것을 하나라도 더 알려주기 위해 최선을 다했다. 20년 이상 실무 경험을 통해서 터득한 모든 노하우를 따로 필기해주기도 했다. 그렇게 정리된 내용이 13가지 항목이나 되었다.

가령 혈관이 너무 가늘거나 몸이 야윈 환자에게 주사를 놓을 때는 뜨거운 물주머니를 피부에 대고 2분 정도 있다가 혈관이 확장됐을 때 주사를 놓으면 된다는 식이었다. 그야말로 어느 교과서에서도 가르쳐주지 않은 선배 간호사들의 생생한 경험담이었던 것이다. 덕분에 신입 간호사들은 짧은 시간에 효과적으로 선배들의 노하우를 전수받을 수 있었다.

신입 간호사들은 수간호사들한테 배운 내용을 자기들끼리 실습하면서 틈틈이 피나는 연습을 했다. 수간호사들은 그런 신입 간호사들을 직접 데리고 다니며 환자들을 안심을 시키면서 자신들이 지켜보는 앞에서 주사를 놓게 했다. 이때 조금이라도 실수하려는 기미가 보이면 조용히 문제점을 지적해주고 직접 시범을 보였다.

그렇게 8주가 지난 후 공개된 동영상에는 완전히 달라진 신입 간호사들의 모습이 담겨 있었다.

"이제 주사 놓는 거 하나도 두렵지 않아요. 환자분들이 요즘은 저만 찾는다니까요!"

"수간호사님 고맙습니다!"

"액션러닝 파이팅!"

환자들에게 주사 놓기가 두려워 간호사가 된 것이 후회스러울 정도라며 펑펑 울던 애송이 간호사는 이제 병원에 출근하는 게 즐겁다며 활짝 웃는 얼굴을 보여주었고, 그 자리에 참석한 모든 사람들은 그 영상을 보며 이루 말할 수 없는 보람을 느꼈다. 특히 수십 년 동안 현장에서 잔뼈가 굵은 40~50대 수간호사들은 서로 부둥켜안고 감격의 눈물을 흘리기도 했다.

그 자체만으로도 한 편의 드라마였으나 이때의 성과가 더욱 빛을 발한 건 액션Q팀이 속한 병동의 분위기가 확연히 밝아진 모습에 감동한 다른 병동 수간호사들이 액션Q팀의 수간호사들이 활용했던 방법을 벤치마킹하여, 병원 전체로 액션러닝이 확산되었다는 점이다.

액션러닝의 **개념**과 **프로세스**

액션러닝이란?

학습자들이 팀을 구성하여 그들 모두의 역량 향상을 위해 과제를 중심으로 러닝코치와 함께 과제의 내용적 측면과 과제수행의 프로세스 측면을 학습하는 과정을 말한다. 이를 좀 더 자세히 설명하면 다음과 같다.

▌액션러닝은 철저한 '팀' 학습이다

혼자서 하는 개인적인 학습은 액션러닝이라 하지 않는다. 즉 액션러닝은 한 사람도 빠짐없이 모든 팀원들이 처음부터 끝까지 활동을 함께 하며 과제를 수행하는 것을 의미한다. 액션러닝의 기본 원칙은 무임승차자가 없어야 한다는 점이다. 그런 의미에서 액션러닝은 종종

농구나 배구 같은 경기와 비교되고는 한다. 5~6명이 팀워크를 이루어 승부를 겨룰 때 한 명이라도 불성실하게 경기에 임한다면 그 게임은 이미 진 것이나 마찬가지다.

통상 팀은 4~7명으로 구성되는데, 전문가들의 연구 결과와 학습 현장에서의 경험을 토대로 볼 때 5~6명이 가장 이상적이라는 견해가 지배적이다. 단, 미리 정해진 학습자들의 숫자가 5 또는 6의 배수가 아닐 경우에만 예외적으로 4명 또는 7명으로 구성할 수 있다.

▋ 액션러닝은 '그들 모두의 역량 향상을 위해서' 실시된다

과제수행을 통한 성과창출도 중요하지만, 액션러닝의 궁극적 목표는 팀원 모두의 역량 향상에 주안점을 두어야 한다. 여기서 '그들 모두'라는 말은 학습팀원 전체를 의미한다. 즉 모든 사람은 무한한 잠재능력의 소유자들이며, 누구나 자신의 과업을 충실히 수행하려는 선한 의지를 갖고 있기 때문에 팀원 한 사람 한 사람이 소중하다는 의미이다.

▋ 액션러닝은 '과제를 중심'으로 이루어지는 학습이다

액션러닝에서 다루어지는 과제는 조직 내에 실존하는 중대하고 난해한 과제를 의미한다. 액션러닝에서 '실존한다'라는 말은 일반적인 의미에서보다 폭넓게 해석되는데, 가령 향후 5년 이내 또는 10년 이내에 조직 내에 생길 수 있는 여러 가지 전략적 이슈 또는 그에 대한 대응방안을 마련하는 것도 훌륭한 과제가 될 수 있다.

▌ 액션러닝은 '스폰서와 러닝코치'와 함께한다

스폰서는 학습팀의 과제수행에서 빼놓을 수 없는 역할을 하는 사람으로 크게 프로그램 스폰서, 과제 스폰서, 실행 스폰서로 구분할 수 있다. 러닝코치란 학습팀에서 다루는 토의 주제에 대해 의사결정을 할 공식적인 역할이 부여되지 않은 조직 내부 또는 외부의 프로세스 전문가로서 학습팀이 다루는 과제의 내용에 관해서는 개입하지 않아야 하며 항상 중립적이어야 한다. 러닝코치는 학습팀원들의 문제 해결 프로세스, 의사결정 프로세스, 의사소통 프로세스 및 갈등관리 프로세스를 개선하고, 과제를 해결하는 전 과정에서 체계적인 질문, 피드백(Feedback), 그리고 성찰(Reflection)을 하여 과제의 내용적 측면과 과제 해결 프로세스 측면을 학습하도록 도와주는 역할을 한다.

▌ 액션러닝은 '과제의 내용적 측면과 과제 해결의 프로세스 측면을 학습하는 과정'이다

과제의 내용적 측면은 과제에 따라 천차만별이다. 예를 들어 깔끄미 팀의 경우 과제를 해결하려면 아파트 외관의 각 부위별로 설계도면, 자재별 특징과 장·단점, 각 부분별 시공 방법 등에 대해 많은 공부를 해야 했다.

과제 해결의 프로세스 측면은 문제 해결 프로세스, 의사결정 프로세스, 의사소통 프로세스, 갈등관리 프로세스를 의미한다. 학습팀이 어떤 과제를 수행하려면 필연적으로 팀원 간의 의사소통이 원활히 이루어져야 하지만, 그 의사결정을 하는 각 단계에서 여러 가지 이유로 갈등이 생길 수 있다. 그런데 액션러닝 프로그램에서 과제를 중심으로 학습하다 보면 거의 자동적으로 이러한 4가지 프로세스를 경험하게 되며, 학습자들은 이 과정에서 보다 효과적이고 매끄럽게 프로세스를 관리해가는 방법을 터득하게 된다. 러닝코치는 프로세스에 관한 전문가라고 할 수 있다. 아울러 이 4가지 프로세스에 대한 전문성은 모든 리더들이 필수적으로 갖추어야 할 역량이기도 하다.

과제 내용과 관련된 산 지식 습득

대림산업 깔끄미팀의 '공동주택 외부 오염 사례와 대책에 대한 연구'의 경우
● 아파트 외관의 각 부위별로 설계도면, 자재별 특징과 장·단점, 각 부분별 시공방법 등에 대해 많은 공부를 해야 했다. 뿐만 아니라 경쟁사는 각 부위를 어떻게 설계하고 어떤 자재를 쓰며 어떤 공법을 써서 시공하는가를 면밀히 연구하고, 고급 빌라를 짓는 국내외 선진업체들의 설계방법, 사용자재, 시공방법 등에 대한 벤치마킹을 해야 했다. 또한 각 부위별로 고객들의 요구를 조사하는 과정에서 보다 많은 학습 효과가 일어났다.

수선화 생명보험 회사의 영업사원 액션러닝 프로그램의 경우 ● 학습자들은 과제를 수행하는 과정에서 자신들이 취급하는 각종 상품에 관한 상세한 지식뿐만 아니라 경쟁사 상품에 관한 지식을 습득하게 되었다. 또한 과제를 수행하는 과정에서 그동안 다른 교육과정에서 배웠던 각종 영업 스킬, 즉 고객을 설득하는 방법, 고객과 협상하는 방법 등을 총정리했을 뿐만 아니라 고객들의 진정한 요구와 영업과 관련된 여러 가지 관련 법규들을 명확하게 이해하게 되었다. 특히 이들은 실제로 자신의 영업실적을 향상시키는 것이 목표였기 때문에 단순히 교과서적인 지식을 암기하는 것이 아니라 자신과 동료들이 생생한 현장 경험을 통해 얻은 산 지식을 배웠다.

전남대학교 병원 액션Q팀 수간호사들의 '신입 간호사 말초정맥 주사기술 향상'의 경우 ● 삼성의료원이나 아산병원, 서울대병원 등 벤치마킹 대상인 병원들의 신입 간호사 교육방식을 철저하게 연구했다. 뿐만 아니라 20여 년 동안 현장에서 몸으로 터득한 여러 가지 노하우를 체계적으로 정리하는 좋은 기회를 얻게 되었다. 지식경영을 연구하는 학자들은 이것을 '암묵지의 형식지화' 과정이라 부른다. 이는 신입 간호사들을 잘 가르쳐야 한다는 확고한 목표가 있었기 때문에 가능한 일이었다.

액션러닝의 과제

액션러닝의 과제들은 해당 액션러닝 프로그램에 참여했던 학습자들과 그들의 직속상사인 스폰서들의 입장에서 볼 때 매우 중요한 것이어야 한다.

- 깔끄미팀의 과제 : 입주 후 몇 년이 지나도 아파트 외관을 깔끔하게 유지하려면 어떻게 하는 것이 좋을까?
- 전남대학교 병원 액션Q팀의 과제 : 어떻게 하면 빠른 시일 내에 신입 간호사들의 역량을 끌어올릴 수 있을까?
- 수선화 생명보험 회사의 과제 : 어떻게 하면 영업사원들의 실적을 향상시킬 수 있을까?

위의 사례 중 특히 액션Q팀의 과제는 얼핏 보기에는 간단한 것 같지만 실무 현장에서는 쉽게 해결될 수 없는 문제였다는 점에서 중대하고 난해한 과제라고 할 수 있다.

▌액션러닝 과제의 종류

액션러닝 팀이 수행하는 과제는 크게 팀 과제와 개인 과제로 구분할 수 있다.

- 팀 과제 : 대림산업의 깔끄미팀이나 전남대학교 병원 액션Q팀의 경우처럼 모든 학습팀원들이 한 가지 과제만을 수행하는 것을 말한다. 팀 과제 방식은 팀 내에 한 가지 과제만 존재한다는 의미에서 싱글 프로젝트 프로그램(Single Project Program)이라고 한다.

- 개인 과제 : 수선화 생명보험 회사의 학습팀처럼 팀원들 각자가 자기 자신의 과제를 수행하되, 다른 학습팀원들이 과제의 효과적인 수행에 필요한 여러 가지 조언과 정보를 제공하는 방식으로 팀워크를 발휘하는 형태를 말한다. 개인 과제 방식은 그룹을 개방해놓고 누구나 자기 자신의 과제에 대해 조언을 구할 수 있다는 의미에서 오픈그룹 프로그램(Open Group Program)이라고 한다.

■ 싱글 프로젝트 프로그램과 오픈그룹 프로그램

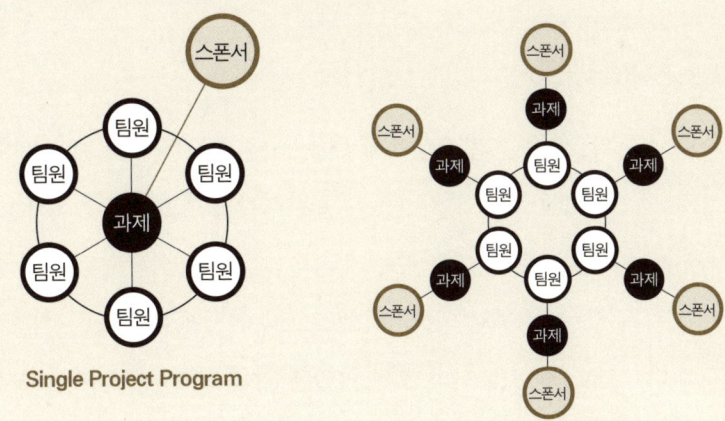

Single Project Program

Open Group Program

▌ 액션러닝에서 과제를 수행하는 이유

액션러닝에서 과제를 수행하는 이유는 크게 두 가지이다.

첫째, 학습자들의 역량을 실질적으로 향상시키는 가장 효과적인 방법이 실존하는 과제의 수행이기 때문이다.

둘째, 학습자들이 타 부서의 과제를 수행함으로써 그 부서의 현황과 이슈를 간접경험하게 되고, 이를 통해 시야를 넓히는 것이 액션러닝의 궁극적 목표인 학습자들의 역량 향상에 실질적으로 도움이 되기 때문이다.

스폰서와 러닝코치의 역할

▌스폰서(Sponsor)

스폰서는 학습팀의 과제수행에서 빼놓을 수 없는 역할을 하는 사람으로, 액션러닝에서는 모두 3종류의 스폰서가 존재한다.

- 프로그램 스폰서 : 해당 액션러닝 프로그램 전체에 대한 스폰서를 말한다. 프로그램 스폰서의 주된 역할은 교육 참가자들의 직속상사, 즉 라인관리자들이 액션러닝 프로그램의 취지를 정확하게 이해할 수 있도록 관심을 환기시키고, 프로그램 참가자들의 동기를 부여하기 위한 각종 제도를 마련하거나 분위기를 조성하는 것이다.

- 과제 스폰서 : 교육 참가자들이 프로그램을 통해 개발한 해결방안에 대해 최종적인 의사결정 권한을 가신 사람을 말한다. 주된 역할은 학습팀 또는 학습자들이 프로그램을 통해 도출해야 할 아웃풋 이미지(Output Image)를 구체화시키며 실행 스폰서를 지정하고 그들이 학습팀을 도울 수 있도록 요청 또는 지시하는 것이다.

- 실행 스폰서 : 교육 참가자들이 개발한 해결방안을 실행에 옮기기로 결정했을 때 그 실행을 주도적으로 책임져야 할 실무 부서의 부서장을 말한다. 주된 역할은 과제와 관련된 사내 외의 정보 원천을 제공하고 사내의 기존 연구 결과 등에 관한 자료 및 과제와 관련한 휴먼 네트워크에 관한 정보를 제공하는 등 실무 차원에서 학습팀을 지원하는 것이다.

▌러닝코치(Learning Coach)

러닝코치란 학습팀에서 다루는 토의 주제에 대해 중립을 취하며 의사결정을 할 공식적인 역할이 부여되지 않은 조직 내부 또는 외부의 프로세스 전문가를 말한다. 러닝코치의 역할은 팀원들이 학습을 잘할 수 있도록 프로세스 측면에서 조언과 지침을 제공하는 것일 뿐, 팀원들이 수행하는 과제의 내용에 관한 정보 제공이나 의사표현은 하지 않는다. 왜냐하면 과제의 내용에 대해서는 학습자들이 러닝코치보다 훨씬 많은 경험과 지식, 정보를 갖고 있으며 과제 해결방안에 대한 궁극적인 책임 또한 학습자들에게 있기 때문이다.

■ 러닝코치의 역할 모형 : 프로그램 운영 단계와 고객 관점에 의한 분류

	도입 단계		진행 단계		종료 단계
학습자	프로그램 설명	Output Image 구체화 지원	학습과 실행에 대한 동기부여	문제 해결 및 의사결정 관련도구 제공	성찰, 질문, 피드백의 권장과 솔선수범을 통한 학습 촉진
학습팀	화합과 성취의 분위기 조성		커뮤니케이션 지원		
	학습팀 회의의 효과적 운영 지원				
외부	이해 관계자와 학습팀 간의 조정 (Coordination)				
	프로그램 운영 관련 행정 및 관리 업무 안내				

※ 출처 : 봉현철 액션러닝 워크북, 2006, p.39

액션러닝에서 가장 중요한 배움의 원천은 5가지이다 ● 액션러닝 정의에서 가장 마지막에 나오는 구절은 '과제의 내용적 측면과 과제 해결의 프로세스 측면을 학습하는 과정', 즉 배울 학(學), 익힐 습(習)이다. 여기서 말하는 액션러닝의 학습, 다시 말해 배움의 원천은 크게 ① 현장 ② 고객 ③ 벤치마킹(동종, 이업종) ④ 사내·외 전문가 ⑤ 동료 이렇게 5가지로 정리할 수 있다.

액션러닝에서 5가지 배움의 원천을 강조하는 이유는 과제수행에 필요한 지식은 현장 지향적이고 현재 진행형인 지식이기 때문이다. 학습자들은 현장에 적용하기 어려운 교과서적 지식보다는 이러한 산 지식을 과제 해결에 응용하고 적용하는 방법을 배워야 한다. 왜냐하면 지식의 응용 방법을 습득해야만 프로그램이 끝나고 과제수행에 필요한 지식의 내용이 바뀌더라도 액션러닝을 수행한 경험이 실질적인 도움이 될 것이기 때문이다.

액션러닝에서 가장 중요한 배움의 방법은 '질문'이다 ● 액션러닝에서는 팀원들 간에 또는 팀원들 스스로에게 여러 가지 질문을 주고받도록 한다. 액션러닝 전문가들이 지식습득 또는 배움의 방법으로 질문을 강조하는 이유는 첫째, 질문을 통해서 강사가 전달하고자 하는 지식이 아니라 학습자들이 실제로 필요한 지식을 얻을 수 있고, 둘째, 과제수행에 꼭 필요한 지식과 정보만을 습득함으로써 시간과 비용을 줄일 수 있으며, 셋째, 학습자들의 질문에 전문가들이 대답하는 형태를 취해야만 학습의 주체가 가르치는 선생이 아니라 배우는 학생으로 확실하게 자리 잡을 수 있기 때문이다.

액션러닝에서 가장 중요한 글자는 '익힐 습(習)'이다 ● 액션러닝에서 습(習)이란, 개인 차원에서는 배운 대로 실천해서 내 몸에 완전히 익히는 것을 의미하며, 팀 또는 회사 차원에서는 과제를 수행함에 있어서 팀원들이 직접 몸을 움직여서 얻은 아이디어를 실행에 옮기고, 과제의 특성상 액션러닝 기간 동안에 실행이 어려운 경우에는 파일럿 테스트(Pilot Test) 등의 타당성 검증 과정을 거친 해결방안을 제안해야 하며, 액션러닝 프로그램이 종료된 후에도 회사 차원에서 해결방안을 끝까지 실행에 옮기는 것을 의미한다.

습(習), 즉 개인 차원의 실천과 과제 실행이 빠진 액션러닝은 참다운 의미에서 액션러닝이라고 할 수 없다. 그런 이유로 액션러닝에서는 파워포인트로 만든 두꺼운 보고서가 아닌 실천의 결과물, 즉 개선 전과 개선 후를 비교한 사진이나 동영상이 훨씬 더 큰 가치를 인정받는다.

많은 학습자들이 이러한 액션러닝의 과정을 통해 자신의 행동과 마인드를 변화시키고 회사에 실질적인 변화와 개선의 바람을 불러일으키고 있다. 실천과 적용이야말로 액션러닝이 지향하는 철학의 근간이다.

액션러닝에서 마지막으로 중요한 것은 '성찰과 피드백'이다 ● 성찰(자기반성)과 피드백(타인으로부터 얻게 되는 반성의 재료)은 학습팀원들에게 배움과 역량을 배가시키는 결정적인 역할을 한다. 액션러닝에서 이 두 가지를 특히 강조하는 이유는 성찰과 피드백이 학습한 내용의 실천과 적용의 가능성을 높여주기 때문이다.

경청의 기술을 향상시킬 수 있는 간단한 실습 방법

1. 세 사람씩 짝을 짓는다.

2. 한 사람은 화자가 되고, 한 사람은 청자가 되고, 한 사람은 관찰자가 된다.

   ① 가위, 바위, 보를 한 다음 먼저 진 사람이 최근에 경험했던 자신의 가장 즐거웠던 순간을 1분간 말한다.
   ② 청자는 무시한다.
   ③ 관찰자는 두 사람의 상태를 세밀하게 관찰하여 기록한다.
   ④ 돌아가면서 본인의 느낌을 이야기하고 현재의 본인의 모습과 앞으로의 계획을 이야기한다.
   ⑤ 이번에는 이긴 사람이 자신의 즐거웠던 이야기를 한다.
   ⑥ 청자는 적극적 경청의 원칙, 예를 들어 눈을 마주치고 고개를 끄덕이며, '아~' 하고 말하는 등 확인가능한 반응을 보이면서 듣는다.
   ⑦ 관찰자는 모든 행동을 기록한다.
   ⑧ 돌아가면서 본인의 느낌을 이야기하고 현재 본인의 모습과 앞으로의 계획을 이야기한다.

3. 계속 역할을 바꾸면서 반복한다.

Chapter2

1차 학습팀 회의

좋은 질문이
좋은 성과를 만든다

하늘기업 해바라기팀의 액션러닝

두 번째 이야기

"부장님 요즘 바쁘실 텐데 신경 쓰게 해드려서 죄송합니다."

며칠 후 탁 대리가 사직서를 들고 와서 명민한에게 조용히 면담을 청했다. 입사 4년 차인 탁 대리는 빠릿빠릿하게 일을 처리하는 편은 아니지만 일단 시작한 일은 어떻게 해서든 끝장을 보는 근성이 있는 친구이다. 그런 그가 갑자기 심경의 변화를 일으켜 회사를 그만두겠다는 것이다.

이런 경우 명민한은 굳이 상대방을 붙잡지 않는 스타일이다. 이미 결정한 일을 두고 아쉬운 소리를 하는 건 체질상 맞지 않을뿐더러 왠지 구차한 느낌이 들기 때문이다. 그래도 아끼는 부하직원이었는데 떠나기 전에 식사나 함께하자는 마음에서 자리를 만들었던 명민한은 경 교수가 내준 '경청' 숙제도 할 겸 이야기를 진지하게 들어보기로 했다.

"자네는 워낙 성실한 사람이라 별문제 없을 줄 알았는데 솔직히 아까는 좀 놀라고 당황스러웠네. 혹시 무슨 일 있었던 건가?"

"……다 제가 능력이 모자란 탓이죠."

탁 대리의 표정이 착잡하게 구겨졌다. 말 안 해도 직장 선배로서 느껴지는 부분이 없는 것은 아니다. 명민한은 그가 얼마 전 본의 아니게 실수를 해서 부문 담당임원실로 불려 갔던 일을 떠올렸다. 아마 그때 담당임원에게 호된 꾸지람을 듣고 충격이 컸던 모양이다.

"나도 그랬지만 사무실 동료들도 자네랑 호흡이 잘 맞는 것 같던데, 이렇게 그만 두면 아쉽지 않겠나."

명민한은 탁 대리가 사표를 낸 이유에 대해 단도직입적으로 묻고 싶었지만 액션러닝에서 배운 경청의 기술을 실습한다는 생각으로 속에 있는 말을 꾹 참았다. 대신 경 교수에게 배운 대로 고개를 끄덕이거나 "아~" 하는 리액션을 보내는 등 진심으로 탁 대리의 이야기를 들으려고 애를 썼다. 또 질문을 하더라도 가급적이면 개방형 질문을 선택하려고 노력했다.

"직장 생활을 하다 보면 이런 저런 회의가 들 수도 있지 않은가. 어떤 선택이 자네의 인생에 더 좋은 결과를 가져올지 며칠 더 생각해보는 것은 어떤가."

명민한은 그날 모처럼 탁 대리와 업무 외적으로 많은 이야기를 나누었다.

영업1팀에서는 팀장이지만 다른 자리에 가면 나도 부하직원이다.

실수로 일이 잘못되면 상사로부터 눈물 콧물이 쏙 빠지도록 야단맞을 때도 있다. 그렇다고 일이 잘 되었을 때 칭찬을 받는 것도 아니다. 잘한 건 당연한 거고 못한 것만 눈에 띄는 게 조직생활의 비애라고 할 수도 있다. 그러니 좀 더 잘하고 되도록 실수는 하지 않는 것 말고는 도리가 없다.

"난 항상 마지막 선택은 언제 해도 늦지 않을 거라 생각하면서 직장생활을 해왔네. 자넨 어떤가?"

탁 대리에게 던진 물음은 명민한 자신에게 해당되는 것이기도 했다. 유능한 후배를 놓치기 싫은 진심이 전해졌을까? 며칠 후 탁 대리가 메일을 보내왔다.

"부장님 말씀을 듣고 보니 제가 너무 경솔했다는 생각이 들었습니다. 뭐가 되었든지 이 회사에서 승부를 걸어봐야겠다는 결심이 섰습니다."

혹시나 싶은 마음에 시도해보긴 했지만 이렇게 효과가 빨리 나올 줄은 몰랐다. 경청이 중요하다는 것은 알고 있었지만 이렇게 직접 실천해본 것은 처음이었다.

'이래서 러닝을 했으면 액션으로 옮기란 말이었구나.'

이론이 현실이 되는 장면을 직접 경험해보는 재미가 쏠쏠했다.

다음날 해바라기 팀원들은 과제 내용과 관련된 사전 학습을 위해 짧은 미팅을 가졌다.

"뭣 좀 알아낸 게 있습니까?"

"글쎄요. 아직은 뭐 특별한 게 없네요."

"이것저것 알아본다고는 했는데 저도 별로……"

팀원들의 표정에는 곤혹스러운 기색이 역력했다. 명민한도 마찬가지지만 팀원들 대부분이 서 팀장을 찾아가서 몇 가지 물어보고 궁금한 자료를 챙겨온 게 전부였다.

"경 교수가 액션러닝 프로그램에 대해서는 전문가라 해도 우리 회사는 처음이고 또 과제에 대해서도 금시초문일 텐데 그렇게 자신만만해하는 이유가 뭘까요?"

별 소득도 없는 미팅이 끝나고 돌아오는 길에 명민한과 동행하게 된 남주남 부장이 꺼낸 말이었다. 그랬다. 명민한의 생각에도 고 전무가 제시한 과제는 제아무리 노련한 러닝코치라고는 하지만 결코 만만하게 볼 수 있는 것은 아니었다. 물론 경 교수 자신도 이 일이 쉽지만은 않을 거라고 인정은 했지만 그렇다고 해서 크게 부담스러워하는 것 같지는 않았다. 대체 그런 자신감은 어디서 나오는 걸까? 명민한은 1차 학습팀 회의에서 어렴풋이나마 그 답을 찾을 수 있었다.

1차 학습팀 회의는 과제연구 및 과제기술서 초안을 작성하는 시간이었다. 경 교수는 회의시간보다 30분 전에 미리 와서 팀원들을 기다리고 있었다. 회의실에 들어선 순간 제일 먼저 명민한의 눈에 띈 것은 벽면에 붙은 커다란 플립 차트에 작성한 아젠다(Agenda, 회의 진행 시간표)였다.

해바라기팀 1차 학습팀 회의

1. 목적 : 과제기술서 초안 작성
2. 장소 : 201호 회의실
3. 준비사항 : 과제기술서 준비사항 및 문제점
4. 일시 : 20○○년 ○월 ○일(오후 2:00~6:00)
5. 일정

2:00~2:05	아이스 브레이크
2:05~2:08	아젠다 설명 및 합의
2:08~2:50	경청의 기술 실습 결과 공유
2:50~3:00	휴식
3:00~3:30	자사 현황 분석
3:30~4:00	경쟁사 및 타사 현황 분석
4:00~4:30	고객 요구 분석
4:30~4:40	휴식
4:40~5:10	블랭크 차트 작성
5:10~5:25	블랭크 차트 완성을 위한 팀원들의 역할 분담 계획 수립
5:25~5:40	차기 미팅 아젠다 결정
5:40~6:00	성찰

"교수님, 경청의 기술을 실습한 결과를 공유하자고 하시는 것 같은데, 주어진 시간도 넉넉하지 않은 마당에 그 시간이 너무 길지 않습니까?"

아젠다 설명이 끝나자 주용해 팀장이 이의를 제기했다. 요컨대 빨리 본론으로 넘어가자는 말이었다.

그러나 경 교수의 대답은 한 마디로 'NO'였다.

"액션러닝은 여러분 모두의 역량 향상이 목적입니다. 명 부장님,

역량 향상을 위해서 가장 중요한 게 뭐였죠?"

"습(習)입니다."

경 교수의 물음에 명민한이 대답했다.

"맞습니다. 그러니 숙제 검사는 필히 해야 되겠죠?"

경 교수의 물음에 토를 다는 팀원은 한 사람도 없었다. 곧 경청의 기술 실습 결과에 대한 팀원들의 발표와 질의응답이 시작되었다.

발표 결과는 엊그제 해외 출장을 다녀온 원이상 부장을 제외하고는 대체로 긍정적인 편이었다. 스스로 성격이 불같은 편이라는 주 팀장은 부하직원 중 한 친구에게 경청의 기술을 실습한 결과, 그 직원이 자신을 대하는 분위기가 달라진 것 같다고 했다. 유독 가족들한테만 퉁명스런 말투가 튀어나오곤 했다는 남주남 부장은 아내가 어디가서 무슨 강의를 듣고 왔냐고 묻더란 말을 하며 쑥스러워했다. 나명석 부장은 부서 회의시간에 경청의 기술을 발휘했더니 직원들이 여느 때보다 의사표현에 적극적이더라고 했다.

"배울 때는 몰랐는데 직접 해보니까 효과가 너무 좋아서 신기한 느낌마저 들더군요."

이번 숙제는 나 부장뿐만 아니라 다른 팀원들도 습(習)의 중요성에 대해 확실히 공감할 수 있는 좋은 경험이 되었다.

"좋습니다. 여러분들이 진정한 액션러너들입니다!"

경 교수는 4명의 팀원에게 칭찬을 아끼지 않았으며, 아울러 원 부장에게는 다음 미팅 시간까지 밀린 '경청' 숙제를 꼭 해오도록 신신당부했다.

'보통 깐깐한 양반이 아니군.'

지난번 이론 학습 때 경 교수가 액션러닝의 정의에 대해 설명하면서 "여러분 모두의 실질적 역량 향상을 위하여."라고 했던 말이 명민한의 뇌리에 스쳤다. 경 교수가 왜 특히 그 대목을 힘주어 강조했는지 이제는 알 것 같았다.

팀원들의 책상 위에는 예의 포스트잇과 네임 펜이 넉넉하게 놓여 있었다. 경 교수는 과제기술서는 특별한 양식이 있는 것이 아니라 프로그램과 조직의 성격에 따라 다양하다고 했다. 경 교수가 우리 팀을 위해 준비한 것은 가장 일반적인 양식이었다.

그 양식에는 과제의 명칭과 팀원 각자의 관점에서 본 과제 선정 이유와 배경, 과제 해결 후의 아웃풋 이미지와 실행 일정, 그리고 과제 해결 여부를 검증할 수 있는 기준 등을 기록하는 란이 있었다.

1. 자사 현황	• 즐거운 TV 가입자 확보 수준이 타사에 비해 저조하다.
2. 경쟁사 현황	• • •
3. 고객의 요구사항	• • •

몇 자 쓸 내용을 떠올려보기도 전에 빈칸을 채울 일이 막막해졌다. 명민한은 다른 팀원들의 기색을 살폈다. 다들 고민하고 있는 모습이

아직 감을 못 잡고 있는 게 분명했다.

"복잡하게 생각할 것 없습니다. 여러분들이 평소에 알고 있던 정보를 토대로 하여 아는 만큼만 적으면 됩니다."

경 교수는 먼저 팀원들에게 각자의 생각을 포스트잇에 적어보라고 했다. 명민한은 머릿속에 떠오르는 대로 3가지 내용을 포스트잇에 적었다. 다른 팀원들도 뭔가 적기 시작했다.

곧 각 항목 당 15장의 포스트잇이 모아졌다. 팀원들은 토론을 통해 내용이 비슷한 것들을 하나로 합쳐 미리 준비된 플립 차트에 합의된 차례대로 붙였다.

1. 자사 현황	• 즐거운 TV 가입자 수가 예상보다 적음 • 가입자들이 특정 지역에 편중되어 있음 • 특정 연령대 가입자 수가 지나치게 적음
2. 경쟁사 현황	• A사 : 젊은 층에게 특히 높은 인기를 누리고 있음 • B사 : 지상파 방송에 대대적으로 광고를 집중하고 있음
3. 고객의 요구사항	• 보다 다양한 프로그램을 원하고 있음 • 경쟁사보다 낮은 가격과 신속한 서비스를 원하고 있음

"이 항목들에 대해 보다 구체적이고 정확한 정보를 구하려면 어떻게 하는 게 좋을까요?"

경 교수가 물었다.

"좀 더 광범위한 자료 조사가 필요할 것 같습니다. 예를 들어 방통위나 문광부, 디지털 TV 방송 사업단 같은 데도 가봐야 되지 않을까요?"

꼼꼼한 원 부장이 먼저 의견을 내자 팀원들의 갖가지 아이디어가 물망에 올랐다. 문제는 시간이었다. 자료는 자료일 뿐, 팀원들이 제시한 항목들을 모두 조사하는 데만도 시간이 얼마나 걸릴지 모르는데 그것을 다시 유용한 정보로 요리하려면 또 얼마나 많은 시간이 소요될지 알 수 없었다.

"여러분들이 맥킨지나 보스턴 컨설팅 그룹 같은 세계 유수 컨설팅 회사에 근무하는 컨설턴트라면 이럴 때 어떤 방법을 선택했을까요?"

팀원들이 고개를 갸우뚱하며 대답을 못하자 경 교수가 칠판에 도표를 그린 다음 글자를 적었다.

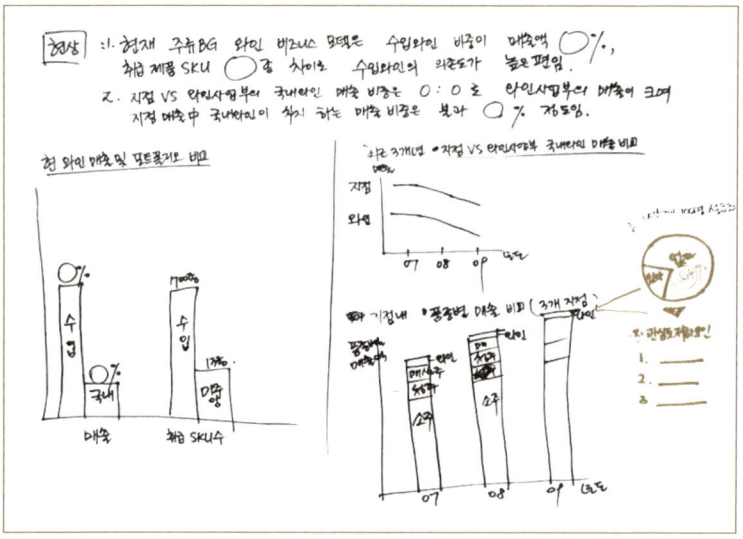

블랭크 차트(Blank Chart) : '빈칸이 있는 차트'를 말하는 것으로, 특정 주제에 관한 학습팀의 토의 내용 또는 자신의 생각을 완성된 형태로 만들기 전에 스케치한 결과물

"예를 들자면 이런 것입니다."

경 교수가 팀원들에게 제시한 것은 자신이 한 국내 기업에서 액션 러닝을 하면서 학습자들에게 작성하도록 했던 블랭크 차트였다.

팀원들의 시선이 블랭크 차트에 집중되었다. 블랭크 차트는 차트의 제목과 그 차트에서 표현하고자 하는 내용을 요약한 헤드 메시지, 그 헤드 메시지를 부연 설명하는 데 필요한 개략적 이미지를 스케치한 결과물을 말한다. 이번 회의에서는 팀이 다루는 주제에 대해 팀원들이 현재 알고 있는 지식과 정보를 토대로 블랭크, 즉 빈칸이 있는 차트를 만든 다음 팀원들이 역할을 분담해서 다음 미팅 때까지 현장을 발로 뛰어 얻은 정확하고 구체적인 정보를 가지고 블랭크를 메워오는 방식으로 일을 추진한다는 것이다.

이어 경 교수는 각종 그래프·차트·도표·삽화·사진·동영상·음성 파일이 담긴 파워포인트, 엑셀, 포토샵 등 컴퓨터로 표현 가능한 모든 데이터로 빈칸의 개략적 이미지를 채울 수 있다고 설명했다.

"여러분들도 한번 해보세요."

경 교수가 팀원들에게 A4 용지를 나누어주며 아까 써놓은 포스트잇의 내용을 토대로 블랭크 차트를 그려보라고 했다.

1. 자사 상품 관련	• 현재 즐거운 TV 가입자 유치 실적이 저조한 원인 분석을 위해 필요한 정보 • 상품 자체의 문제, 소비자 인지도, 홍보 전략의 문제점 및 광고의 효용 가치

2. 경쟁사 및	• 각각의 장단점 분석을 위해 필요한 정보
타사 상품 관련	• 자사 상품과 비교했을 때 K사, S사, N사 상품의 장단점과
	홍보 전략의 차이
3. 고객 관련	• 각각의 상품에 대해 고객들이 갖는 선입견
	• 자사 및 K사, S사, N사의 경우

의미가 중복되는 것은 합치고 성격이 비슷한 것들은 함께 묶어 분류한 결과 질문의 틀은 크게 3가지로 정해졌다. 팀원들은 다시 그 3가지 의문을 해결하기 위해 필요한 세부 자료 항목에 포스트잇을 붙였다. 지역별 현황, 외국기업 사례 등 블랭크 차트에 포함되어야 할 내용이 속속 추가되었다.

블랭크 차트 작성은 처음이었지만 그다지 어렵지는 않았다. 이런 방법이 있다는 걸 알고 보니 그동안 프로젝트가 하나씩 떨어질 때마다 상사의 막연한 지시에 의존하여 그토록 많은 자료를 구하느라 밤샘 작업했던 일이 참으로 어리석게 느껴졌다.

"이 블랭크 차트를 완성하기 위해서는 어떤 게 필요할까요?"

경 교수가 다시 물었다.

팀원들은 각각의 개략적 이미지에 대한 빈칸을 채우기 위해 필요한 자료 목록과 마감시한을 정한 다음 역할 분담을 했다. 팀원들이 각자 자신이 잘할 수 있다고 생각되는 분야를 택하자 자연스럽게 역할 분담이 이루어졌다.

경 교수는 이 블랭크 차트가 액션러닝식 과제수행의 5가지 지향성, 즉 협동지향, 가설지향, 결과지향, 사실지향, 효율지향을 팀 활동에 실제적으로 구현할 수 있는 효과적인 도구라고 설명했다. 프로그램에 대한 기대감 때문인지 누구 한 사람도 좀 더 쉬운 역할을 맡겠다고 우기거나 몸을 사리는 모습은 보이지 않았다. 이런 걸 팀 시너지 효과라고 하는 걸까? 우선 협동이 잘 되고 있는 것으로 보아 해바라기팀의 앞날은 낙관해도 좋을 것 같았다.

마지막으로 다음 미팅의 아젠다 결정 및 성찰의 순서가 남았다.

"2차 학습팀 미팅은 2주 후 오전 10시부터 점심시간을 제외하고 오후 3시까지 하겠습니다. 다음 미팅에서는 과제조인식 준비를 완벽하게 마쳐야 합니다. 그러려면 우리가 어떤 준비를 하는 게 좋을까요?"

경 교수가 물었다.

2차 학습팀 회의 전까지는 각자 블랭크 차트를 채우고 과제기술서 내용을 보완해야 한다. 경 교수의 질문은, 즉 이 상황에서 학습팀이 가장 먼저 도출해내야 할 아웃풋 이미지는 무엇인지에 대한 물음이었다.

팀원들이 그에 대해 답변을 하면 경 교수는 그 다음에 도출해야 될 아웃풋 이미지와 그에 따른 준비사항을 물었고 팀원들은 그때마다 답변을 하면서 아웃풋 이미지를 그려나갔다. 질문이 치밀해지는 만큼 팀원들이 해야 할 역할도 명확해졌다. 차기 미팅 아젠다 합의는 역할 분담에 대한 구체적인 시간계획까지 정해진 다음에야 끝이 났다.

"끝으로 오늘 회의를 성찰하는 시간입니다."

"교수님, 각자 할 일까지 정해졌는데 오늘 회의는 이 정도로 끝내시죠?"

경 교수가 다시 포스트잇을 나누어주자 주 팀장이 조심스레 제안했다. 얼추 회의를 마칠 시간이 다가와 긴장이 풀린 탓인지 명민한도 슬슬 배가 고팠다.

"그건 절대 안 됩니다."

경 교수가 성찰이 빠진 액션러닝은 액션러닝이 아니라며 단호하게 주 팀장의 말을 잘랐다. 누차 강조하지만 액션러닝의 궁극적 목적은 역량 향상이고 그것은 학습을 통해서만 가능하다. 그런데 성찰을 해야 무엇을 배웠는지 알 수 있지 않겠냐는 경 교수의 반문에 팀원들도 더는 이의를 제기할 수 없었다.

팀원들은 경 교수가 나누어준 3장의 포스트잇에 그날 팀 회의를 통해서 배운 점과 느낀 점, 앞으로 실천할 사항 등을 적기 시작했다. 명민한은 앞으로 실천할 사항을 적는 난에 영업1팀 회의시간에 포스트잇 기법을 활용하겠다고 적었다.

"명 부장님, 그거 좋은 생각입니다. 혹시 팀 회의 때 이 방법을 사용하다가 막히는 게 있으면 다음 학습팀 미팅 때 질문해주세요."

경 교수는 이런 게 바로 액션러닝의 장점이라고 했다. 대개의 교육은 일회성으로 끝나지만 액션러닝은 학습자들이 배운 것을 실생활에 활용해보고 의문 나는 사항이 있으면 러닝코치와 함께 풀어갈 수 있다. 배운 대로 실천하고, 그 실천과정에서 또 다른 학습 효과를 창출해낼 수 있도록 프로그래밍되어 있는 것이다.

액션러닝을 마치고 나면 조직이나 개인이 평생 먹고 살아갈 역량을 향상시킬 수 있다고 했던 유 차장 말이 이 대목에서는 전혀 과장되게 느껴지지 않았다.

4시간으로 예정되었던 회의는 정확히 6시에 끝났다.

"난 회의라고 하면 그저 지루하고, 무조건 목소리 큰 사람이 이기는 줄로만 알았는데 이런 방법도 있었네요. 안 그래요, 명 부장님?"

명민한의 옆 자리에 앉았던 주 팀장이 필기도구를 챙기면서 말을 걸었다. 안 그래도 같은 생각을 하던 중이라고 대답하려는데 원이상 부장이 불쑥 말을 내뱉었다.

"그런데 교수님, 액션러닝하려면 회의가 끝나고 나서도 다음 모임 때까지 매번 이렇게 많은 일을 해야 하는 겁니까?"

경 교수는 프로그램이 완전히 끝날 때까지는 역할 분담이 계속 될 거라며 미소 띤 얼굴로 원 부장을 쳐다보았다.

"왜요, 무슨 문제라도 있나요?"

"회의만 잘해도 과제는 해결할 수 있는 것 아닙니까? 대충 계산을 해보니 2주에 한 번씩 4시간에 걸쳐 회의하고, 다음 미팅 때까지 최소한 10시간 이상은 투자를 해야 각자 맡은 일을 다해올 수 있을 것 같은데, 꼭 그렇게 해야 되나 싶어서요."

경 교수의 물음에 원 부장이 곤혹스러운 표정으로 볼멘소리를 했다.

명민한 입장에서도 과제수행을 위해 투자해야 되는 시간이 부담스러운 건 사실이었다. 현업은 현업대로 바쁘게 돌아가는데 과제 준비까지 해야 되는 상황이 계속해서 닥치니 오리엔테이션 이후 시간이 어떻게 지나갔는지도 모르겠다.

"전 사실 창원에서 서울을 오가며 회의에 참석하는 것만도 벅찰 때가 있습니다."

남주남 부장의 얼굴에도 착잡한 기운이 서렸다.

"그러게요. 결국은 아이디어 문제인데, 여기 계신 분들은 다 현업에서는 베테랑 아닙니까?"

나명석 부장의 말에 주 팀장도 고개를 끄덕였다.

"그게 무슨 말입니까? 설마 여러분들, 반쪽짜리 액션러닝을 하고 싶은 건 아니겠죠?"

경 교수가 정색을 하며 반문했다.

"액션러닝 프로그램을 시작한 이상 분명히 알아두어야 할 게 있습니다. 그건 바로 탁상공론은 절대 액션러닝이 아니라는 사실입니다."

액션러닝에서 과제를 수행하기 위해 제일 중요한 건 미팅과 미팅 사이의 액티비티(activity)이다. 액션러닝 프로그램 전체에서 미팅이 차지하는 비중은 10%도 안 된다. 현장을 직접 가보고, 고객들의 진정한 요구를 조사하고 경쟁사를 벤치마킹해봐야 이디에 문제가 있고 어디에 답이 있는지 살아 있는 지식을 얻을 수 있는 법이다. 자기들끼리 머리에 든 것만 믿고 검증도 안 된 가설을 풀어내다가 보고서 쓰고 끝내는 건 말 그대로 공허한 탁상공론에 불과하다. 경 교수는 이러한 말로 팀원들의 불만에 쐐기를 박았다.

이어서 액션러닝의 본질과 철학에 대해 몇 가지 예를 들어가며 상세한 설명을 마친 경 교수의 얼굴에는 결연함마저 느껴졌다.

"물론 남 부장님처럼 특별한 사정이 있는 경우라면 역할 분담을 할 때 최대한 무리가 가지 않도록 팀 차원에서 배려를 해야겠지요. 굳이 서울까지 왔다갔다하지 않더라도 공평하게 역할 분담을 할 수 있는 일은 얼마든지 있을 테니까요."

　그동안 형식적인 프로그램에 길들여져 타성에 젖어 있던 팀원들은 경 교수의 따끔한 일침에 고정관념이 확 깨지는 듯했다.

　"러닝코치가 뭐하는 사람인가 했더니 이제야 이해가 가네요!"

　회의실을 나오면서 누군가 그런 말을 했다. 러닝코치는 직접 문제 해결에 관여하지는 않지만 학습팀원들의 잠재능력을 이끌어내는 길잡이 같은 존재이다. 명민한은 문득 그런 생각이 들었다.

위기의 가족을 구한 경청

지방출장이 잦은 지평선 기업에 근무하는 40대 후반의 정이래 부장은 액션러닝 오리엔테이션이 시작되기 직선에 부인으로부터 이혼 선고를 받았다. 정 부장 부부는 오랜 세월 주말부부나 마찬가지인 상태로 지내왔는데 부부가 같이 지내는 시간에도 대화라고는 거의 없는 편이었다.

아이들도 다 커서 정 부장 부인은 주로 집에서 혼자 지내는 시간이 많았다. 이럴 때 남편이라도 말동무가 되어주었다면 의지가 되었을 텐데 어쩌다 같이 있는 날에도 정 부장은 하루 종일 텔레비전을 끼고 살거나 죽은 듯이 잠만 자기 일쑤였다.

정 부장도 간혹 부인에게 미안한 마음이 들긴 했지만, 회사 일이 바빠서 그러는 것이려니 하고 이해해주길 바랐다. 부인에게 잘해주고 싶어도 집에만 오면 피곤이 한꺼번에 몰려드니 어쩔 수 없기도 했다. 그렇게 몇 년이 지나는 동안 남편 등만 바라보다 지친 부인이 급기야 최후통첩을 한 것이다.

결국 부부가 법정으로 가는 일만 남은 상황이 되었다. 부인의 갑작스런 이혼 요구에 당황한 정 부장은 액션러닝에서 배운 것을 실천에 옮겼다. 경 교수는 늘 피곤에 절어 있는 그에게 일단 토요일 오전부터 오후까지 충분한 휴식을 취하라고 조언했다.

"토요일 저녁이 될 때까지 술은 한 방울도 드시지 말고 무조건 푹 쉬세요."

여차하면 밤을 샐 각오로 철저히 준비를 하라는 말이었다.

경 교수가 제안한 작전개시 타임은 밤 11시.

그때까지도 부인은 남편이 있는지 없는지도 모르는 사람처럼 굴었다. 정 부장은 안방 침대에 홀로 누워 텔레비전을 보고 있는 부인을 조용히 식탁으로 이끌었다. 식탁 위에는 그가 미리 준비한 와인과 간단한 안주, 그리고 은은한 조명이 켜져 있었다.

"헤어질 때 헤어지더라도 당신 이야기 좀 들어봅시다."

그날 밤 11시부터 새벽 2시가 넘을 때까지 정 부장이 부인에게 한 말이라고는 이 한 마디뿐이었다. 경 교수가 귀띔해준 대로 편안하게 마주 앉아 어깨를 다독여줄 수 있게 의자 위치까지 120도 정도로 바꾼 상태였다.

와인이 한두 잔 들어가자 처음에는 만사가 귀찮다는 반응을 보였던 부인 입에서 참았던 말들이 쏟아져 나오기 시작했다. 경청의 기본은 고개를 끄덕여 수긍의 뜻을 표현하는 것이다. 정 부장은 그동안 자신의 무관심을 탓하며 흐느껴 우는 부인의 눈물을 닦아주며 말없이 어깨를 토닥이거나 고개를 끄덕이기만 했다.

2주 후에도 똑같은 과정을 반복했다. 정 부장 부인은 그로부터 한 달 후 이혼은 없던 것으로 하자며 이렇게 말을 했다.

"당신에게 많은 이야기를 하고 나니 오히려 내가 미안하다는 생각이 들었어요."

단지 이야기를 들어주는 것만으로도 마음을 열게 하는 경청의 놀라운 힘이 파탄 일보 직전까지 갔던 가정을 다시 살린 것이다.

기업에서의 블랭크 차트 활용 사례

블랭크 차트 잘 쓰는 사람들

액션러닝 활동을 하는 팀원들이 반드시 숙지해야 하고 그 사용법에 통달해야 하는 게 바로 블랭크 차트이다. 원래 이 블랭크 차트는 세계적인 컨설팅 회사들이 프로젝트를 수행할 때 주로 쓰는 방법인데, 경 교수는 한국에서 액션러닝을 하면서 몇 가지 요소를 첨가했다. 즉 맥킨지는 결과지향, 사실지향, 가설지향의 3가지 지향성을 강조하는데 비해 액션러닝은 여기에 더해 협동지향, 효율지향 등 5가지 지향성을 추구한다. 이를테면 방법적 차용을 한 것이다.

푸른바다 백화점에 근무하는 박 대리는 경 교수가 '블랭크 차트 박'이라는 별명을 붙여줄 만큼 블랭크 차트에 일가견이 있는 사람이다. 블랭크 차트를 작성하기 전에 그가 맨 처음 했던 일은 누가 봐도 탄탄한 스토리 라인을 짜는 것이었다.

그 스토리 라인을 적절하게 표현하기 위한 이미지를 일단 그려놓고 현장에서 얻은 정보와 지식을 토대로 하여 빈칸을 채워나가다 보면, 시장 돌아가는 현황이 손바닥에 올려놓고 보는 것처럼 훤하게 드러나 보이고는 했다. 박 대리는 훗날 기획팀으로 발령이 났다.

레몬 전자의 베테랑 교육 전문가 김 부장도 블랭크 차트의 달인 가운데 한 사람이다. 레몬 전자는 이미 20년 전부터 맥킨지로부터 컨설팅을 받았던 터라 경 교수가 액션러닝 학습팀에서 김 부장을 처음 만났을 때 그는 이미 블랭크 차트에 대해 거의 숙달된 상태였다. 여기에 액션러닝식 팀원 간 협력을 더하게 되니 김 부장은 나날이 블랭크 차트에 있어 숙련의 경지가 더해졌다.

업무상 해외 출장이 잦은 그는 출국하기 전에 미리 블랭크 차트 형태로 출장보고서 초안을 작성했다. 왜냐하면 해외에 나가서 도출해야 될 결과물 중 일부는 출발 전에도 어느 정도 윤곽을 그릴 수 있는 경우가 대부분이기 때문이다. 이는 해야 할 일을 마치기도 전에 결과보고서부터 만드는 셈이다. 그는 일단 20장 정도의 블랭크 차트를 만들어놓고 국내에서 찾을 수 있는 자료로 미리 빈칸을 채운다. 그리고 해외 출장 중에 구해야 될 자료가 있으면 미리 현지 법인에 연락해서 필요한 자료를 언제까지 준비해달라고 요청해둔다.

이렇게 출장을 가기 전에 현지에서 해야 할 일의 절반 정도를 블랭크 차트로 만들어놓으면, 해외 출장에 가서 해야 할 일은 인터뷰 등 사람을 만나서 처리해야 할 일들만 빈칸으로 남게 된다. 즉 현지에 가서는 빈칸 부분을 중심으로 목적대로 움직이기만 하면 되는 것이다. 그 결과 개인적으로는 해외 출장에서의 일이 대폭 줄어들었을 뿐만 아니라 조직에서는 성과가 똑 부러진다는 평판의 주인공이 될 수 있었다.

또 한 사람의 블랭크 차트 달인은 코스모스 기업의 한 차장이다. 경교수가 코스모스 기업의 액션러닝 프로그램을 진행할 때였다. 한 차장이 속한 액션러닝 팀원들이 결과보고서를 내야 하는 시점으로부터 3개월이나 남아 있던 어느 날, 경 교수는 한 차장이 팀원들에게 실질적인 러닝코치 역할을 하고 있는 모습을 보게 되었다.

팀원들이 보고서에 담길 내용에 대해 장시간의 토론만 하고 눈에 보이는 결과물의 이미지를 명쾌하게 그려내지 못하자 한 차장이 그들에게 블랭크 차트를 만들어보자고 한 것이다. 그는 우선 팀원들에게 작성해야 할 블랭크 차트 자료를 첫 페이지부터 마지막 페이지까지 벽에다 쭉 나열해놓도록 했다.

"몇 가지 비어 있어도 상관없으니 일단 쫙 붙여봅시다."

팀원들은 한 차장이 시키는 대로 스카치 테이프를 사용해서 A4 용지 20여 장을 분임토의실 한쪽 벽면에 쭉 붙였다.

"여기 3페이지하고 6페이지하고 순서가 바뀌어야 하지 않을까요?"

"5페이지에서는 이런 용어를 썼는데 7페이지는 다르게 표현했네요. 이 둘 중 어느 것으로 통일하면 좋겠습니까?"

한 차장은 이런 식으로 팀원들에게 질문을 해가면서 팀원들 스스로 전체적인 내용을 개괄할 수 있도록 도왔다. 팀원들은 이 과정을 통해서 어느 부분이 부족하고 어느 부분에 허점이 있는지, 논리적인 비약은 없는지, 전체적인 완성도는 어느 정도인지를 한눈에 파악할 수 있었다.

"자료가 중구난방인 것 같아서 정리할 엄두를 내지 못했는데 모든 게 한눈에 들어오니까 정말 좋네요."

"우리가 왜 진작 이 방법을 쓰지 않았을까요?"

한 차장의 시원시원한 일 처리 방식에 감동한 팀원들이 탄성을 내뱉었다.

액션러닝의 **회의운영** 방법

명목집단법과 포스트잇

일명 NGT(Nominal Group Technique)라고 부르는 명목집단법은 토론을 시작하기 전에 참가자들이 다른 사람과 일체 이야기하지 않고 토의 주제에 대한 자신만의 생각을 조용히 노트나 수첩, 카드, 포스트잇 등에 정리할 수 있도록 일정한 시간을 부여하는 방법을 말한다.

명목집단법이라는 명칭을 사용한 이유는 다른 사람과 이야기하지 않고 각자 글쓰기 작업에 임하는 동안 명목상으로는 집단이지만 실제로는 개인적인 활동을 하는 것이란 점을 강조하기 위해서이다.

특히 명목집단법은 싱글 프로젝트 프로그램에서 새로운 아이디어를 브레인스토밍하거나 원인을 분석할 때 또는 새로운 문제 해결방안을 모색하거나 문제점을 도출할 때와 같은 상황에서 활용되는데,

곧바로 토론에 들어가는 것보다 학습팀원 각자가 자신의 생각을 정리할 수 있도록 배려한다는 측면에서 의의가 있다.

명목집단법은 특별한 경우가 아니라면 포스트잇을 활용하는 게 가장 효과적이다. 포스트잇은 여러 번 뗐다 붙였다 할 수 있기 때문에 팀원들이 다양한 의견을 제시했을 때 비슷한 내용끼리 분류할 수 있고, 정제된 단어나 문장을 사용할 수 있어 토론시간을 절약할 수 있으며, 모든 팀원들이 적극적으로 참여할 수 있다는 장점이 있다.

명목집단법의 효과는 3가지로 요약할 수 있는데, 정제된 단어와 문장 사용으로 토론시간을 절약할 수 있고, 모든 구성원들의 적극적인 참여를 유도할 수 있으며, 자신의 생각을 모두 정리한 상태에서 타인의 의견을 경청하는 것이 가능하다는 점을 들 수 있다.

액션러닝식 회의 운영 절차 : I AGREE

액션러닝식 회의 운영 절차는 줄여서 'I AGREE'라고 한다. 이는 아이스 브레이크(Ice-Break), 아젠다(Agenda), 그라운드 룰(Ground Rule), 성찰(Reflection)의 머릿글자를 따서 만든 용어로 한국액션러닝협회의 러닝코치 양성 과정을 마친 김 코치의 아이디어에서 나왔다.

▌아이스 브레이크(Ice-Break)

회의 시작 전에 참가자들의 서먹서먹한 분위기를 깨고 활기찬 분위기를 만들기 위한 활동을 말한다. 주로 간단한 게임, 차 마시기, 상대방 어깨 주무르기 등이 있다. 아이스 브레이크를 할 때에는 전원이 참여할 수 있도록 자연스럽게 해야 하며 오버는 금물이다. 또한 시간은 지루하지 않게 3분 이내로 하는 것이 좋고, 참석자들의 지위, 분위기, 성격 특성에 어울리도록 진행해야 한다. 그리고 평소 회의 분위기를 감안하여 너무 파격적이지 않게 진행해야 한다.

▍아젠다(Agenda)

액션러닝에서 아젠다란 상세하고 구체적인 '회의 진행시간 계획'을 말한다. 액션러닝에서 모든 아젠다에 필수적으로 포함되어야 할 사항은 참가자 소개 및 아이스 브레이크가 이루어져야 하고, 회의 진행을 위한 시간 계획에 대해 설명 및 합의가 되어야 하며, 그라운드 룰을 결정해야 한다는 것이다. 또한 회의가 끝나기 전에 반드시 차기 미팅 계획을 수립해야 하고, 전체 회의시간의 약 10%에 해당하는 시간은 성찰을 위해 투자해야 한다는 것이다.

아젠다를 결정할 때에는 얻고자 하는 구체적 결과물에 대한 목적을 명확히 하고, 논리적으로 그 결과를 도출할 절차를 결정한 다음 그 절차의 각 단계에 소요될 시간을 배분한다. 다음으로 팀원들의 적극적인 참여를 이끌어낼 수 있는 토의양식을 개발하고, 마지막으로 자신이 정한 아젠다가 현실적으로 가능한지를 시뮬레이션(simulation)해 볼 필요가 있다. 즉 결과물이 적절한지, 절차상에 논리적인 비약은 없는지, 시간이 충분히 배정되었는지, 그리고 각 토의양식에 팀원들이 어떤 내용을 쓸 수 있을지 등을 면밀하게 검토하여 필요할 경우 아젠다를 수정·보완해야 한다.

　아젠다를 진행할 때 유의할 사항은 MECE(Mutually Exclusive Collectively Exhaustive)의 원칙에 입각하여 중복되거나 누락되는 사항이 없는지 확인해야 하며, 충분한 시간을 확보해야 하고, 전원 참여의 분위기를 조성해야 한다는 점이다.

■ 아젠다 예시

1	아이스 브레이크		11:15~11:18
2	진행시간 계획 설명 및 합의		11:18~11:20
3	팀 빌딩	팀 명칭 결정	11:20~11:25
		팀 구호 결정 및 연습	11:25~11:30
4	과제 선정	과제 선정 기준 결정	11:30~11:40
		과제 발의 및 설명	11:40~11:50
		과제 결정	11:50~11:55
5	선정된 과제에 대한 이해	질의응답	11:55~12:10
6	성찰		12:10~12:20

▌그라운드 룰(Ground Rule)

그라운드 룰이란 회의나 분임토의, 프로젝트 팀 미팅, 각종 위원회 등의 진행에서 모든 구성원들이 반드시 지켜야 할 기본 규칙을 말한다. 그라운드 룰을 정할 때 가장 유의할 점은 팀원들이 룰의 준수 여부에 대해 서로 오해 없이 명확하게 확인할 수 있도록 구체적인 내용을 정해야 한다는 점이다. 예를 들어 '강의시간 잘 지키기'보다는 '강의시작 1분 전에 착석하기'가, '공감적 경청'보다는 '상대방의 의견을 끝까지 들어주기'가 좀 더 구체적이기 때문에 바람직하다고 할 수 있다. 회의 시작 전에 모든 구성원들이 지켜야 할 것을 기본 규칙으로 정하는 것은 회의 진행자의 필수 의무라는 점을 명심해야 한다.

바람직한 Ground Rule	바람직하지 않은 Ground Rule
• 오전에 오면 서로 웃으면서 인사하기 • 강의시작 1분 전에 착석하기 • 상대방의 의견을 끝까지 들어주기 • 강의시간에 휴대폰은 진동으로 해놓기 • 강의시간에 졸리면 일어서서 듣기 • 강의가 끝난 후 자기 자리 쓰레기는 깨끗이 치우고 가기	• 즐겁게 하기 • 강의시간 잘 지키기 • 공감적 경청 • 휴대폰 매너 지키기 • 적극적 참여 • 정리정돈 잘하기

▮ 성찰(REflection)

성찰에는 개인 차원의 성찰과 팀 차원의 성찰이 있다. 개인 차원의 성찰이란 학습자들이 과제 수행 과정과 학습팀 미팅에서 배우고 느낀 점, 그리고 이를 바탕으로 앞으로 실천할 사항들을 정리하고 공유하는 것을 말한다. 액션러닝 전문가들은 성찰이야말로 액션러닝의 요체라고 입을 모아 강조한다. 성찰을 위한 방식에는 여러 가지가 존재하지만 가장 간단하면서도 효과가 높은 질문은 '무엇을 배웠는가?', '어떤 것을 느꼈는가?', '앞으로 어떻게 실천할 것인가?' 등의 질문이다.

■ 개인 차원의 성찰

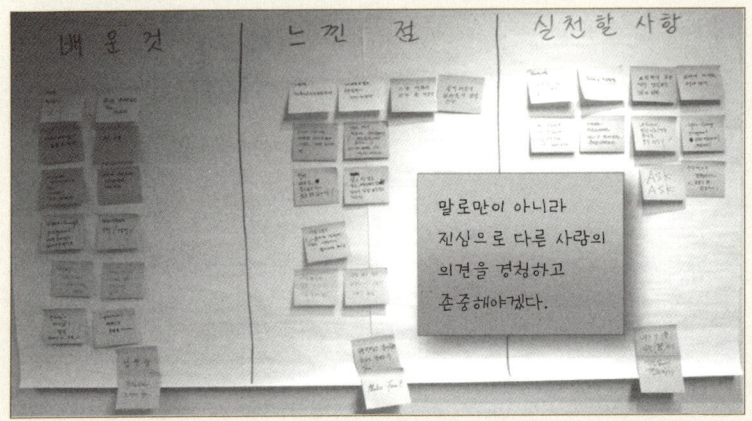

　　팀 차원의 성찰이란 학습팀원들이 팀의 생산성을 보다 높이기 위
해 무엇을 어떻게 할 것인가를 생각해보도록 하는 성찰을 말한다. 여
러 가지 방식이 있으나 일반적으로는 다음과 같은 양식을 많이 활용
하고 있다.

■ 우리 팀의 생산성을 제고하기 위하여

제거해야 할 행동 / 태도(Eliminate)는 무엇인가	• 발표, 토론 시 과다한 시간 사용(개인별 시간 준수) • 주제에서 벗어난 토의(과제기술서라는 목적에 맞는 발언) • 중복적인 멘트 • 부자연스런 좌석 배치 • 회의시간에 늦는 것
감소시켜야 할 행동 / 태도(Reduce)는 무엇인가	• 고정 관념에 따른 문제 해결 방식 • 사회자의 너무 적극적 회의 진행(자연스럽게 진행) • 학습에 대한 과도한 부담(기왕 하는 것 즐겁게)

증가시켜야 할 행동 / 태도(Raise)는 무엇인가	• 적극적 경청, 칭찬 • 문제 해결방안도 중요하지만, 문제 해결 과정이나 시스템을 배우고 익히는 데 중점 • 다양한 아이디어 폭 넓게 제시 • 상대방 의견 존중(무안한 비판 금지) • 과제 명료화 및 해결방안 모색, 폭넓은 의견을 수렴하되 현실성과 장래성 고려 • 계획 미리 알려주고 협의하기

창조해야 할 행동 / 태도(Create)는 무엇인가	• 상대 의견, 행동 통해 아이디어 창출(블루오션)
	• 발표나 의견 제시는 간단 명료(의사전달 능력 배양)
	• 역발상을 통한 문제 해결
	• 유연하게 사고하고 행동하되 집중력 향상(칭찬 적절 활용)
	• 학습 내용을 개인 업무에 발전적으로 실천하기
	• 아이스 브레이킹을 효율적으로 하기 위한 아이디어
	  – 분위기를 살릴 수 있는 재미있는 이야기
	  – 동적 요소(몸풀기) 가미
	• 휴식시간에 다과 음료 제공

블랭크 차트

블랭크 차트(Blank Chart)란 '빈 칸이 있는 차트'를 말하는 것으로, 특정 주제에 관한 학습팀의 토의 내용 또는 자신의 생각을 완성된 형태로 만들기 전에 스케치한 결과물을 말한다.

현재 알고 있는 지식과 정보를 토대로 블랭크, 즉 빈칸이 있는 차트를 만든 다음 현장을 발로 뛰어 얻은 구체적이고 정확한 정보로 빈칸을 메우면 된다. 이때 빈칸은 각종 그래프·차트·도표·삽화·사진·동영상·음성 파일이 담긴 파워포인트, 엑셀, 포토샵 등 컴퓨터로 표현 가능한 모든 데이터로 채울 수 있다.

Chapter3

2차 학습팀 회의

에너지를 한곳에
집중하라

하늘기업 해바라기팀의 액션러닝

세 번째 이야기

　2주 후, 해바라기 팀원들의 2차 학습팀 회의가 본사 회의실에서 열렸다. 해바라기 팀원들은 4개월 동안 2주에 한 번씩 미팅을 갖기로 하고 구체적인 일정을 정했다. 날짜는 팀원들의 현업에 지장을 주지 않는 선에서 맞추고 회의시간은 대략 4시간으로 정했다.

　이날 회의에는 즐거운 TV 사업본부 서환희 팀장도 실행 스폰서 자격으로 참석하기로 되어 있었다. 지난 2주일 동안 팀원들은 나름대로 열심히 자료를 찾는다고 애를 썼지만 아무래도 현업과 무관한 일이라 부족한 점이 많았다.

　"실무자를 만나기 전에 한 가지 명심해야 할 것은 현재 상황이 누구의 잘못도 아니란 사실입니다."

　경 교수는 서 팀장과의 미팅에 앞서 어디까지나 그 자리는 팀원들이 과제를 수행하기 위해 실무자에게 도움을 청하는 자리임을 잊지 말라고 당부했다. 아쉬운 건 팀원들이지 서 팀장이 아니라는 것이다.

오전 11시, 서 팀장은 굳은 얼굴로 회의실에 나타났다. 자기 부서의 일을 가지고 타 부서 직원들이 과제수행 운운한다는 것부터가 기분 좋은 일은 아닐 것이다.

경 교수가 러닝코치로서 서 팀장을 팀원들에게 소개하며 차례로 인사를 시켰다.

"필요한 게 있으면 말씀하십시오."

서 팀장이 건성으로 인사를 나누며 악수에 응했다. 당황한 팀원들이 서먹한 표정을 짓자 경 교수가 차분하게 학습팀이 꾸려진 이유를 설명하며 서 팀장의 협조를 구했다.

"저희가 잘했다면 굳이 액션러닝 팀의 도움을 받아야 할 이유도 없 겠지요."

서 팀장이 플립 차트를 힐끗 보면서 볼멘소리로 대꾸했다.

"학습팀이 잘하려면 무엇보다 서 팀장님의 협조가 필요합니다."

경 교수는 부드럽게 서 팀장을 다독이며 팀원들에게 차례로 발언 권을 주었다.

"그럼 저부터 시작하겠습니다."

주 팀장이 먼저 질문을 했다.

"현재 우리 회사 상품의 가입자 수는 얼마나 됩니까?"

서 팀장이 정확한 숫자를 말해주었다.

남 부장이 경쟁사나 타사 상품 현황에 대해 충분한 자료를 입수하지 못했다고 하자 서 팀장 역시 최근 자료를 확보하지 못했다며 자료가 준비되는 대로 전해주겠다고 말했다.

다른 팀원들의 질문도 차례로 이어졌다. 그렇게 약 한 시간 동안 질문과 대답이 오고 갔다. 실무자라고 해서 모든 질문에 답을 가지고 있는 건 아니었다. 최대한 빠른 시일 내에 자료를 준비해주겠다고 하면서도 서 팀장의 얼굴에는 곤혹스러운 기색이 역력했다.

"걱정 마십시오. 여기 다섯 명의 든든한 지원군이 있잖습니까?"

한동안 대화 내용을 듣고만 있던 경 교수가 빙그레 웃으며 팀원들을 돌아보았다.

"이런 상황에서 실질적으로 서 팀장님을 도와주려면 어떤 방법이 가장 좋을까요?"

영문을 모르는 팀원들이 선뜻 대답을 하지 못했다.

"여러분, 혹시 어렸을 때 돋보기로 신문 태워본 경험이 있습니까?"

팀원들은 이어지는 경 교수의 물음에 자연스럽게 "네."라고 대답했다.

"햇빛에 비추기만 해서는 아무리 오랜 시간이 지나도 신문지에 불이 붙지 않습니다. 하지만 돋보기를 대고 비추면 얼마 지나지 않아 신문지에 구멍이 뚫리지 않던가요?"

태우고자 하는 부분에 정확하게 초점을 맞추어 돋보기를 대고 있으면 결국 불이 붙는다. 경 교수는 이처럼 에너지를 한 곳에 집중해야만 변화가 일어나는 법이라고 말하며 단도직입적인 질문을 던졌다.

"여러분은 지금 30만 가입자 확보 방안의 개발과 그 방안의 실행을 통한 실질적인 성과창출, 즉 '방안'과 '실행'이라는 두 가지 과제를 가지고 있습니다. 그리고 그 과제 중 한 가지 또는 두 가지 모두를 선택해야 되는 기로에 서 있습니다. 이 두 가지 과제를 해결했을 때 떠오르는 아웃풋 이미지는 각각 어떤 것인가요?"

전자의 최종 아웃풋 이미지는 수많은 해결방안을 담은 두꺼운 보고서였다. 반면 후자의 경우 책상 위에 수북하게 올려놓은 계약서를 흐뭇하게 바라보는 대표이사와 고 전무의 얼굴, 그리고 팀원들의 자부심 가득한 표정이 겹쳐서 떠올랐다.

"만약 학습팀이 에너지를 한 곳에 집중해야 한다면 보고서와 계약서 중 어느 쪽에 승부를 걸어야 할까요?"

경 교수는 팀 활동의 중점 목표를 어디에 둘 것인지를 묻고 있었다. 액션러닝에는 연습문제가 없다고 말한 건 경 교수였다. 물어보나 마나 보고서보다는 계약서 쪽이 훨씬 가치 있는 목표라는 건 팀원들도 이미 인지하고 있는 사실이다.

"그럼 일단 여기서 '방안' 자를 떼어 볼까요?"

경 교수가 칠판에 '즐거운 TV 가입자 30만 명 확보 방안'이라고 적고는 곧바로 마지막 두 글자인 '방안'을 지워버렸다. 어차피 방안을 만들면 보고서를 써야 되고 그 보고서의 내용이 맞는지 검증하는 단계가 필요하다. 그러나 방안을 실행에 옮긴다면 보고서를 작성하느라 아까운 시간을 투자하지 않아도 된다.

방안을 수립할 시간에 고객을 확보하고 그 경험을 토대로 제대로 된 방안을 만들어낸다면 그보다 더 효율적일 수는 없을 것이다. 경 교수는 과제수행의 실행력을 높이기 위한 가장 효과적인 방법은 이처럼 과제의 범위를 좁히는 것이라고 말했다. 과제의 수행 결과를 평가하는 임원진 입장에서도 보고서 내용보다는 실행 결과에 관심을 갖는 게 당연한 일일 터였다.

경 교수는 그것이 몸으로 하는 액션러닝의 참뜻이라고 덧붙였다.

"그렇지만 우리가 실무자도 아닌데 무슨 수로……?"

"듣고 보니 경 교수님 말이 맞습니다."

원이상 부장의 따지는 듯한 반문은 성미 급한 주 팀장의 끼어들기로 말끝이 잘리고 말았다.

"솔직히 우리가 여태껏 사무실에서 질리도록 해온 게 방안 만드는 일 아니었습니까? 그리고 그 방안이란 걸 만들어봤자 별 효용가치가 없다는 건 여기 계신 부장님들도 익히 경험하셨을 것입니다."

주 팀장 말은 이 기회에 우리도 뭔가 보여주자는 것이었다.

"그래도 이건 말이 안 됩니다. 우리끼리 몇 달 만에 30만 명이나 되는 가입자를 모은다는 게 현실적으로 가능한 일인가요?"

원 부장이 곧바로 주 팀장의 말을 받아쳤다. 명민한 생각에도 실무 부서에서조차 못한 일을 액션러닝 팀에서 모조리 떠안는다는 건 무리가 있었다.

"잠깐, 제 의도를 조금만 더 설명해도 될까요?"

경 교수는 잠시 분위기를 가라앉힌 다음, 이번 과제는 다만 몇 명이라도 좋으니 실제로 고객을 유치하기 위해 학습팀에서 할 수 있는 최선을 다해보자는 것뿐이라고 말했다. 아울러 상황이 복잡하고 어려울 때는 목표의 범위와 수준을 줄이는 것이 효과적이라고 덧붙였다.

"예를 들어 A지역 B채널을 중심으로, C상품을 중심으로, D고객집단을 중심으로, E제품 생산라인 F공정을 중심으로, 이런 식으로 어느 부분에 팀의 에너지를 집중할 것인지 결정하고 움직이자는 것입니다."

경 교수는 액션러닝을 활발히 실시하고 있는 GE 사의 경우에도 과제의 범위를 특정 사업, 특정 지역에 국한함으로써 실질적인 성과를 창출하고, 아울러 그 과정에서 팀원들의 역량을 향상시킨 예가 있다고 말하며 몇몇 국내 기업의 사례를 들려주었다. 국내외의 초우량 기업들이 이 방식을 쓰는 이유는 액션러닝의 궁극적인 목적이 참가자들의 역량 향상에 있기 때문이며, 범위와 방식을 줄이는 이 방식이 그 목표를 이루는 데 가장 합리적이기 때문이라고 했다. 그런 뜻이라면 팀원들도 반대할 이유가 없었다.

경 교수가 서 팀장에게도 의견을 물었다.

"그렇게만 된다면 저희로서도 더 바랄 게 없죠."

이렇게 해서 해바라기팀의 최종 과제 명칭은 '즐거운 TV 가입자 확보'로 정해졌다.

서 팀장은 진심으로 고마워하며 자신도 학습팀 활동에 적극 참여하겠다고 약속했다. 그가 액션러닝 팀에 대해 경계심을 풀었다는 것만으로도 눈앞의 큰 산을 하나 넘은 것이나 마찬가지였다.

"현재 국내 디지털 TV 분야는 선발업체인 두배로 사가 독점하고 있다시피 한 상황입니다. 우리 회사와는 광고 물량 면에서나 인지도

면에서 비교할 수 없을 만큼 큰 차이가 있지요. 게다가 요즘은 우리와 비슷한 가격대와 서비스로 디지털 TV 사업에 신규로 진입한 경쟁사가 여럿이라 신경전이 치열한 추세입니다."

서 팀장은 이제서야 본격적으로 그동안 현장에서 겪은 문제점들을 솔직하게 털어놓았다. 가입자를 확보할 가능성이 있는 곳이라면 여기 저기 기업체 문을 두드려보기도 하고 아파트며 오피스텔이며 다가구 주택 지역까지 훑고 다녔지만 쉽지가 않다는 것이었다.

"아직 실망하기는 이릅니다. 우리가 힘을 합쳐서 이 과제를 어떻게 요리할지 차근차근 의논해보면 분명 방법을 찾을 수 있을 겁니다."

해바라기 팀원들은 다시 역할 분담에 들어갔다.

"오늘은 감사의 뜻으로 제가 여러분들께 저녁을 대접하고 싶은데 기회를 주시겠습니까?"

회의를 마칠 시간이 되자 서 팀장이 조심스럽게 말을 꺼냈다. 덕분에 해바라기 팀원들은 그날 유쾌한 술자리를 가졌다.

"즐거운 TV 문제가 액션러닝 과제로 선정됐다는 말을 듣고 처음에는 기분이 묘했습니다. 마치 저와 저희 팀이 무능해서 회사로부터 질책을 받는 것 같았습니다. 더 솔직하게 말하자면 발가벗겨진 채 도마 위에 오른 느낌이랄까요?"

분위기가 무르익자 서 팀장이 속말을 털어놓기 시작했다.

"물론 우리 부서의 일을 도와주려는 것이니까 고마워해야겠지요. 그래도 막상 회의에 불려 나간다고 생각하니 마치 감사팀으로부터 지적을 받는 것 같은 자격지심이 들더란 말입니다."

팀원들로서도 충분히 공감이 되는 이야기였다.

"그런데 직접 회의에 참석해서 보니 저희 부서와는 상관도 없는 액션러닝 팀이 저보다 훨씬 많은 걸 연구하고 조사하셨더군요. 그걸 보고 감동하지 않을 수 없었습니다. 정말 실무자로서 부끄럽다는 생각이 들 정도였어요."

'경 교수가 말한 한 배를 탔다는 게 바로 이런 거구나.'

서 팀장을 바라보는 팀원들의 진지한 눈빛에서도 명민한과 같은 동지의식이 진하게 배어나왔다.

푸른바다 백화점 인턴사원들의 액션러닝

과제의 범위를 줄여라 ①

　전국에 10여 개의 지점을 갖고 있는 푸른바다 백화점은 신규 점포 오픈을 앞두고 인턴사원들을 대상으로 액션러닝 프로그램을 시행했다. 90명의 인턴사원들이 참여한 이 프로그램은 오리엔테이션 하루, 팀별로 과제를 준비하는 하루짜리 워크숍이 두 번 실시된 다음 곧바로 현장으로 나가 과제를 실행하고 결과를 발표하는 총 6일의 타이트한 일정으로 짜여졌다.

　보통 인턴사원 교육이라고 하면 고품격 체험 프로그램이라는 명목하에 고급 리조트에 숙소를 잡아놓고 비싼 음식을 먹어가며 자사 홍보에 많은 시간을 할애하는 게 대부분이다. 지사 및 공장 견학도 인턴사원 교육에 흔히 등장하는 프로그램이다. 기업에서 이런 프로그램을 만드는 이유는 우수한 신규사원을 유치하기 위해서이다. 인턴사원으로 들어온 대학 졸업생 중에는 유력한 기업에 중복 합격을 해 놓고 상황을 보아가며 그중 한 군데를 최종적으로 선택하는 경우가 많다. 때문에 인턴사원들에 대한 대접이 극진할 수밖에 없고 그만큼 많은 비용이 투입된다.

이런 타 기업과는 달리 푸른바다 백화점은 전혀 다른 시각에서 인턴사원 교육 프로그램을 설계하였다. 1년 전, 경 교수와 함께 당시 자신이 담당했던 교육 프로그램을 액션러닝 방식으로 진행하여 공전의 히트를 쳤다고 자부하는 이 회사 인재개발팀의 구수한 대리가 자신이 담당한 인턴사원 교육 프로그램에 액션러닝 방식을 적용하기로 마음먹은 것이다. 즉 회사에 대해 아직 문외한이나 마찬가지인 인턴사원들에게 일방적으로 자사를 홍보하는 것이 아니라 그들 스스로 회사의 특징과 장점을 찾아낼 기회를 주기로 했다.

인턴사원들에게 주어진 액션러닝 과제는 신규 점포에 대한 길거리 홍보. 인턴사원들은 교육기간 중에 신규로 개장한 점포를 대상으로 팀별 학습에 들어갔다. 과제수행 준비에 주어진 기간은 1박 2일. 적어도 한 달 이상은 준비하고 실행에 옮겨야 성과를 볼 수 있는 일이었지만 90명의 학습자는 자신들에게 주어진 조건에 맞는 방법으로 과제를 해결했다.

그들은 화려한 미사여구로 꾸며진 신규 점포 홍보 전략을 수립하는 대신 팀별로 할당구역을 정하고 직접 발로 뛰며 집중 홍보활동을 펼쳤다. 또한 짧은 기간에 적은 인원으로 도시 전체를 공략하는 것은 무리가 있다고 판단, 신규 점포의 잠재고객이 될 가능성이 높은 지역 주민들을 타깃으로 홍보 전략을 펼쳤고, 그 효과는 즉각 나타났다.

기발한 아이디어와 끼로 뭉친 젊은이들의 순수한 열정은 1박 2일 동안 지역 주민들의 호기심과 흥미에 불을 당겼고, 행사는 그야말로 대대적인 성황을 이루었다. 프로그램이 끝난 뒤 결산을 해본 결과 푸른바다 백화점이 인턴사원 교육에 투자한 개인당 비용은 과거에 비해 약 3분의 1로 줄어 있었다.

더욱 재미있는 것은 행사가 끝난 후 인턴사원들의 회사에 대한 충성도가 하늘을 찌를 듯했다는 사실이다. 직접 홍보 전략을 짜고 자료를 수집하는 과정에서 회사에 대해 많은 걸 알게 되었고 보다 긍정적인 이미지를 갖게 된 것이다. 덕분에 푸른바다 백화점의 인턴사원 유지율도 전년 대비 약 15% 정도 신장되는 성과를 올렸다.

봄빛 약품 주식회사 생산직 사원들의 액션러닝

과제의 범위를 줄여라 ②

일반적으로 제약회사의 생산 공정은 인체에 영향을 미치는 약품을 다루는 일이기 때문에 관리가 매우 까다롭다. 봄빛 약품사는 외국회사 제품을 OEM 방식으로 생산하는 라인이 별도로 있는데, 이 경우 본사와 해당 외국회사의 직원들이 주기적으로 생산 공정을 감독해왔다.

이 회사 생산 부문 직원들의 고충 가운데 하나는 본사는 물론 외국회사의 관리감독까지 받아야 하는 상황에서 그에 따른 요구사항에 불합리한 점이 많다는 것이었다.

생산라인에서는 각 공정마다 SOP(Standard Operating Procedure, 표준 작업지침)가 제대로 지켜지고 있는지 이중으로 점검하도록 되어 있다. 공정상의 하자가 하나라도 발견되면 다시는 그 문제가 재발하지 않도록 철저하게 확인하기 위해서이다.

그런데 회사의 역사가 오래될수록 과거에는 문제가 됐지만 현재는 전혀 문제될 것이 없는 항목이 점점 늘어났고, 공정이 시작될 때마다 이러한 항목도 공정관리 카드에 일일이 중복 점검해야 하는 불편이 발생했다. 문제가 생겼을 때마다 원인이 되었던 설비를 보완하거나 공정을 개선하고 직원들에 대한 교육을 강화하는 등 개선활동을 꾸준히 전개해서 문제는 없어졌지만 공정관리 카드 양식만은 몇 년이 지난 후에도 그대로였기 때문이다.

시간이 갈수록 생산직 직원들의 불만은 높아져 갔다. 체크해야 할 항목이 너무 많다 보니 생산라인에서 일하는 것보다 점검카드 쓰는 게 더 힘들다는 것이다. 통상 1~4시간 정도 소요되는 생산 공정에서 점검카드 쓰는 데만 짧게는 5분 길게는 10분 정도가 걸린다. 한 공정에 투입되는 인원은 2명에서 5명, 인원이 많이 투입되는 공정의 경우 5명이 10분씩 점검카드를 쓴다면 50분이라는 시간이 카드를 쓰는 데 소요된다는 계산이 나온다.

대리, 과장급을 포함한 남녀 생산직 직원 6명으로 구성된 봄빛 약품사 새로미팀은 작업 현장에서의 생산성 제고를 위한 해결방안으로 '생산 공정의 불필요한 중복 점검 관리 항목 개선'이라는 과제를 스스로 발굴해 해결하기 시작했다.

"주어진 기간 동안 실질적인 성과를 내려면 어떤 공정의 중복 점검 문제를 해결하는 것이 좋을까요?"

러닝코치를 맡은 경 교수가 팀원들에게 질문을 던졌다.

팀원들은 심사숙고 끝에 액션러닝 기간 중에 생산이 시작되어 그 기간 중에 종료되는 A제품의 B공정을 공략 대상으로 결정했다. 공장에서 생산되는 모든 제품의 모든 생산 공정을 대상으로 중복 점검 문제를 한방에 없앨 수 있는 만병통치약은 새로미 팀에게 불가능해 보였기 때문이다.

"그런 방안을 만들려고 안 그래도 바쁜 직원들을 붙잡고 설문조사다 인터뷰다 하면서 불러 모으지 마세요. 그보다는 우리가 현장을 발로 직접 뛰어다니며, 이번 공략 대상인 A제품 B공정만큼은 확실하게 중복 점검을 없애는 겁니다. 백 마디 말보다 한 번의 확실한 실천이 직원들을 감동시키는 법이거든요. 그것이 액션러닝의 진정한 철학입니다."

경 교수의 설득에 팀원들은 그들이 갖고 있던 고정관념을 바꾸었다. 액션러닝도 의례적인 프로젝트 팀이나 태스크포스 팀처럼 갖가지 분석과 조사를 하고 화려한 그래프와 복잡한 통계를 담은 두꺼운 보고서를 만들어내는 것인 줄 알았는데 경 교수가 그러한 고정관념을 완전히 뒤엎은 것이다.

봄빛 약품에서 액션러닝을 실시한 것은 이번이 처음이었다. 기간은 약 4개월. 학습자들은 주1회, 회당 2~3시간씩, 모두 12번의 미팅을 가졌다.

불필요한 중복 점검 항목을 제거하는 것은 얼핏 보기에는 쉽고 간단한 일 같지만 막상 부딪쳐보면 그렇게 단순하지가 않다. 일단 오랫동안 현장에서 그 일을 관리해왔던 품질관리 감독자를 설득해야 한다. 그러려면 해당 항목을 없애도 문제가 없다는 확실한 검증 결과를 제시해야 한다. 또한 사소한 것 같지만 담당자에게 추가적인 업무 부담이 되는 일들이 생기게 마련이다. 예를 들어 점검 카드 자체를 다시 디자인해야 된다는 문제도 있다.

게다가 어렵게 현장 책임자를 설득하는 데 성공했다 하더라도 공장장의 승인을 얻지 못하면 과제는 단지 방안을 제시하는 단계에서 그칠 우려가 있다. 또한 SOP 더블체크 규정을 개정해서 중복 점검 항목을 제거한다면 생산직 직원들의 부담은 한결 줄어들 것이지만, 공장장이 이 일의 성과에 대해 불신을 갖는다면 팀원들의 노력은 아무런 의미가 없어질 것이다. 품질 관리자들 입장에서 보면 직원들이 일하기 싫어서 잔꾀를 부린다고 오해할 수도 있고 괜히 공정을 없앴다가 사고라도 나는 건 아닌지 우려할 수도 있다.

팀원들은 그 모든 오해와 편견을 해소시키기 위해 끈질기게 노력을 했고, 그 결과 마침내 품질 관리자들을 설득하고 공장장의 결재를 받는데 성공했다.

팀원들이 찾아낸 중복 점검 항목은 공정별로 12~16가지나 되었다. 그리고 이 항목들은 모두 현장에서 제거되었다. 팀원들은 확실한 검증 결과를 제시하기 위해 생산 공정 라인의 직원들을 대상으로 개선 전과 개선 후의 인터뷰 동영상을 만들었다. 처음에는 불필요한 업무로 말미암아 스트레스를 호소하던 직원들이 공정관리 카드가 개선되자 일하기가 한결 수월해졌다며 기뻐하는 모습이 동영상에 담겼고, 그 동영상은 대표이사를 비롯한 임원들을 감동시키기에 충분했다.

십여 년 간 관행처럼 이어져 온 공정관리 카드를 개선함으로써 생산 현장의 작업 분위기를 확 바꾸어버린 이 과제의 성공은 봄빛 약품사에 액션러닝이 전사적으로 확산되는 결정적 계기가 되었다.

국내 기업의 **액션러닝** **과제 선정** 가이드라인

A사의 과제 선정 가이드라인

▌절대적 기준

- 회사의 경영이념 핵심과 공유가치에 위배되지 않는 과제
- 고객에 초점을 맞춘 과제(Task for client focused action)
- 학습자가 주어진 기간 동안 최선을 다했을 경우 해결할 수 있는 과제

▌상대평가 기준

- 회사의 비전을 달성하는 데 결정적으로 기여할 수 있는 과제
- 경쟁사 대비 차별화된 경쟁력 강화를 위해서 반드시 해결해야 할

과제

- 급변하는 경영환경에 적응하거나 환경을 선도하기 위해 향후 2~3년 이내에 회사의 핵심 이슈로 떠오를 가능성이 매우 큰 과제
- 현재 회사 내에 그 과제의 해결을 위한 전담 부서나 전담 팀이 존재하지 않는 과제
- 해결 과정에서 교육 참가자들이 해당 직무 전문가로 성장할 수 있는 다양한 경험과 학습기회를 제공할 수 있는 과제
- 해결되었을 경우 국내외 주요 경쟁사 대비 고객 만족도, 생산성, 매출액, 비용 및 임직원 사기진작 등의 측면에서 획기적 향상 또는 개선이 확실시되는 과제
- 컨설팅 회사, 자문교수 등 외부 전문가의 표준화된 해결 방식으로는 해결하기 어려운 회사 특유의 과제
- 평소 대내외 고객들로부터 불만의 소리를 많이 듣고 있는 과제
- 글로벌기업 및 경쟁사 간의 비교가 용이한 과제
- 고객에 대한 개념이 명확한 과제

▎의사결정 보조기준

- 비교적 적은 노력을 통해 단기간에 가시적 성과를 낼 수 있고 그 성과를 금액으로 환산할 수 있는 과제
- 과제 관련 해당 부서에서 그 과제를 실행하기 위해 별도의 많은 예산과 인력투입이 필요하지 않은 과제

B사의 과제 선정 가이드라인

- 해결되었을 경우 소속 본부 차원, 소속 팀 차원 또는 본인 담당 업무 차원에서 블루오션을 창출하는 데 획기적으로 기여할 수 있는 과제
- ○○년 자신의 업무 추진 목표에 포함되어 있으나 아직 해결하지 못하고 있는 과제
- 팀장, 본부장 등 직속상사가 큰 관심을 가지고 있는 과제
- 다양한 시각에서의 해결을 위해 창의적 접근이 필요한 과제
- 회사, 본부, 팀 차원에서 수년 동안 해결하지 못하고 있는 품질, 납기, 고객만족 등의 고질적 문제
- 액션러닝 기간(약 3개월) 동안 50% 이상 완료할 수 있는, 또는 해결방안을 도출할 수 있는 과제
- 팀이나 본부 차원의 경영 성과 향상에 획기적으로 기여할 수 있는 과제
- 해결되었을 경우 국내외 주요 경쟁사 대비 고객 만족 지수, 생산성, 매출액, 비용 또는 임직원 사기 등의 측면에서 획기적 향상이 확실시되는 과제
- 해결되었을 경우 또는 해결방안을 실행에 옮겼을 경우 그 성과를 금액으로 환산 쉬운 과제

C사의 과제 선정 가이드라인

▌절대적 기준

- 모든 사람이 삶의 역경을 극복하고 보람 있는 인생을 누릴 수 있도록 도와준다는 회사의 핵심 목적과 고객지향, 정직과 성실, 도전 정신이라는 핵심가치에 위배되지 않는 과제
- ○○ 과정의 참가자 5명이 주어진 기간 동안 최선을 다할 경우 해결할 수 있는 과제
- ○○ 과정의 학습내용을 과제 해결에 충분히 활용할 수 있는 과제

▌상대평가 기준

- 회사가 브랜드 선호도 1위를 달성하는 데 결정적으로 기여할 수 있는 과제
- 회사 전체의 가격 경쟁력과 가치 경쟁력을 강화하기 위해서 반드시 해결해야 할 과제
- 국제 신용평가 최고 등급을 획득하는 데 결정적으로 기여할 수 있는 과제
- 매년 탁월한 수준의 이익을 지속적으로 창출하는 데 획기적으로 기여할 수 있는 과제
- 해결과정에서 교육 참가자들이 전문 직업인으로 성장할 수 있는 다양한 경험과 학습기회를 제공할 수 있는 과제
- 해결되었을 경우 국내외 주요 경쟁사 대비 고객 만족 지수, 생산

성, 매출액, 비용 등의 측면에서 획기적 개선이 확실시되는 과제

- 국내외 주요 경쟁사에서는 이미 도입·실행하고 있으나 우리 회사 에서는 아직 도입하지 않고 있는 신상품 개발, 고객 만족 관련 프 로세스, 주주 관련 제도 및 시스템, 또는 임직원 관련 제도 등과 관 련된 과제
- 급변하는 경영환경에 적응하거나 환경을 선도하기 위해 향후 2~3년 이내에 회사의 핵심 이슈로 떠오를 가능성이 매우 큰 과제
- 컨설팅 회사, 대학교수 등 외부 전문가의 표준화된 해결 방식으로 는 해결되기 어려운 회사 특유의 과제
- 평소 내·외부 고객들로부터 업무처리 속도와 서비스 수준 등에 대하여 불만의 소리를 많이 듣고 있는 과제

❙ 의사결정 보조기준

- 비교적 적은 노력을 통해 단기간에 가시적 성과를 낼 수 있고 그 성과를 금액으로 환산할 수 있는 과제
- 과제와 관련된 해당 부서에서 그 과제를 실행하기 위해 별도의 많 은 예산과 인력투입이 필요하지 않은 과제

D사의 과제 선정 가이드라인

▌ 바람직한 과제

- 팀 또는 부서 단위의 전략 과제로 본인이 직접 추진할 수 있는 과제
- 팀장, 부서장 등 직속상사가 지대한 관심을 가지고 있는 과제
- 기존의 생각이나 방법과는 다른, 전혀 새로운 아이디어를 필요로 하는 과제
- 해결을 위해서 가급적 다양한 관점에서 접근하는 것이 유리한 과제
- 해결을 위해서 ○○ 과정의 학습 내용을 충분히 활용할 수 있는 과제
- 과정 종료 전까지 50% 정도 해결이 가능하거나 해결방안을 도출할 수 있는 과제
- 팀장, 부서장 등 직속상사의 결정을 통해 실행 가능한 과제
- 평소 고객들로부터 요구가 많거나 고객가치를 증가시킬 수 있는 과제
- 중장기 전략계획 추진을 위하여 사전에 수행되어야 할 과제
- 복잡한 연계성이 없고 단순 명확한 과제
- 해결되었을 경우 정량적인 성과로 나타날 수 있는 과제

▌ 피해야 할 과제

- 별도로 진행되고 있거나 진행 계획이 있는 과제
- 과제를 실행하기 위한 별도의 예산과 인력투입이 필요한 과제

- 팀원의 이해가 곤란할 정도로 너무 전문적인 과제
- 너무 단순해서 다른 사람들의 아이디어나 창의적 접근이 필요하
  지 않은 과제

E사의 과제 선정 가이드라인

▌ 바람직한 기준

- 중장기 전략과 연계된 과제
- 정량적 성과 측정이 가능한 과제
- 창의적 아이디어를 요하는 과제
- 스폰서가 관심 있어 하는 과제
- 다양한 관점에서 모색이 가능한 과제
- Direct Business Impact
- 학습자의 개인적 혜택

▌ 피해야 할 기준

- 너무 단순하여 창의적 접근이 필요하지 않은 과제
- 환경적 여건이 형성되지 않아 실현 가능성이 매우 낮은 과제

F사의 과제 선정 가이드라인

▌절대적 기준

- 회사의 사명과 가치(Value)에 위배되지 않는 과제
- ○○년 비전 달성에 기여할 수 있는 과제
- 구성원 모두가 적극적으로 참여할 수 있는 과제

▌바람직한 과제

- 해결되었을 경우 매출액, 수익, 생산성, 고객 만족도, 비용 및 임직원 사기진작 등의 측면에서 획기적 향상이 확실시되는 과제
- 전사 차원에서 경쟁력 및 역량을 강화하기 위해 해결해야만 하는 실질적 과제
- 부문 간 이해가 상충되어 해결하기 어려운 과제
- 성과 측정이 정량적으로 용이하고 가시적인 결과물을 얻을 수 있는 과제

▌피해야 할 과제

- 진행 중이거나 진행 예정인 과제
- 실제 수행하기에 비용 및 인력투입이 과도하게 들어가는 과제
- 특정한 한두 부서에서 수행하는 것이 더 적합한 과제

Chapter4
과제조인식과 3차 학습팀 회의

액션러닝에
연습문제는 없다

ACTION
LEARNING

하늘기업 해바라기팀의 액션러닝

네 번째 이야기

다시 2주가 지난 후 과제조인식을 겸한 3차 학습팀 회의가 열렸다.

과제조인식은 회사마다 방법이 다른데, 전체 액션러닝 팀과 스폰서, 경우에 따라서는 CEO와 임원들이 참석한 가운데 행사 형식으로 치러지는 경우도 있고, 각 학습팀의 팀원들이 개별적으로 스폰서를 만나서 치르기도 한다.

하늘기업 액션러닝 과제조인식은 후자의 방식을 택했다. 해바라기 팀원들은 그동안 취합한 자료들을 토대로 과제조인식용 과제기술서에 들어갈 내용에 대한 토론을 벌였다. 팀원들이 조사한 바에 따르면 기존 디지털 TV 가입자들의 불만은 크게 서비스의 내용에 관한 것과 상품의 질적인 문제로 분류할 수 있었다.

자사 상품에 관한 고객들의 불만사항은 즐거운 TV 사업본부에 알아본 결과 최대한 문제점이 개선된 상품을 준비 중이란 답변을 들을 수 있었다. 팀원들은 이 내용도 과제기술서에 적었다.

과제기술서 작성을 마친 팀원들은 영업지원 본부장실로 향했다. 과제기술서에는 과제 시작 시점인 7월부터 4개월 후인 10월 말까지의 대략적인 과제수행 일정과 방법들이 포함되어 있었다. 과제조인식은 스폰서와 학습팀이 과제의 최종 결과물에 대해 합의하고 실행의지를 다지는 시간이다.

"서 팀장한테 대강의 이야기는 들었습니다. 학습팀원들이 직접 고객들을 확보하기로 했다죠?"

고용진 전무가 과제기술서를 다 읽어본 다음 팀원들에게 물었다. 열심히 머리를 짜내긴 했지만 뚜껑을 열어보기 전에는 모든 게 불확실한 상황이다. 팀원들로서는 최선을 다하겠다는 말 외에는 달리 할 말이 없었다.

"내 생각에는 기업 고객이 더 중요할 것 같은데 그쪽에 좀 더 신경을 써주십시오."

고 전무는 서 팀장과 긴밀히 협력할 것을 당부하며 자신의 요구사항을 전달했다. 개인 고객보다는 아무래도 기업 고객 쪽이 향후 시장 점유율을 확대하는 데 좀 더 유리하다는 것이었다.

팀원들도 과제수행 과정에서 스폰서의 지원이 필요한 부분을 요구했다. 학습팀이 스폰서에게 원하는 요구사항은 광고와 마케팅 전략의 수정이 필요할 경우 관련 부서장과 대표이사의 승인을 받을 수 있도록 도와달라는 것과 팀 활동 경비 지원 외에도 몇 가지가 더 있었다.

"허허, 나한테도 숙제가 생겼군요. 아무튼 힘닿는 데까지 도와드려야죠."

고 전무는 세부 진행 계획이 수립되면 자신의 권한이 허락되는 범위 내에서 지원해주겠다고 흔쾌히 대답했다.

"자, 그럼 올해 안에 실행 결과를 볼 수 있는 것으로 믿어도 되겠습니까?"

과제기술서에 사인을 마친 고 전무가 학습팀을 격려하며 다시 한번 다짐을 받았다. 팀원들도 차례로 사인을 마쳤다.

본격적인 시작은 지금부터다.

팀원들은 한결 무거워진 책임감을 느끼며 영업지원 본부장실을 나섰다.

회의실로 돌아온 팀원들은 경 교수와 함께 좀 더 구체적이고 세부적인 과제수행 계획 수립에 들어갔다.

"액션러닝에서의 과제수행은 정·연·해·실 4단계로 이루어집니다."

경 교수가 말하는 정·연·해·실은 과제정의, 과제연구, 과제 해결방안 수립 및 타당성 검증, 그리고 실행과 성과창출을 줄인 말이다.

과제를 정의한다는 것은 크게 4가지 세부 행동들로 구성되는데, 과제를 정의하기 위해 제일 먼저 해야 할 일은 과제 선정 배경을 정확히 이해하는 것이다. 이때 흔히 3C 분석(Company, Competitor, Customer)이라 불리는 분석 도구를 활용하는 것이 일반적인데, 액션러닝의 경우 대부분의 학습팀원들이 과제에 대해 문외한인 경우가 많아 과제 관련 선행학습이 절대적으로 필요하다.

이처럼 선행학습과 3C 분석을 통해서 과제와 과제 선정 배경을 이해하고 난 다음에는 과제 해결 후의 이상적인 모습, 즉 To-Be 이미지를 구상하게 된다. 그리고 이렇게 과제와 관련된 현재 모습, 즉 As-Is에 대한 분석과 To-Be 구상이 완료되어야만 현재 모습에서 미래 모습으로 가기 위해 학습팀이 해야 할 일들, 즉 학습팀이 이번 액션러닝에서 도출해야 될 구체적 결과물을 정의할 수 있게 된다. 그리고 그 구체적 결과물들이 바로 학습팀의 과제가 되는 것이다.

"액션러닝뿐만 아니라 회사에서 행해지는 모든 업무에서도 학습팀원들의 생각과 스폰서의 생각을 정교하게 조율하는 절차가 필요하며, 이것이 바로 우리가 방금 고 전무님과 함께 했던 과제조인식입니다."

평소답지 않게 경 교수의 장황한 설명이 계속 이어졌다.

"제가 이렇게 상세하게 설명하는 이유는, 이러한 과제정의의 절차가 정말 중요하기 때문입니다. 제가 회사생활을 해본 경험에 비추어 보면 일반적으로 직원들이 이 절차를 생략하거나 간단하게 넘어가는 경우가 많은데, 업무를 추진할 때 목표를 정확하게 정의하지 않거나 또 목표가 정의되었더라도 해당 업무의 최종 책임자와 업무 담당자 간에 정확한 컨센서스가 이루어지지 않으면 일은 열심히 했는데 결과에 만족하지 못하는 경우가 발생합니다."

"여러분, 잘 들어주세요! 아인슈타인은 자신에게 한정된 시간을 주고 어떤 과제를 수행해야 하는 상황이 벌어진다면 '나는 그 과제를 정확히 정의하는 데 주어진 시간의 95%를 쓰겠다'라고 말했습니다.

여러분들이 액션러닝을 통해 배우고 익혀야 할 중요한 포인트 중 하나가 바로 과제를 명확하게 정의하는 방법과 습관입니다."

이어서 경 교수는 과제연구에 대해 간략하게 설명하겠다고 했다. 그가 말하는 과제연구란 팀원들의 의견을 토대로 과제와 관련된 이슈를 분석하고 그 의견이 객관적으로 정확한 것인지 검증하여 그 결과로부터 시사점을 도출한 다음, 그 시사점을 종합적으로 고려하여 과제 해결을 위한 핵심 질문을 작성하는 일련의 절차를 뜻했다.

"전혀 간단하지 않은데요?"

"하하! 사실 간단하지 않죠. 만일 과제수행이 그렇게 간단한 일이었다면 어느 회사나 초우량 기업이 되었겠죠?"

나 부장이 농담 섞인 진담으로 너스레를 떨자 경 교수는 가볍게 응수하며 설명을 이어나갔다.

과제연구 단계에서의 첫 번째 작업은 과제와 관련된 이슈를 분석하는 일이다. 이때 이슈라는 말은, 과제의 효과적이고 효율적인 해결을 위해 학습팀이 고려·조사·분석하거나 검증해야 하는 세부적인 주제·항목·요소 또는 변수를 의미한다.

예를 들어 팀의 과제가 특정 제품 또는 공정의 품질을 향상시키는 것이라면 과제와 관련된 전형적인 이슈는 품질 불량의 원인을 정확하게 분석하는 일일 것이다. 반면 팀의 과제가 특정 상품의 신규시장 진입 전략을 수립하는 것이라면 이때의 이슈는 시장환경, 고객요구, 자사상품의 강약점 등을 정확하게 분석하는 것이 된다.

이처럼 과제의 성격에 따라서 과제의 이슈가 다양해지기 때문에 액션러닝에서는 이슈 분석 단계에서부터 치밀한 계산이 뒤따른다. 즉 6시그마에서 쓰는 DMAIC나 맥킨지 식 문제 해결 프로세스(4단계 또는 7단계)와 같은 정형화된 절차와 도구를 쓰기보다는 과제의 특성과 관련 이슈를 정확하게 파악한 다음, 그 이슈를 분석하는 데 적합한 도구와 기법을 융통성 있게 활용하라는 의미이다.

"자, 팀장님들. 어쩌면 다음 작업이 액션러닝 과제수행 프로세스에서 가장 중요한 부분일 수 있습니다. 잘 들어주세요!"

차분하게 설명을 이어가던 경 교수가 다소 격앙된 어조로 주의를 환기시켰다.

경 교수는 과제 관련 이슈 분석 단계에서 팀원들이 분석한 내용은 아직 팀원들의 주관적 견해이거나 팀원 각자가 갖고 있는 불완전한 정보에 의한 분석 결과에 불과하기 때문에 그 이슈 분석 결과를 토대로 과제 해결방안을 수립해서는 절대 안 된다며, 자신이 지난 15년 동안 수많은 기업들과 일을 하면서 관찰한 결과 회사와 임직원들이 가장 빈번하게 저지르는 실수가 바로 이런 점이라고 목청을 높였다. 즉 실무자들이 자신이 가진 불완전한 정보와 주관적인 경험과 판단을 객관적인 사실로 착각하여 이를 토대로 과제 해결의 아이디어를 내기 때문에 그 아이디어들이 실행에 옮겨졌을 때 원하는 결과가 창출되지 못한다는 것이었다.

"그렇기 때문에 액션러닝을 할 때는 팀원들의 분석 결과를 가설 형태로 전환한 다음 그 진위 여부를 반드시 검증해야 하는 것입니다."

경 교수는 가설을 검증하는 방법에는 여러 가지가 있을 수 있다며 장표를 제시하였다. 장표에는 과제 스폰서 인터뷰, 현장방문, 고객 요구조사, 동종·이업종의 벤치마킹, 사내외 전문가 인터뷰, 문헌 연구 등 다양한 가설검증 방법이 적혀 있었다.

경 교수는 가설검증 방법도 과제의 내용과 성격에 따라서 얼마든지 달라질 수 있다고 자신의 견해를 밝혔다. 정확하기로 말하자면 자연과학에서 말하는 통계적 방법이 가장 정확하겠지만 액션러닝에서 다루는 수많은 과제 중에는 그런 통계적 분석이 불가능하거나 큰 의미를 갖지 않는 경우가 더 많다는 것이다.

중요한 건 어떤 방법을 쓰든 간에 학습자들의 주관적 견해를 보다 객관적인 정보와 자료 또는 의견을 토대로 해서 검증하는 일이다. 경 교수는 액션러닝 과정에서 팀원들이 배우고 익혀야 할 것은 이처럼 체계적으로 과제를 수행하는 방법과 습관이라고 했다.

"몇 번을 강조하지만 바로 이런 이유에서 액션러닝의 궁극적인 목적이 학습자들의 역량 향상에 있다고 하는 것입니다."

명민한은 가능하면 경 교수의 말을 한 마디도 빼놓지 않고 필기하려고 펜을 잡은 손에 힘을 주었다.

'정말 맞는 말 아닌가! 내가 만약 신입사원 시절부터 이런 식으로 일을 배웠더라면 얼마나 좋았을까!'

이어서 경 교수는 팀원들이 만들어낸 과제 해결방안의 타당성을 검증하는 가장 좋은 방법은 그 방안을 직접 몸으로 실천해서 팀원들이 보고서에 제시한 것처럼 바람직한 결과가 나왔음을 보여주고 그 결과를 보고서에 그대로 기술하는 것이라고 했다.

"그런데 만약 과제의 성격상 해결방안을 실행에 옮기는 데 많은 시간이 필요하다면 그 방안의 일부를 파일럿 테스트를 통해 실행에 옮긴 다음, 파일럿 테스트 결과를 토대로 여러분들의 생각이 타당했다고 말할 수 있어야 합니다."

경 교수는 오랜 세월 액션러닝과 함께한 경험으로 보았을 때, 결과 발표회에서 스폰서들이 학습팀의 해결방안에 귀를 기울이게 하는 방법은 이 두 가지 중 하나, 즉 해결방안의 전부를 직접 실천한 결과 또는 해결방안의 일정 부분을 파일럿 테스트한 결과를 제시하는 것이라고 힘주어 말했다.

"그런데 이 경우에도 과제의 특성상, 예를 들어 회사의 중장기 전략을 수립하는 과제처럼 액션러닝 기간 중에 파일럿 테스트마저 할 수 없는 경우라면 여러분이 제시한 해결방안을 사내외 전문가나 주요 고객 또는 스폰서에게 미리 보여드리고, 그분들의 의견을 수렴하는 방법으로라도 타당성 검증의 단계를 거쳐야만 합니다."

경 교수는 이어서 과제수행 단계에 대해 상세히 설명한 뒤 팀원들에게 물었다.

"아까 고 전무님이 요구하신 가장 중요한 포인트가 뭐였죠?"

"기업 고객을 신경 쓰라는 말씀이었습니다."

"그렇다면 지금까지 과제조인식을 준비하는 과정에서 여러분은 얼마나 기업 고객에 대해 신경을 썼나요? 아니면 몇 퍼센트나 조사했다고 볼 수 있을까요?"

팀원들의 대답은 대체로 30% 이하에서 그쳤다. 경 교수는 이어서

기업 고객에 대해 보다 완벽하게 이해하려면 어떤 방법이 좋을지 물었다. 팀원들은 기업 고객의 관점에서 처음부터 모든 걸 다시 조사하는 수밖에 없다는 쪽으로 의견을 모았다.

"좋습니다. 이제야 여러분들이 액션러닝의 핵심을 이해하셨군요!"

경 교수는 흡족한 미소를 지으며 힘들겠지만 다시 한 번 3C 분석을 해보자고 제안했다. 이미 해본 적이 있기 때문에 팀원들은 별로 힘들다는 생각은 하지 않았다. 명민한도 이번에는 좀 더 능숙하게 할 수 있을 것이란 자신감이 들었다.

"그럼 블랭크 차트부터 다시 작성해야겠죠?"

나 부장의 뻔한 물음에 경 교수가 한쪽 눈을 찡긋하며 엄지손가락을 들어 보였다.

"어차피 말 그대로 블랭크 차트니까, 한번 해봅시다!"

팀원들은 초점을 기업 고객 관점에 두고 3C 분석을 시작했다.

"자, 해당란에 여러분이 생각하는 내용을 포스트잇에 써서 붙이십시오."

팀원들은 3C 분석 결과를 토대로 하여 블랭크 차트 그리기 작업에 들어갔다. 작업은 단 20분 만에 끝났다. 속전속결로 일이 착착 진행되니 팀원들도 저절로 흥이 나는 것 같았다. 이건 모두 역할 분담이 어느덧 학습팀의 자연스러운 습관으로 굳어진 덕분이다.

명민한은 경 교수가 과제 내용에는 직접 관여하지 않으면서도 회사에서 고참 대접을 받는 5명의 팀장들을 풀가동시키는 모습을 보면서 참으로 대단한 사람이라는 생각을 했다.

적어도 한 조직의 리더가 되려면 경 교수처럼 하는 게 맞는 것 같았다. 혼자서 모든 걸 결정하려고 하기보다 팀원 전체의 참여를 유도하며 과제수행의 구체적인 절차와 각 단계를 효과적으로 수행하는 데 필요한 도구와 기법을 제시하는 게 올바른 리더의 역할이란 걸 그는 몸으로 직접 보여주고 있었다.

학습팀 회의를 할 때마다 두고두고 써먹어야겠다고 마음먹게 되는 기술이 하나씩 늘어가고 있다. 그만큼 명민한의 메모장도 풍성해지고 있었다.

"과연 베테랑 부장님들답군요!"

짧은 시간에 의외로 많은 아이디어가 쏟아져 나오는 걸 보고 경 교수가 찬사를 쏟아냈다.

팀원들은 10분간 휴식에 들어갔다.

"일이 점점 많아지는데요? 우리 여기서 이럴 게 아니라 어디 편안한 장소에 가서 현업이든 개인적인 일이든 구애 받지 말고 워크숍이라도 해야 하는 것 아닙니까?"

주 팀장 말대로 이제부터는 넘어야 될 산이 한두 개가 아니다. 팀원들 모두가 1박 2일 집중 워크숍에 동의했다.

"혹시 경 교수님도 시간 되시면 같이 가자고 해볼까요? 우리끼리는 좀 부담스러울 것 같아서요."

원 부장이 팀원들의 의중을 물었다.

"매번 느끼는 사실이지만 아까 회의 진행하는 솜씨를 보니까 감탄하지 않을 수가 없더군요. 경 교수가 같이 가주기만 한다면야 우리들끼리 회의를 하는 것보다 훨씬 마음이 놓이겠지요."

"그렇지만 저 양반 엄청 바쁘다고 들었는데 우리 같은 일개 액션러
닝 팀을 위해 일부러 시간을 내줄까요?"

나 부장은 크게 기대하지 않는 듯했다. 명민한이 알기에도 경 교수
는 일 년 내내 스케줄이 빡빡하여 그 스케줄을 소화하는 것만도 벅차
다고 들었다.

"어쨌든 우리도 사정이 급하게 됐으니 일단 말이나 꺼내봅시다."

"그래요? 그거 좋은 생각입니다. 우리 팀의 과제수행을 돕기 위해
서라면 휴일을 반납하고서라도 따라가야죠."

총대를 메기로 자청한 주 팀장이 경 교수에게 조심스럽게 말을 꺼
내자 팀원들의 우려와는 달리 경 교수는 아무 조건 없이 흔쾌히 워크
숍에 동행해주기로 했다.

"이참에 서 팀장도 같이 가서 본격적으로 작전을 짜보는 건 어때요?"

명민한도 문득 생각난 듯 말을 꺼냈다. 경 교수와 함께하는 워크숍
에 서 팀장까지 가세한다면 문제를 풀어나가기가 한결 수월해질 것
이다. 팀원들은 물론 경 교수도 적극 찬성이었다.

이렇게 해서 다음 학습팀 회의는 1박 2일 워크숍으로 결정되었다.

"다들 바쁜 가운데 시간을 내는 것이니 철저히 준비를 해서 만납
시다."

처음 워크숍을 제안한 당사자답게 원 부장이 남다른 의욕을 내비
쳤다.

"그런데 누가, 무엇을 준비할 것인지 정해야 하지 않겠어요?"

"글쎄요, 각자 최선을 다하면 되지 않을까요? 워크숍에서까지 그럴 필요가……."

"그런 식으로는 안 됩니다."

경 교수가 예의 그 단호한 눈빛으로 학습팀 차원에서 하는 일은 어떤 경우에도 가능한 한 정확하게 N분의 1로 역할 분담을 해야 된다고 재차 강조했다.

"와, 이러니까 액션러닝 팀에는 무임승차자가 없다는 거군요!"

블랭크 차트에 작성한 내용을 한 가지도 빠짐없이 정확하게 N분의 1로 역할 분담을 끝낸 뒤 주 팀장이 감탄사를 내뱉었다. 완전히 두 손 두 발 다 들었다는 표정이다.

학습팀 회의의 마지막 순서인 성찰의 시간이 다가왔다. 경 교수는 팀원들이 그날 회의를 통해서 각자 배운 점과 느낀 점, 실천할 사항 등을 포스트잇에 적어 플립 차트에 붙인 다음 한 사람씩 돌아가면서 이야기를 하도록 했고 이야기가 끝날 때마다 박수를 유도하며 아낌없는 격려를 보내주었다.

"저는 교수님이 과제의 내용에는 전혀 개입하지 않으면서 팀원들을 적극적으로 참여하도록 이끌어주는 모습에 깊은 인상을 받았습니다."

명민한은 조금 전에 자신이 느꼈던 점을 말하며 리더의 역할이 어떠해야 하는지 생각하게 됐다고 덧붙였다.

"개인적인 칭찬이라면 과분한 말씀이지만, 잘 보셨습니다. 여러분이 보고 계시는 제 모습은 러닝코치의 역할이기도 하지만 모든 팀의 리더가 수행해야 할 역할과도 다르지 않습니다. 그런 제 모습이 인상적이었다고 말하는 명 부장님도 리더의 자격이 충분하다고 말하면 너무 제 자랑 같이 들립니까? 하하!"

마무리를 조크로 처리하는 경 교수의 유머감각에 모두들 가벼운 웃음으로 화답했다.

"그동안 여러 프로젝트를 많이 해봤지만 이번 경우는 왠지 느낌이 색다르네요. 명 부장님은 어떻게 생각하세요?"

학습팀 회의가 끝난 뒤 나 부장이 명민한에게 물었다.

"저도 그래요. 뭐 하나 시작했다 하면 결과는 뒷전이고 설문조사하랴, 통계 분석하랴, 파워포인트 작업하랴, 일찌감치 진이 다 빠지는 기분이었는데 그거 다 생략하고 계약서를 가져오라니, 액션러닝 정말 화끈한데요?"

명민한의 솔직한 느낌이었다.

노랑나비 사의 녹차사업에 관한 액션러닝

스폰서의 관심이 성과에
미치는 영향

의류 제조업체인 노랑나비 사는 수년간 녹차사업을 병행해왔다. 이 회사가 임원 후보자 양성 과정에서 액션러닝을 처음 실시할 때만 해도 녹차는 회사 내에서 다소 소극적인 의미의 부대사업에 불과했다. 녹차는 노랑나비 사의 대표 사업인 의류업과 전혀 관련이 없는 사업이기 때문에 경영진 입장에서 열의를 갖고 추진하기에는 무리가 따랐다. 더구나 전문성을 갖춘 몇몇 회사에서 이미 활발하게 사업을 추진하고 있는 상황이라 노랑나비 사의 녹차는 사업성이 떨어질 수밖에 없었다.

섣불리 사업을 접기도 그렇고, 적극 밀어붙이기도 애매한 녹차사업은 이 회사 포트폴리오 중에서 뜨거운 감자에 해당된다고 해도 과언이 아니었다. 그럼에도 녹차를 포기하기 힘든 이유는 지금은 고인이 된 선대 회장의 관심과 애정이 깃든 사업이기 때문이다. 이런 영향이 미친 것인지 액션러닝을 실시하면서 선대 회장의 후계자인 CEO가 직접 제시한 과제는 '녹차사업의 활성화 전략 수립'이었다.

6명으로 꾸려진 학습팀의 명칭은 '다향 천지'였다. 팀원들 가운데 녹차에 대해 아는 사람은 한 명뿐이고 나머지는 전부 문외한이나 마찬가지였다. 프로그램 진행기간은 5개월. 경 교수는 이 프로그램에 러닝코치로 참여했고 학습팀 스폰서는 마케팅 본부장인 차 상무가 맡았다.

차 상무 역시 녹차와는 전혀 관련이 없는 부문을 담당하고 있었지만 CEO로부터 과제에 대해 특별 당부까지 받았기 때문에 나름대로 큰 관심과 부담을 안고 있었다.

"이 과제는 사장님이 특별히 신경을 쓰는 과제인 만큼 좋은 성과가 나오길 기대하겠네. 필요한 게 있으면 언제든지 이야기하게. 고객들의 진정한 요구사항이 무엇인지도 좀 알아보고."

과제의 배경과 중요성, 스폰서로서 자신의 관심사까지 밝힌 차 상무의 적극적인 의사표현은 학습팀에게 강력한 동기부여가 되었다.

학습팀은 경 교수와 함께 아웃풋 이미지를 그려보았다. 그 결과 녹차사업 활성화를 위한 새로운 유통 채널을 개발하고 파일럿 테스트까지 마치는 것으로 과제를 명확하게 정의한 다음 VOC(Voice of Customer) 수집에 나섰다.

팀원들은 녹차사업에 대해 제대로 알려면 대한민국 최고의 녹차 명인들을 만나 이야기를 들어보는 게 중요하다고 판단, 주말을 이용하여 지리산으로 향했다.

팀원들이 제일 먼저 물어물어 찾아간 곳은 어느 다원이었다. 지리산 토박이인 70대 후반의 이곳 원장은 평생을 녹차와 함께 살아온 명인이었다. 이미 30년 전부터 직접 재배한 수제녹차를 국내에 보급하고 대만, 일본 등지에까지 수출해온 이곳의 명성은 웬만한 녹차 애호가들에게도 널리 알려져 있었다.

산골 깊숙한 곳에 은거하다시피 하면서 녹차를 연구하는 일에 몰두해왔던 노 원장은 갑자기 말쑥한 정장 차림의 도시인들이 찾아오자 경계하는 빛이 역력했다. 팀원들은 일단 큰절부터 올리고 자신들이 이곳까지 찾아간 이유를 솔직하게 밝혔다.

"녹차사업을 정말 잘하고 싶어 찾아왔습니다. 어떻게 해야 할까요? 원장님의 고견이 필요합니다."

도시에서는 꽤나 잘 나가간다는 축에 드는 팀원들이지만 그 순간만큼은 배우는 학생의 입장으로 돌아가 최대한 몸을 낮추었다.

"들어보니 녹차를 팔아서 재미 좀 보는 기업들이 있는 모양인데 그거 다 엉터리야."

진심은 어딜 가든 통하기 마련이다. 처음에는 말 상대도 해주지 않으려던 노 원장이 팀원들의 진심 어린 태도에 마음을 열기 시작했다.

노 원장은 그동안 국내 몇몇 기업들이 녹차를 단순한 돈벌이의 수단으로 생각하고 뛰어들어 녹차 고유의 가치가 떨어졌다며 아쉬움과 불만을 표출하였다.

녹차에 대한 애정과 관심만으로 평생 외길을 걸어온 명인의 말 한 마디 한 마디는 팀원들에게 금과옥조로 삼아야 할 귀중한 조언이 되었다. 팀원들은 몇 시간 동안 정좌를 한 채 노 원장의 이야기를 한 마디도 놓치지 않으려는 듯 열심히 경청하였다.

젊은 사람들의 진지한 태도에 감동한 노 원장은 앞으로 국내 녹차 산업이 나아가야 할 방향과 중국과 일본의 녹차 산업이 우리와 다른 점, 평생 녹차를 연구하면서 느낀 점 등을 열정적으로 이야기해주었다.

팀원들은 노 원장을 포함해서 모두 7명의 전문가를 집중 인터뷰했다. 인터뷰 내용을 분석해본 결과 그동안 자사의 녹차사업이 여러 가지 면에서 방향을 잘못 잡았다는 사실을 알게 되었고, 본사로 돌아온 즉시 스폰서인 차 상무에게 인터뷰 결과를 보고했다.

차 상무는 다향 천지 팀원들의 경과보고를 듣는 자리에 실행 스폰서인 녹차사업부 팀장을 배석시켰다. 경과보고가 끝난 뒤 그들은 회사의 영업과 마케팅 차원에서 반영할 내용을 심도 깊게 논의했다. 차 상무는 논의 결과에서 정해진 결론을 바로 실행해보자며 담당자들을 불러 구체적인 실행방안을 수립하고 실행에 옮기게 한 다음, 그 결과를 자신에게 보고하도록 지시했다.

그날 차 상무는 팀원들의 노고를 치하하며 특별회식을 베풀어주었다. 러닝코치로서 팀원들과 함께 했던 경 교수와 실행 스폰서 역할을 맡았던 녹차사업부 팀장도 이 자리에 초대되었다.

"전에도 말했지만 회사 차원에서 지원할 게 있으면 뭐든 말해주세요. 성공적으로 과제를 수행할 수 있는 일이라면 우리 부문의 사업비를 털어서라도 지원할 테니까요. 미팅 때마다 불러도 달려가겠습니다."

차 상무는 필요하다면 자신이 직접 팀원들과 함께 현장이라도 뛸 기세였다. 스폰서의 절대적인 지지에 힘입어 다향 천지 팀원들의 사기는 하늘을 찌를 듯했다. 팀원들은 용기백배하여 과제 해결방안을 모색하러 다녔으며, 그 결과 한 가지 결론을 내렸다.

"녹차사업을 활성화시키려면 국내 현황만으로는 부족합니다. 외국기업의 사례를 벤치마킹할 필요가 있습니다."

차 상무는 팀원들의 요구사항을 즉각 수용하여 마케팅 부문 예산으로 출장비용을 지원해주기로 하고 담당자를 불러 일을 진행시켰다. 곧 상하이, 도쿄, 대만의 녹차 전문업체를 탐방하기 위한 해외 출장 스케줄이 잡혔다. 팀원들은 현업에 지장을 주지 않기 위해 금요일 오후 비행기로 출국해서 일요일 저녁에 돌아오기로 합의하고 2박 3일 일정으로 출장을 떠났다.

상하이와 도쿄, 대만의 녹차 전문기업들을 두루 돌아보고 해외시장의 트렌트까지 조사하고 분석하려면 밥 먹는 시간도 아까울 만큼 빡빡한 일정이었다. 팀원들은 그 짧은 시간에 미리 계획했던 대로 자료 수집 활동을 펼쳤고 필요한 부분을 사진으로 찍었다.

그렇게 팀원들이 똘똘 뭉쳐서 어렵사리 자료를 모으고 해결책을 모색한 결과 녹차사업의 경쟁력을 키우려면 고급화 외에는 길이 없다고 결론을 내렸다.

문제는 방법론이었다. 수차례의 회의를 거쳐 팀원들이 찾아낸 아이디어는 기존 매장의 콘셉트를 확대한 새로운 개념의 유통 채널 개설이었다. 노랑나비 사는 강남과 인사동에 고급 카페 스타일의 녹차 판매점을 운영하고 있었는데 그 무대를 백화점으로 옮겨보기로 했다.

6명의 다향 천지 팀원들은 각자 역할을 분담하여 매장의 평면도, 3D 설계, 예상매출과 손익계산서, 마케팅 전략, 소요 인력과 확보 및 육성계획에 이르기까지 완벽한 하나의 사업계획서를 제시하였다. 그 결과 액션러닝 기간 동안에 서울 시내 유명 백화점 두 곳에 녹차 시음 공간을 겸한 매장이 개설되었고 고객들의 반응이 매우 호의적이라는 평가가 나왔다.

팀원들이 수집한 자료들은 국내시장에서의 녹차사업 활성화 전략에 필요한 결정적인 자료가 되었다. 이후 녹차사업은 노랑나비 사의 기업 철학을 반영하는 중요한 품목으로 자리매김되었음은 물론이고, 다른 사업본부의 임직원들에게도 녹차사업의 전략 방향에 대한 전사적인 공감대를 형성하는 전환점이 되었다.

과제기술서와 과제수행 프로세스

과제기술서란 무엇인가?

과제기술서란 과제 선정 배경을 정확히 기술하고, 학습팀이 도출해 내야 할 구체적인 결과물과 이를 실행에 옮겼을 때 궁극적으로 달성하고자 하는 이상적인 모습을 한 장의 서류로 작성한 것을 말한다.

학습팀은 이 과제기술서를 기준으로 팀원들 간에 의사소통을 하고 과제의 최종 결과물에 대해 스폰서와 합의하는 과제조인식을 갖는다.

액션러닝식 과제수행의 5가지 지향성

• 협동지향 : 단 한 사람의 무임승차자도 생기지 않도록 모든 팀원이 열정적으로 동참한다.

■ 과제기술서의 예

과제 기술서 : 예시 ①

과제 명칭	유통업체 ○○화/○○화에 따른 ○○부문 대응 전략

과제스폰서	○○○부문 ○○○○○ 부장
관련부서와 책임자	○○○팀 ○○○○○ 팀장

	과제선정 배경 (As-Is)
과제관련 自社의 현상과 문제점	• 주요 경로 변화(○○○→대형마트)에 따른 - ○○와의 ○○·○○○ 전략 필요 - ○○부문의 효율적 운영조직 모색 및 활력 부여 • ○○○력 강화를 위한 ○○상품 육성전략 필요
과제관련 同종· 이업종의 Best Practice	• 주구매 경로 이용율 변화 - 대형마트(○○%),대형수퍼(○○%), 기타(○○%) • ○○경로 주구매층 변화(가정→직장/업소) - 구매동인 변화(○,브랜드력→○○,판촉,기능)
과제관련 사내·외 고객의 요구	• 대중○○ 경쟁에서는 - ○○○○으로부터의 ○○○○ 시장 ○○위 탈환 - ○○/○○ 경쟁력 확보 전략 필요 • ○○○○ ○○ 경쟁에서는 - 차별화(내용물,○○디자인,○○방식 등) 필요

학습팀이 도출해야 할 구체적 결과물 (Tangible Output Image)

• 어떻게 하면 ○○부문이 유통업체(○○○○)와 고객이 동시에 만족할
수 있는 ○○을 도출하여 ○○시장의 매출 을 증진토록 할 것 인가?
 1.단기적
  1) ○○○○을 높일 수 있는 ○○ 전략(안)
  2) 효율적 내부 프로세스 구축(안)
  3) 부문 ○○ 사기 진작 방안
 2.중장기
  1) ○○○○별 Collaboration 전략 구축(안)
  2) ○○○○ 강화 전략(안)

	과제 해결후의 이상적 모습(To-Be)	
구분	단기 (0000 년 00 월의 모습)	중장기 (0000 년 00 월의 모습)
정량적 측면	• ○○MS ○○% 상승 • 종사원 내부만족 ○○%↑	• ○○ MS ○○%↑ 점유 • BPI ˙○○% 성장
정성적 측면	• 자사 위상 강화 • ○○부문 사기진작	• ○○시장 경쟁 우위 • ○○○○ 기초 마련

과제 기술서 : 예시 ②

과제 명칭	○○○상품 아웃소싱 확대

과제스폰서	○○○ 부문장
관련부서와 책임자	○○○ 팀장 / ○○○ 팀장 / ○○○팀장

	과제선정 배경 (As-Is)
과제관련 自社의 현상과 문제점	• 신상품의 적기대응이 어려움 • 상품의 다양성이 부족함 • 일부 제품만 OEM/ODM 실시 • 상품개발 프로세스가 길고 관련 부서가 많음 • 원가가 높음 • ○○○○○와 ○○의 품질기준이 동일함
과제관련 同종· 이업종의 Best Practice	• ○○○○ 의사결정이 빠름(출시/폐기) • 품목수가 많음(다양함) • 전량 아웃소싱으로 생산함 • 아웃소싱 ○○팀과 시스템이 구축 되어 있음 (○○○사) • 재미있는(아이디어)상품이 많음 • ○○재고 처리 Solution 보유
과제관련 사내·외 고객의 요구	• 신상품 및 기존상품 생산리드타임 단축 • OEM/ODM 관리기준 정립 (카테고리별) • ○○경쟁력 및 ○○ 확보 • 계절별, 재미있는 상품 개발

학습팀이 도출해야 할 구체적 결과물 (Tangible Output Image)

1. ○○○ 상품아웃소싱 추진계획(안) 제안
 - A 브랜드, B 브랜드, 기타
2. 아웃소싱 프로세스 개선/업그레이드(○○○ 수준)
 - OEM/ODM 상품 납기단축(안) 제안
 - 카테고리별 우수 아웃소싱업체 제안
 - ○○○○업체 아이디어 상품화 방안 제안
  (OEM/ODM ○○○○ 발표외)
* 전제조건 : 제조원 표기 변경의 영향 사전 검토
     동일제품을 복수 브랜드에서 발주시 사전 조율

	과제 해결후의 이상적 모습(To-Be)	
구분	단기 (0000 년 00 월의 모습)	중장기 (0000 년 00 월의 모습)
정량적 측면	• 아웃소싱비율: ○○% • C : ○○ % 감소 • D : ○○% 감소	• 아웃소싱비율: ○○% • C : ○○ % 감소 • D : ○○% 감소
정성적 측면	• 아웃소싱 노하우 축적 • ○○○○업체 정보 수집 및 활용 • 아이디어 신상품 조기 런칭 확대	• ○○○○ 브랜드에 선택적 확대 • ○○○ 확장시 현지 아웃소싱 능력 배양 • 가치구조=생산구조 일체화 문화 조성

- 가설지향 : 팀원 각자가 갖고 있는 지식, 정보, 노하우 등이 객관적 사실이라기보다는 주관적 견해일지도 모른다고 전제한다.
- 결과지향 : 다음 모임 때까지 도출해야 할 결과물의 개략적 이미지를 설정한다.
- 사실지향 : 결과물을 도출하기 위하여 현장을 발로 뛰고 그렇게 얻은 사실을 토대로 하여 의사결정을 한다.
- 효율지향 : 모든 활동과정에서 2:8 법칙에 입각하여 중요한 일에 노력을 집중함으로써 효율성을 극대화한다.

액션러닝식 과제수행 프로세스

액션러닝 과제를 수행하는 프로세스는 크게 과제정의 단계, 과제연구 단계, 해결방안 개발과 타당성 검증 단계, 실행과 성과창출 단계로 나눌 수 있다.

■ **액션러닝식 과제수행 프로세스와 각 단계별 세부활동**

1   과제정의

- 과제 선정 배경의 이해와 과제 관련
  선행학습(As-Is)
  - 과제 내용 관련 심층학습
  - 과제 관련 자사의 현황과 문제점 파악
  - 과제 관련 사내외 고객의 요구 분석
  - 과제 관련 동종·이업종의
    베스트 프랙티스 조사
- 과제 해결 후의 이상적 모습 구상(To-Be)
- 팀 학습을 통해 도출해야 할 결과물의 정의
  (Output)
- 과제조인식 실시
  - 스폰서와 학습팀 간의 합의와 서명
  - 과제기술서
  - 과제수행 계획

2   과제연구

- 과제 관련 이슈 분석
- (이슈 검증) 가설 수립
- 가설 검증 계획 수립
- 가설 검증 활동 수행
  - 과제 스폰서 인터뷰
  - 현장 방문
  - 고객요구 조사
  - 벤치마킹(동종·이업종)
  - 사내외 전문가 인터뷰
  - 문헌 연구 등
- 가설 검증 결과 정리
  - 가설 진위 여부 결정
  - 주요 조사내용 정리
  - 시사점 도출
- 과제 해결 핵심질문 작성

3   해결방안 개발과 타당성 검증

- 해결 아이디어 도출
- 아이디어 평가와 선택
- 선택된 아이디어를 기반으로 한 해결방안
  개발
  - 실행주체
  - 내용과 방법
  - 시기와 기간
  - 소요 비용
  - 예상 장애요인과 극복방안 등
- 해결방안의 타당성 검증
  - 파일럿 테스트(Pilot Test)
  - 사내외 전문가 의견 수렴
  - 스폰서 의견 수렴
  - 고객 의견 수렴
- 타당성 검증 결과를 토대로 해결방안의
  수정·보완 및 최종 품의서 작성

4   실행과 성과창출

- 실행의사 결정
  - 실행주체
  - 시작 시기 등 결정
- 실행
- 실행 효과 분석
  - 정성적 측면
  - 정량적 측면
  - 단기 효과
  - 중장기 효과
- 사후관리

▌과제정의 단계

과제정의 단계는 크게 4가지 세부 행동으로 구성된다. 우선 과제를 정의하기 위해 제일 먼저 해야 할 일은 과제 선정 배경을 정확히 이해하는 것이다. 이때 흔히 3C분석(Company, Competitor, Customer)이라 불리는 분석 도구를 활용하는 것이 일반적이다. 액션러닝 프로그램에 참여한 학습팀원들은 프로그램 초기에는 과제에 대해 잘 모르기 때문에 과제 관련 선행학습이 절대적으로 필요하다.

그러므로 선행학습과 3C 분석을 통해서 과제와 과제 선정 배경을 이해하고, 그런 다음에 과제 해결 후의 이상적인 모습, 즉 To-Be 이미지를 구상한다. 이렇게 과제와 관련한 현재 모습, 즉 As-Is에 대한 분석과 To-Be의 구상이 완료되어야만 현재 모습에서 미래 모습으로 가기 위해 학습팀이 해야 할 일들, 다시 말해 학습팀이 액션러닝에서 도출해야 될 구체적 결과물을 정의할 수 있는 것이고, 그 구체적 결과물이 바로 학습팀의 과제가 되는 것이다.

과제정의 절차는 액션러닝에서 매우 중요하다. 왜냐하면 업무를 추진할 때 목표를 정확하게 정의하지 않고, 그 목표에 대해 해당 업무의 최종 책임자와 업무 담당자가 정확하게 컨센서스를 이루지 않을 경우, 열심히 했는데도 과제수행 결과가 만족스럽지 않아 실망하는 경우가 너무나 많기 때문이다. 그러므로 과제를 명확하게 정의하는 방법과 습관은 액션러닝을 통해 배우고 익혀야 할 중요한 포인트 중의 하나임을 잊어서는 안 된다.

▌과제연구 단계

과제연구란 팀원들의 의견을 토대로 과제와 관련된 이슈를 분석하고 그 의견이 객관적으로 정확한 것인지 검증하여 그 결과로부터 시사점을 도출한 다음, 그 시사점을 종합적으로 고려하여 과제 해결을 위한 핵심 질문을 작성하는 일련의 절차를 뜻한다.

과제연구 단계의 첫 번째 작업은 과제와 관련한 이슈를 분석하는 일이다. 이때 이슈라는 말은 과제의 효과적이고 효율적인 해결을 위해 학습팀이 고려·조사·분석하거나 검증해야 하는 세부적인 주제·항목·요소 또는 변수를 의미한다.

예를 들어 팀의 과제가 특정 제품 또는 공정의 품질을 향상시키는 것이라면 과제와 관련한 전형적인 이슈는 품질 불량의 원인을 정확하게 분석하는 일일 것이다. 반면 팀의 과제가 특정 상품의 신규시장 진입 전략을 수립하는 것이라면 이때의 이슈는 시장환경, 고객요구, 자사상품의 강약점 등을 정확하게 분석하는 것이 된다.

이처럼 과제의 성격에 따라서 과제의 이슈가 매우 다양하기 때문에 액션러닝에서는 이슈 분석 단계에서부터 치밀한 계산이 뒤따른다. 예를 들어 6시그마에서 쓰는 DMAIC나 맥킨지식 문제 해결 프로세스(4단계 또는 7단계)와 같은 정형화된 절차와 도구를 쓰기보다는 과제의 특성과 관련 이슈를 먼저 정확하게 파악한 다음, 그 이슈를 분석하는 데 적합한 도구와 기법을 융통성 있게 활용하는 것이 필요하다.

여기서 중요한 것은 과제 관련 이슈 분석 단계에서 팀원들이 분석한 내용이 아직은 팀원들의 주관적 견해이거나 팀원 각자가 갖고 있는 불완전한 정보에 의한 분석 결과에 불과하기 때문에 그 결과를 토대로 과제 해결방안을 수립해서는 절대 안 된다는 것이다. 즉 실무자 스스로가 자신이 가진 불완전한 정보와 주관적인 경험과 판단을 객관적인 사실로 착각하고 이를 토대로 하여 아이디어들을 실행에 옮길 경우 원하는 결과를 창출해내지 못한다는 점을 기억해야 한다.

또한 그렇기 때문에 액션러닝을 할 때는 팀원들의 분석 결과를 가설의 형태로 전환한 다음 그 진위 여부를 반드시 검증해야 한다. 가설을 검증하는 방법에는 과제의 내용과 성격에 따라서 과제 스폰서 인터뷰, 현장방문, 고객 요구조사, 동종·이업종의 벤치마킹, 사내외 전문가 인터뷰, 문헌 연구 등 다양한 방법이 있을 수 있다.

정확하기로 말하자면 자연과학에서 말하는 통계적 방법이 가장 정확하겠지만 액션러닝에서 다루는 수많은 과제들 중에는 그런 통계적 분석이 불가능하거나 큰 의미를 갖지 않는 경우가 더 많다. 중요한 건 어떤 방법을 쓰든 간에 학습자들의 주관적 견해를 보다 객관적인 정보와 자료 또는 의견을 토대로 해서 검증하는 것이다.

▌해결방안 개발과 타당성 검증 단계

과제 해결방안의 개발에 있어서 가장 중요한 포인트는 '구체성'이다. 즉 과제의 해결을 위해 누가 누구를 대상으로, 또는 언제부터 언제까지 누구부터 할 것인지, 또는 어떤 주기로 무엇을 어떻게 할 것인가를 가능한 한 구체적으로 결정해야 한다. 뿐만 아니라 학습팀이 제안하는 해결방안을 실행에 옮기는 데 소요될 비용과 인력, 설비 등을 상세하게 제시하고 예상되는 장애요인을 발생가능한 모든 측면에서 빠짐없이 나열한 다음, 각각의 장애요인을 극복할 수 있는 방안을 아주 구체적으로 마련해야 한다. 그렇기 때문에 학습팀이 제시하는 과제 해결방안의 타당성을 검증하는 가장 좋은 방법은 그 방안을 직접 몸으로 실천해서 팀원들이 보고서에 제시한 것처럼 바람직한 결과가 나왔음을 보여주고 그 결과를 보고서에 그대로 기술하는 것이다. 단, 과제의 성격상 해결방안을 실행에 옮기는 데 많은 시간이 필요하다면 그 방안의 일부를 파일럿 테스트를 통해 실행에 옮긴 다음, 그 파일럿 테스트의 결과를 근거로 학습팀이 도출해낸 방안이 타당했다고 말할 수 있어야 한다.

한편 과제의 특성상, 예를 들어 회사의 중장기 전략을 수립하는 과제처럼 액션러닝 기간 중에 파일럿 테스트마저 할 수 없는 경우라면 학습팀이 제시한 해결방안을 사내외 전문가나 주요 고객 또는 스폰서에게 미리 보여주고 그들의 의견을 수렴하는 방법을 통해서라도 타당성 검증의 단계를 반드시 거쳐야 한다.

▍실행과 성과창출 단계

학습팀이 제안한 과제 해결방안의 타당성을 검증한 후 학습팀은 타당성 검증 결과를 토대로 해결방안을 수정·보완한 다음 과제 스폰서에게 최종 품의를 받게 된다.

액션러닝식 과제수행 프로세스의 최종 단계인 실행과 성과창출 단계는 실행의사 결정, 실행, 실행효과 분석, 사후관리, 이렇게 4가지 세부 활동으로 나뉜다. 특히 실행효과를 분석할 때는 정량적 측면 뿐만 아니라 정성적 측면의 효과도 면밀히 조사하여 이를 정량적으로 표현하도록 노력해야 한다. 예를 들어 고객 만족도가 향상되었다면 회사가 사용하는 고객 만족도 지수가 0.1% 증가했고, 이는 "매출액 ○○원 증가 효과와 비교할 수 있다."라는 식으로 표현을 할 수 있어야 한다. 또한 액션러닝 팀이 제안한 해결방안의 실행 성과를 보다 설득력 있게 표현하기 위해서는 개선 전과 개선 후를 비교할 수 있어야 하므로 과제정의 단계에서 과제와 관련된 개선 전의 각종 지표들을 미리 확보해두는 것이 필요하다.

과제수행 단계별 워크시트와 작성 시 유의사항

Worksheet 01 **과제내용 관련 심층 학습계획**

■ 워크시트 작성 예시

No	과제를 정확하게 이해하기 위해 팀원 모두가 학습해야 할 내용	필요 자료	자료 출처	책임자	마감 시한
1	NPD프로세스	• 1기 액션러닝 과제 결과 NDP프로세스 구축	김대리 팀에서 진행한 NPD 프로세스	김○○ 조○○	3/5
2	• 현재 신제품 프로세스 운영현황 • 채널별 신제품 일정 프로세스 (현재 자사) • 유통 구조 파악	• 기획팀 R/P자료 (업무 분장) • 채널별 취급률 분석 현황	이○○ 차장 : 영업지원팀 (현 영업기획팀)	김○○	3/7

3	• 취급률 현황(감소 원인) • 자사(3년간) 채널별 신제품 취급률 • 취급률 저조한 사유	• 채널별 영업기획팀 • 마케팅팀(채널별 매출 실적표)	김○○ 차장	박○○	3/7
4	• 시장조사 기법 • 영업팀 관련 업무를 진행하는 매니저들과의 미팅	• 관련도서 : 마케팅을 함부로 얘기하지 말자, 시장조사기법	김○○ 대리	조○○ 김○○	3/5
5	• 신제품들에 대한 설명 및 정보 • 신제품 연구 개발 과정	• 연구소 연구개발 ISO 절차서 • 영업 현장에 대한 이해(유통 경로별)	연구소 : 김○○ 과장 이○○ 차장	최○○	3/5

• 자료출처란 보유기관, 부서, 담당자를 말한다.
• 책임자란에는 자료를 조사하여 내용을 요약하고 팀원들에게 설명할 팀원의 이름을 실명으로 기재한다.

■ **작성 시 유의사항**

• NGT&Post-it 기법을 활용하여 모든 팀원의 의견이 반영되도록 해야 한다(협동지향).

• 2:8의 법칙에 입각하여 멀티보팅(Multi-voting) 방법으로 꼭 필요한 사항만을 엄선해야 한다(효율지향).

• 각 항목을 구체적으로 기술해야 한다.

  예 : 신제품들에 대한 정보 (×)

    신제품 중 A, B, C 제품의 최근 3개월간 채널별(대리점, 할인점, 백화점)

    매출액과 취급률 (○)

• 자료 출처란에는 사외는 물론 사내 자료를 포함하여 자료를 보유하고 있거나 보유하고 있는 것으로 알고 있는 사람의 부서와 이름

을 실명으로 기재한다.

- 조사한 자료의 내용을 요약해서 팀원들에게 설명하고 책임자란에
  이름을 기재한다. 가능한 공평하게 역할이 분담되도록 유의한다
  (협동지향).

Worksheet 02 **과제와 과제 선정 배경의 이해(As-Is)**

■ 워크시트 작성 예시

과제 관련 자사의 현황	• 입점 여부를 알 수 없다(2차점·수퍼). • 입점 관리가 체계적으로 이뤄지지 않는다. • 입점 정책에 대한 영업의 불만이 있다.
문제점	• 초도 물량으로 생산한 제품 유통기한이 처진다. • 고객의 반응을 정확히 알 수 없다. • 신제품 판매 기피 현상 • 소매점 인지도 부족(신제품)
과제 관련 사내외 고객의 요구	**사내** • 신제품 취급률·입점률 증대 • 전략 신제품 입점 시 입점비 지원 상시화 **사외** • 신제품에 대한 '반품' 받아주기(A사) • 신제품에 대한 여신 한도액 미적용(B사) • 전략 신제품 출시 시 광고, 프로모션(판촉) 지원 상시화(C사)
과제 관련 동종·이업종의 베스트 프랙티스	• L사는 신제품 출시 후 일주일 정도면 소매점 대부분 입점 • 종합식품회사들은 각 채널에 대한 입점률 목표를 갖고 입점 독려를 진행한다. • 입점 및 취급률 증대 프로모션 시행(D사)

- 문제점이란 현상으로부터 비롯되어 현재 나타난 또는 미래에 나타날 수 있는 부정적 결과를
  의미한다.

■ 작성 시 유의사항

- 현상과 문제점을 명확하게 구분해야 한다. 현상과 문제점을 구분하는 기준은 '과제명칭'으로서 액션러닝에서 과제를 수행하는 목적은 현상을 치유하기 위한 것이므로 과제 내용과 직접적으로 관련이 있는 현재의 모습이 현상이고, 그로부터 비롯되어 현재 나타나고 있거나 현재는 나타나지 않았지만 가까운 미래에 나타날 수 있는 부정적 결과를 문제점으로 정의한다.

- 현상 파악 시 1차적으로 NGT(Nominal Group Technique, 명목진단법, 93쪽 참고)를 실시하여 모든 팀원들의 의견을 반영한다(협동지향).

- NGT 결과를 그대로 취합하는 데 그쳐서는 안 된다. NGT 결과를 토대로 1차적으로 로직트리(logic tree)를 작성한다(귀납적 방법). 로직트리를 구성할 때 MECE(Mutually Exclusive Collectively Exhaustive, 중복 없이, 누락 없이) 원칙에 입각하여 과제 관련 현상을 보다 체계적이고 포괄적으로 이해하도록 노력해야 한다(연역적 방법). 예를 들어 4P(Product, Price, Promotion, Place), 3M(Man, Mashine, Material), IPO(Input, Process, Output), HSH(Hardware, Software, Humanware) 등의 다양한 분류 방법을 활용하거나 과제 내용에 적합한 분류 체계를 학습팀 자체적으로 고안하여 이를 토대로 팀원들이 최초에 NGT로 생각해낸 현상 관련 의견들을 체계화하고 보다 다양하고 포괄적인 방향으로 사고를 확산시켜야 한다. 예를 들어 팀원들이 최초에 NGT를 통해 도출한 의견이 다음의 [그림1]과 같을 때 이를 체계적으로 분류하고 사고를 확장하여 로직트리를 구성하면

[그림2]로 재구성할 수 있을 것이다.

〔그림1〕최초의 NGT 결과

중국 시장 의존도 & 특정 대리상 의존도가 지나치게 높음 → 전체 수출 금액 대비 70% 이상 수준	현재 인프라 부재로 적기 정보 획득 및 의사결정 곤란, 현지 대리상 의존도 상승	지역 전문가 부재 및 해외 사업 경험 미흡 (전사&개인)
현지 맞춤형 제품 부족 → 내수 제품 단순 수출형 구조, 가격 경쟁력 상승	소비자 커뮤니케이션 부재로 유사 제품과의 차별성 확보 어려움 → 경쟁 강도 심화, 충성 고객 확보 어려움	대소비자 커뮤니케이션 가능한 현지 브랜드 또는 엠브렐러 브랜드 (Umbrella Brand)

- [그림2]에서 보는 바와 같이 1차 NGT 결과를 로직트리로 재구성하는 작업을 통하여 팀원들이 현재 가지고 있는 정보와 지식이 지극히 한정적임을 깨달을 수 있다. 즉 로직트리를 완성하는 과정을 통하여 팀원들의 사고를 확장할 수 있는 것이다.

- 로직트리를 완성한 다음 멀티보팅(Multi-Voting) 또는 팀원 간의 심층논의를 통해 학습팀의 과제 관련 현상 중 과제수행 목표 달성에 가장 연관이 높거나 시급히 치유해야 할 가장 중요한 현상을 결정한다(효율지향).

〔그림2〕로직트리를 활용한 NGT 결과의 재구성

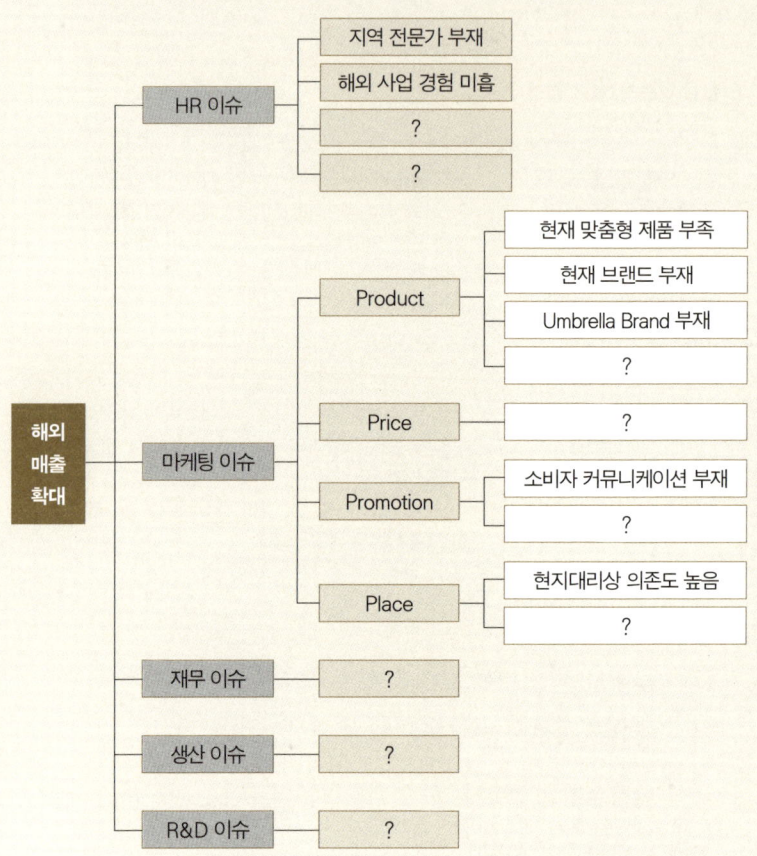

- 위에서 결정된 사안들에 대하여 보다 정확한 현상을 파악하기 위하여 블랭크 차트를 작성한다(가설지향, 결과지향).
- 블랭크 차트를 작성하는 과정에서 현상을 보다 분석적으로 파악하려면 '분석 차원'을 다양한 시각에서 설정하는 것이 바람직하다. 예를 들어 '신제품의 취급률 현황'을 제품별 출시 이후 경과 시기

별, 채널별, 지역별 등의 관점에서 분석하면 '취급률이 낮다'와 같은 포괄적이고 애매모호한 결과가 아니라 'A제품의 취급률이 특히 출시 3~4주 기간 중 B지역 C채널에서, B제품 대비, 타기간 대비, 타지역 대비, 타채널 대비 퍼센트 수준이다'라는 매우 구체적인 결론에 도달할 수 있게 된다.

Worksheet 03 이상적 모습(To-Be)과 학습팀의 결과물(Output)

■ 워크시트 작성 예시

과제 해결 후의 이상적 모습(To-Be)	과제 해결방안의 실시 완료 3개월 이내에 A제품의 ○○지역(예 : 경기북부) ○○채널(예 : 대리점)의 출시 이후 3주 이내 취급률을 과거 3년간 출시된 신제품들의 동기간(3주 이내) 전국 ○○채널(대리점) 평균 대비 ○○% 상승시킨다.
우리가 이번 활동을 통해 도출해야 할 구체적 결과물(Output : 최종 보고서의 세부 목차)	• 과거 3년간 신제품 취급률 현황(제품별, 지역별, 채널별, 출시 후 경과 기간별) • 주요 경쟁사의 신제품 취급률 현황 • 신제품 취급률 관리 프로세스(자사, 경쟁사, 이업종 Best Practice) • 취급률 관련 성공 및 실패 사례 분석 결과 • 취급률 관련 VOC 분석 결과 • 학습팀이 출시 3주 이내에 ○○지역에서 ○○채널의 A제품 취급률을 ○○% 높이기 위해 노력한 구체적 내용 (예 : 아이디어, 가설 검증 결과, Plot Test 결과 등) • 이번 학습팀 활동 경험을 토대로 한 취급률 향상 방법 • 학습팀 활동 과정 중 학습한 내용(과제 내용 측면과 과제 수행 과정 측면)

■ 작성 시 유의사항

• To-Be란 학습팀이 제안한 해결방안이 실행에 옮겨진 후 일정 기간이 경과되었을 때 나타날 이상적 모습으로서 학습팀 활

동의 궁극적 목표를 말한다. 따라서 SMART(Specific, Measurable, Achievable, Result-oriented, Time-bounded) 원칙에 의해 가능한 한 구체적으로 기술한다. 예를 들어 '신제품 취급률 상승'처럼 구체적이지 못한 표현은 삼가야 한다. 또한 정량적 측면과 정성적 측면, 그리고 단기적 모습과 중장기적 모습을 구분하여 기술해야 한다.

- 아웃풋(Output)이란 As-Is의 현상을 치유하며 To-Be의 모습을 이루기 위해 학습팀이 기울일 노력의 구체적 내용을 말한다. 따라서 최종 보고서에 담길 주요 내용을 구체적으로 기술한다.

- To-Be와 아웃풋은 가능한 한 그 범위를 좁히는 것이 바람직하다. 왜냐하면 액션러닝의 핵심은 실행에 있으며 실행을 통해 가시적인 성과를 실제로 구현했을 때 비로소 학습팀원들이 보람과 성취감을 경험할 수 있기 때문이다. 또한 액션러닝을 통해 조직이 추구하고자 하는 '변화'란 다른 구성원들이 그 실체를 실제로 보고 느낄 수 있을 때에만 가능한 것이기 때문이기도 하다.

- 액션러닝의 진정한 의미와 가치를 체험하기 위해서는 과제수행 기간 중에 학습팀원들이 도출한 해결방안을 자신들이 몸소 실행하여 그 성과를 실제로 창출하는 것이 가장 바람직하다. 다만 과제의 특성상, 예를 들어 신시장 진입전략, 경영환경변화에 대비한 경영전략 수립 또는 기존 전략의 수정 제안 등 그 실행을 과제수행 기간 동안 완료할 수 없는 경우에는 반드시 학습팀이 제안하는 해결방안의 타당성을 검증해야 한다. 그렇지 않을 경우에는 최종 보고서가 한낱 '보고서'에 불과하게 되며 이런 활동은 진정한 의

미에서의 액션러닝 활동이라 할 수 없다.

과제조인식 표지

■ 워크시트 작성 예시

하늘기업 과제조인식

팀 명 : 해바라기팀
과제명 : 즐거운 TV 가입자 확보
Sponsor 성명/소속 : 고용진 전무/마케팅 본부   서명 : _____

학습팀					
No.	성명	서명	No.	성명	서명
1	나명석		2	명민한	
3	주용해		4	원이상	
5	남주남		6		
7					
Learning Coach			경영민		

Sponsor Comment

과제수행 과정에서 특히 이 업종의 Best Practice와 최초 고객들의 진솔한 얘기들을 잘 조사해주기 바라며, 중간 결과가 취합되는대로 8월 2주 중과 9월 2주 중에 저에게 협의해주기 바랍니다.
건투를 빌고, 잘 부탁합니다.

■ 작성 시 유의사항

과제조인식의 표지에는 스폰서와 학습팀 간의 합의와 서명란이 있어야 한다. 또한 스폰서가 학습팀에게 요청하는 사항을 명시할 수 있도록 스폰서 코멘트란을 두고, 과제조인식 때 반드시 구체적으로 기술해야 한다.

과제수행 계획

■ 워크시트

단계	1	2	3	4	5	6	7	8	9
기간 (일시)									
Output (중간 결과물)									
세부 행동									

Worksheet 06 **실행효과 분석을 위한 사전조사 계획**

■ 워크시트 작성 예시

As-Is	출시 3주 이내 신제품 취급률 : 전국 평균 ○○%, ○○지역 평균 ○○%, ○○채널 평균 ○○%
To-Be	출시 3주 이내 A제품 취급률 : ○○지역 ○○채널에서 ○○%
Gap	○○%
측정 대상	출시 3주 이내 A제품 취급률 : ○○지역, ○○채널
측정 지표	출시 3주 이내 A제품의 입점 여부
측정 방법	• 과거 3년간 통계자료(○○채널당 영업기획팀 내부 자료 활용) • 전수 방문조사 • 아르바이트생 활용
측정 시기	○○년 ○○월 ○○일 ~ ○○월 ○○일
담당자	홍길동 대리, 유현덕 과장, 김지미 과장

■ 작성 시 유의사항

• 액션러닝 팀의 노력의 결과가 과제 관련 정량적 성과에 미치는 영
  향을 가능한 한 객관적으로 조사해야 하므로 반드시 학습팀 활동

초기에 사전조사를 실시해야 한다. 시기적으로는 과제조인식 이
전에 실시하여 과제조인식에서 스폰서에게 그 결과를 보고하는
것이 바람직하다.

- 정성적 측면을 계량화할 수 있는 다양한 방법을 모색해야 한다.
예를 들어 사내의 기존 자료, 과제 관련 핵심 이해관계자의 의견,
간단한 설문조사 등을 활용할 수 있을 것이다.

Worksheet 07 과제 관련 이슈 분석

■ 워크시트

과제 관련 이슈 : 분석 툴과 분석 결과	가설

■ 작성 시 유의사항

- 과제 관련 이슈란 액션러닝 과제의 효과적이고 효율적인 해결을
위해 학습팀이 고려, 조사, 분석 및 검증해야 하는 세부 주제·항
목·요소 또는 변수를 의미한다.
- 액션러닝에서 다루는 과제는 매우 다양하며 과제의 특성과 수행
목적에 따라 분석(고려, 조사, 검증)해야 할 이슈와 분석 툴(tool)이
달라질 수 있으며 달라져야 한다([표1] 참고).
- 그러므로 학습팀은 러닝코치의 지도와 상호협의를 통해 본격적인
과제수행에 착수하기 전에(초기 단계에서) 과제의 특성과 수행 목적

[표1] 과제 유형별 전형적 이슈와 분석 툴

과제 유형	전형적 이슈	분석 툴
• 품질향상 • 원가절감 • 납기단축 등 문제 해결	• 원인 분석	• 5 Why • Fish borne diagram 등
• 프로세스 재설계 • 신규 프로세스 구축	• 시간단축 • 의사결정의 질 제고 • 이해 당사자 간 의사소통 • 이해 당사자 간 갈등해결	• Value chain analysis • Process mapping • Flow chart 등
• 신규 시장 진입 전략 수립 • 경영 전략 수립	• 거시적 환경 • 미시적 환경 • 고객 요구 • 선택과 집중 …	• STEEP analysis(Social, Technological, Economics, Environmental, Political Factors) • SWOT analysis • 5 Forces model • 전략 Canvas(ERRC) • 4P mix • Scenario Planning Process • STP(Segmentation, Targeting, Positioning) 등

에 적합한 분석 툴을 선택 또는 개발해야 한다.

• 그런 의미에서 이번 양식은 사실상 빈 여백이라고 할 수 있으며 과제수행 과제에서 각 학습팀은 과제 특성에 적합하게 양식을 선택하거나 다양한 양식을 개발하여 사용할 수 있다.

• 이때 액션러닝에서는 가설지향과 사실지향이라는 '액션러닝식 과제수행의 지향성'에 입각하여 모든 분석 결과를 검증하는 절차를 거친다. 따라서 과제 특성에 적합한 분석 툴을 사용하여 분석된 결과, 즉 학습팀원들의 토론 결과를 그대로 해결방안 수립에 사용

하는 것이 아니라 가설이라는 형태로 전환한 다음 이를 다양한 방법을 통하여 검증하는 추가적인 작업을 해야 하는 것이다.

- 가설의 본래 의미는 '~이면 ~일 것이다'이며 가설 검증이란 실험, 현장조사 등 정량적 또는 정성적 방법을 통하여 그 사실 여부를 판단하는 것을 의미한다. 반면 액션러닝에서는 가설의 의미를 보다 광범위하게 정의하여 학습팀원 각자가 토론 단계에서 가지고 있는 지식, 정보, 경험 등이 객관적 사실이라기보다는 주관적 견해에 불과할 수도 있다는 전제 하에, 팀원들의 토론 결과를 단정적으로 기술하는 것이 아니라 본래 의미의 가설식으로 표현한다([표2] 참고).

[표2] 과제 유형별 가설의 예시

과제 유형	가설
신제품 개발	• 고객들이 진정으로 요구하는 이 상품의 특성은 A일 것이다.
원가 절감	• 원가가 높은 이유는 A에 있을 것이다.
품질 향상	• 품질 저하의 주원인은 A일 것이다.
프로세스 재설계	• 현재 프로세스의 장애물(Bottle Neck)은 A일 것이다. • A를 개선하면 현재 프로세스의 문제점(예 : 시간지연, 의사결정의 질 저하, 이해 당사자 간의 갈등 등)이 감소할 것이다.
신제품 개발 프로세스 구축	• A대로 프로세스를 운영하면 경쟁사 대비 신제품 출시 속도를 1.5배 향상시킬 수 있을 것이다.
인사평가제도 개선	• A대로 평가기준을 개선하면 평가의 공정성에 대한 피평가자들의 인식이 현재 수준(3.5/5.0)보다 1.0포인트 정도 향상될 것이다.
경영전략 수립	• 향후 5년 내에 경영환경(국내외 경제환경, 과제 관련 법규, 고객 요구 변화 동향 등)이 우리 사업에 제공하는 기회는 A일 것이다. • 우리 사업부의 강점(또는 약점)은 A일 것이다. • 우리가 구상하는 전략 A는 시장에서 효과를 발휘할 것이다.

- 과제 관련 이슈를 분석하여 그 결과를 가설의 형태로 전환하는 과정에서 특히 유의해야 할 사항은 '확산과 수렴(diverge & converge)'이라 할 수 있다. 먼저 확산의 단계에서는 각 분석 항목마다 MECE의 원칙에 입각하여 중복되지 않으면서도 누락되는 항목이 없도록 세심하게 분석한다. 이때 로직트리 기법을 활용하는 것이 바람직하다. 다음으로 수렴의 단계에서는 2:8의 법칙에 입각하여 중요한 이슈들을 선별한다(효율지향). 이때는 멀티보팅이나 의사결정 그리드 등 집단의사 결정기법을 활용하는 것이 바람직하다.
- 이처럼 체계적인 절차를 통해 도출된 가설은 다양한 방법을 통해 철저하게 검증한 다음, 검증된 결과만을 토대로 해결방안을 수립한다. 그럼으로써 해결방안의 실행가능성을 높이는 것이 액션러닝식 과제수행의 특징이라 할 수 있다.

Worksheet 08 **가설 검증 계획**

■ 워크시트 작성 예시

가설	필요정보	검증방법	담당자 (마감시한)
대리점 세금부담으로 인한 운영자금 부담 때문에 ○○제품의 판매가 감소했을 것이다.	• 대리점별 과거 6개월간 판매실적	• 판매추이 분석 • 대리점 사장 인터뷰	김○○ 과장 (3월 5일)
A사와의 Joint Venture 형태로 신사업에 진출할 경우 리스크를 분산할 수 있을 것이다.	• 동종업계 타사 사례 • 관련법규	• 사례 연구 • 고문 변호사 면담	김○○ 대리 이○○ 차장 (3월 15일)

가설	필요정보	검증방법	담당자 (마감시한)
B제품(화학 제품) 사용 확대에 대하여 정부 규제가 강화될 것이다.	• 정부의 환경 관련 규제 정책 동향	• 환경부 공직자 심층 인터뷰 • 문헌 연구 • 사례 연구	박○○ 과장 조○○ 대리 (3월 10일)
제조공정에 ○○의 투입을 증가시키면 ○○의 생산이 증가하여 원가가 절감될 것이다.	• 협력업체 C사 시뮬레이션 결과 • 시운전 데이터	• C사의 제출자료 심층 분석 • 데이터 분석 및 전문가 검토 의뢰	조○○ 대리 김○○ 과장 (3월 10일)

■ 작성 시 유의사항

• 가설 검증의 궁극적 목적을 명확히 하고 검증 결과를 표현할 블랭크 차트를 미리 만든 다음 검증에 착수함으로써 검증 작업의 효율성을 높이도록 한다(결과지향).

• 과제 관련 이슈 분석 결과 도출된 가설들은 2:8 법칙에 입각하여 선택하되, 과제수행에 꼭 필요한 가설을 정확하게 검증하는 데 학습팀이 가진 자원, 예를 들어 인력·시간·예산 등을 집중 투자한다(효율지향).

• 현장 방문, 고객요구조사, 벤치마킹, 사내외 전문가 인터뷰, 로우 데이터(Raw data) 분석, 문헌 분석, 법규 검토 등 다양한 검증방법을 활용해야 한다(사실지향).

• 모든 팀원들이 자신의 전문 분야와 취향, 당시 상황 등을 고려하여 균등하게 작업량을 배분하도록 배려해야 한다(협동지향).

가설 검증 결과와 시사점

■ 워크시트 작성 예시 · 1

| 가설 | A제품 판매는 당사 정관상 사업 영역에 위배될 수 있을 것이다. | 부분적으로 타당함 |

Findings

법무법인 B 검토의견(홍길동 변호사 2009. 12. 10)
당사 정관상 'C제품, D제품 및 부수제품의 판매와 상기 사업에 수반되는 사업'을 사업 목적으로 하고 있음

검토의견
E법에 따라 대규모 투자를 하고 F부처의 허가를 득하여 적극적으로 G사업을 할 경우에는 수반되는 업무로 보기에는 다소 어려운 측면이 있으나, 대법원의 판례는 정관의 사업목적을 매우 넓게 인정하고 있으므로 정관의 사업목적을 벗어났다는 이유로 무효로 판단될 가능성은 크지 않을 것으로 사료됨. 다만, 문제의 소지를 없애기 위해서 정관의 개정을 통해 G사업을 당사의 사업목적에 명시적으로 포함시키는 것이 바람직할 것으로 사료됨(홍길동 변호사).

시사점

G 사업 추진 시, 최소한의 리스트 회피를 위해 사전에 정관 개정 작업이 필요함. 단, Joint Venture 설립 시에는 정관 개정 작업이 필요 없음.

■ 워크시트 작성 예시 · 2

| 가설 | A제품에 대한 경쟁업체의 방해로 B공장을 설립하지 못할 수도 있을 것이다. | 타당함 |

Findings

A사업 전문업체인 C사 담당자 인터뷰
타 업체가 사전에 D제품 생산에 대한 신설 인허가를 받았을 경우, 당사의 B공장 설립에 대한 추가 인허가는 어려울 것으로 판단됨(환경 문제 및 기존 설치 업체의 기득권 인정 관행).

경쟁업체 현황
1) E사
• F도청의 요청 : 당사와 법적 구속력이 없는 G제품 공급 동의서 획득
• 동의서를 근거로 2009년 3월초 I부처에 A사업 의향서 제출 준비
• 당사 H팀 : I부처에 당사의 동의서 철회 의사를 통보
• 당사 J팀 : E사 측에서 동의서 철회를 요청하여 동의서 회수

시사점

먼저 최단 시일 안에 B사업 인허가를 득한 후, A사업은 타 업체의 인허가 여부에 따라 추가적인 사업화 방안 검토가 필요함

Worksheet 10 해결방안

■ 워크시트

해결방안 명칭						
누가?	언제?	어디서?	무엇을 어떻게?	예상 소요비용	예상 장애요인	극복방안

Worksheet 11 타당성 검증 계획

■ 워크시트

해결방안 명칭	타당성 검증 방법 (대상, 내용, 기간, 장소, 방법 등)	타당성 판단 기준	실행 책임자

- 해결방안의 타당성을 검증해야 하는 이유는 학습팀이 도출한 해결방안이 검증되지 않은 학습팀원들의 주관적 견해에 불과하다고 볼 수 있기 때문이다(가설지향).

- 그러므로 '해결방안의 타당성 검증'이야말로 액션러닝을 액션러닝답게 하는 필수적인 작업이라 할 수 있다. 검증이 빠진 해결방안의 제시는 무책임하고 미숙한 아마추어적 발상이라 할 수 있으며 이러한 활동은 액션러닝이라 부르지 않는 것이 마땅하다.

- 해결방안의 타당성을 입증하는 최선의 방법은 학습팀이 그들의 아이디어를 직접 실행하여 소기의 성과를 창출하는 것이다. 성과 창출은 학습팀원 자신에게는 보람을 느끼게 하고, 다른 조직구성원들에게는 학습팀이 제시한 해결방안의 설득력을 향상시키는 효과가 있다. 그렇기 때문에 액션러닝에서는 과제의 범위를 최대한 축소하고 과제수행 기간 중에 모든 에너지를 집중하여 학습팀이 직접 성과를 창출하도록 노력해야 한다.

- 그러나 과제의 특성상 직접 실행이 도저히 불가능할 경우, 해결방안을 부분적으로 실행하는 파일럿 테스트(Pilot Test)를 실시하여 성과창출의 가능성을 입증하는 것이 필요하다. 또한 과제의 특성상, 예를 들어 경영전략 수립 등의 장기 프로젝트 성격의 과제 또는 스폰서의 요구로 아이디어 도출이 과제의 주목적인 것처럼 파일럿 테스트조차 불가능하거나 불필요한 경우는 학습팀이 도출한 해결방안에 대해 사내외 전문가, 과제 스폰서, 또는 고객의 의견을

수렴함으로써 해결방안의 타당성을 검증할 수 있다.

Worksheet 12 실행성과와 기대효과

■ 워크시트

구분	실행성과	기대효과	
		단기(년 월의 모습)	중장기(년 월의 모습)
정량적 측면			
정성적 측면			

■ 작성 시 유의사항

• 학습팀 활동의 성과는 활동기간 동안 학습팀이 직접 실행을 통해 달성한 실행성과와 학습팀이 제안한 해결방안의 실행이 완료되어 일정 기간이 경과한 후에 나타나게 될 기대효과로 구분할 수 있다.

• 최종 결과보고서에는 실행성과와 기대효과 모두를 포함하되, 확실하게 구분해서 제시해야 한다.

• 실행성과와 기대효과를 산출할 때는 첫째, 개선 전과 개선 후를 비교할 수 있는 경우 이를 비교·제시해야 한다. 따라서 ' Worksheet 06 실행효과 분석을 위한 사전조사 계획' 양식에 의거하여 개선 전의

상태를 조사해두는 것이 꼭 필요하다. 둘째, 정량적 성과의 경우 성과금액의 산출근거를 가능한 한 구체적이고 상세하게 제시해야 한다. 셋째, 성과금액에서 해결방안의 실행에 필요한 소요비용을 산출근거와 함께 제시하고 이를 차감한 순서와 금액을 제시해야 한다. 넷째, 과제 특성상 성과가 정성적인 성격을 띨 경우에도 다양한 아이디어를 타당성(plausibility) 있는 근거와 함께 성과를 정량적으로 표현하려는 노력을 기울여야 한다. 예를 들어 학습팀이 특정 제품의 광고문안 또는 홍보방안을 개발했을 경우, 이는 외부 컨설팅 업체에 의뢰했을 때 발생할 용역비에서 학습팀원들의 인건비와 기회비용 그리고 학습팀 활동에 소요된 제반 비용을 차감한 금액을 성과금액이라 할 수 있을 것이다.

Worksheet 13 **학습내용과 향후 적용 계획**

■ 워크시트

구분	학습하고 실행에 옮긴 내용	향후 적용 계획
개인 생활 측면		
회사/업무 측면		

■ **작성 시 유의사항**

• 성찰은 액션러닝을 다른 문제 해결도구나 다른 경영혁신 기법과 구분하는 가장 중요한 특징이다. 따라서 학습팀원들은 활동 종료 시점뿐만 아니라 과정 중간에 수시로 개인 차원과 팀 차원에서 성찰을 실시해야 한다. 특히 액션러닝의 궁극적 목적은 참가자 개인의 역량을 향상시키고 행동을 변화시키는 '학습'에 있기 때문에 성찰이 빠진 액션러닝은 진정한 의미의 액션러닝이라 할 수 없다.

• '학습하고 실행에 옮긴 내용'란에는 학습팀원 각자가 과제수행 기간 중에 학습하고 적용한 내용, 예를 들어 과제 내용과 관련하여 습득한 지식·정보·경험·노하우와 과제수행 과정에서 습득하여 현업에 적용하고 효과를 체험한 각종 분석기법(SWOT, 3C, 4P 등) 또는 생산성 향상 도구(NGT, Decision Grid, I AGREE 등), 과제수행 과정을 통해 습득한 것을 가정 또는 개인 생활에 적용하여 자신의 행동이나 태도 또는 마인드를 변화시킨 내용 등을 스토리텔링 방식으로 기술하는 것이 바람직하다.

• '향후 적용 계획'란에는 학습하고 실행하여 그 효과를 체험한 각종 지식과 기법, 그리고 행동변화의 경험들을 과정 종료 후에 누구를 대상으로, 어떤 업무에서, 언제, 어떻게 적용할 것인지 구체적으로 기술한다.

가설을 세우고
역할을 분담하라

하늘기업 해바라기팀의 액션러닝

다섯 번째 이야기

토요일 오전 9시 50분, 해바라기 팀원들은 간편한 복장으로 정확히 약속시간에 맞춰 인재개발원에 나타났다. 그런데 팀원들보다 먼저 강의실에 자리 잡고 앉아 있는 사람들이 있었다. 경 교수와 서 팀장이다. 두 사람은 언제 왔는지 진지하게 대화를 나누고 있었다.

"벌금이 1분에 만 원씩이라면서요. 전 예상 외로 차가 잘 빠져서 30분 일찍 왔으니 부장님 다섯 분에게 1분에 만 원씩…… 그거 다 걸으면 한 달 치 월급은 되겠는데요?"

서 팀장의 농담에 주용해 팀장은 한 술 더 뜬다. 벌금을 카드로 내면 안 되느냐고 너스레를 떠는 바람에 모두들 한바탕 웃음을 터뜨렸다. 팀원들은 주 팀장 부인이 특별히 마련해준 다과 덕분에 마치 무슨 친목회 같은 분위기 속에서 아이스 브레이크 타임을 마쳤다. 이윽고 본격적인 팀 학습이 시작되었다.

■ Agenda

1일차	10:00~10:05	아이스 브레이크
	10:05~10:10	아젠다 설명 및 합의
	10:10~10:20	집중 WS를 위한 그라운드 룰 결정
	10:20~11:30	3C 분석 관련 블랭크 차트 내용 점검
	11:30~13:00	공략대상 기업 결정
	13:00~14:30	점심식사
	14:30~16:00	SWOT 분석
	16:30~19:00	가설 설정 및 가설검증 계획 수립
	19:00~21:00	저녁 식사 및 팀 단합대회
2일차	07:00~09:00	아침 식사 및 산행
	09:00~10:30	블랭크 차트 작성 및 역할 분담 계획 수립
	10:30~11:30	차기 미팅 아젠다 결정 및 성찰

워크숍 사회는 주 팀장이 맡았다. 주 팀장은 지난 미팅 때 합의한 내용을 플립 차트에 작성해서 미리 아젠다를 준비하는 등 처음인데도 능숙한 회의 진행으로 팀원들을 놀라게 했다.

"와, 한두 번 해본 솜씨가 아닌 것 같은데요?"

"칭찬은 고래도 춤추게 한다더니 괜히 제 어깨가 으쓱해지는데요?"

한 차례 유쾌한 덕담이 오간 뒤 팀원들은 지난 미팅 때 작성한 3C 분석 관련 블랭크 차트 점검에 들어갔다.

다음은 공략 가능한 기업에 대한 NGT 차례다. 팀원들은 포스트잇에 각각 3개 기업의 이름을 적었다. 그동안 경 교수는 플립 차트에 뭔가를 그리기 시작했다. 그런 다음 의사결정 그리드(Decision Grid)라는 명칭을 적었다.

■ **의사결정 그리드(DG : Decision Grid)**

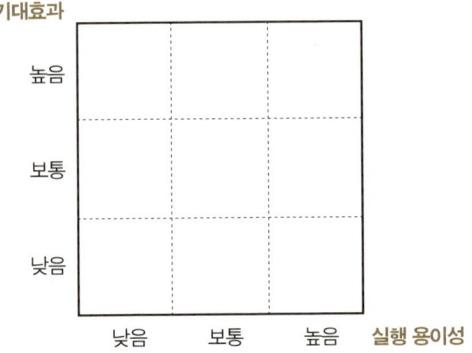

경 교수는 15개의 포스트잇에 적힌 기업 중에서 비교적 공략하기 쉽고 높은 매출액이 기대되는 기업을 5개만 선택해보라고 했다. 다음으로 그 5개의 기업들을 대상으로 심층 인터뷰를 할 때 쓸 질문 및 조사내용을 작성하도록 했다. 이때에도 역시 NGT 방식이 활용되었다.

회의는 점심 식사가 끝나고 숙소로 돌아온 뒤에도 계속 이어졌지만 해바라기 팀원들은 전혀 피곤한 줄을 몰랐다. 다음은 SWOT 분석 차례였다.

"지금 우리에게 주어진 과제의 현상을 놓고 볼 때 제일 큰 문제점은 무엇일까요?"

경 교수가 물었다.

나명석 부장은 타 회사에 비해 인지도가 떨어지는 것이 문제라고 답했다.

"하지만 저는 너무 인지도만 문제 삼는 것도 좋은 생각은 아니라고 봅니다."

남주남 부장의 의견이다. 경 교수가 그 이유를 물었다.

"인지도가 높지 않은 건 사실이지만 기회가 될 수도 있지 않을까요?"

"말도 안 돼요. 우리 회사 상품이 홍보가 안 돼서 그런 걸 어째서 기회라고 본단 말입니까?"

나명석 부장의 반론이다.

"이제부터 제대로 알리면 되죠."

나 부장은 기분이 언짢았는지 남 부장의 말에 더 이상 대꾸하지 않았다.

"지금 똑같은 상황을 두고 두 분의 의견이 엇갈리고 있습니다. 그런데 관점을 바꿔놓고 보면 두 분 모두 틀린 말은 아니란 사실을 알게 될 것입니다."

경 교수가 두 사람의 논쟁을 명쾌하게 정리하기 위해 질문을 다시 던졌다.

"나 부장님은 어떤 의미에서 인지도가 약한 게 즐거운 TV의 약점이라고 생각하는지 말씀해주시겠습니까?"

"타사 상품은 이미 기존 시장에서 가치가 검증된 상태이고 활발한 홍보활동이 이루어지고 있는 중인데 우리는 우리 상품에 대해 잘 알지도 못하는 고객들을 상대로 가입을 권유해야 합니다. 이런 상황 자체가 무리 아닌가요?"

경 교수는 남 부장에게도 이유를 물었다.

"전 좀 더 신선한 느낌으로 우리 상품의 특성을 부각시킨다면 충분히 승산이 있을 거라고 봅니다."

"그럼 일단 우리 상품의 인지도가 낮다는 부분에 대해서는 두 분 모두 인정하시는 겁니까?"

"네."

재차 이어지는 경 교수의 질문에 두 사람 모두 수긍하였다.

"서 팀장님 생각은 어떻습니까?"

"글쎄요. 솔직히 우리 회사 광고가 좀 약하긴 하지만……"

서 팀장은 판단에 자신이 없는지 말끝을 흐렸다.

"모든 상황은 보는 관점에 따라서 강점이 될 수도 있고 약점이 될 수도 있습니다."

경 교수가 팀원들에게 자사 상품의 강점이라고 생각하는 것과 약점이라고 생각하는 것들을 각각 3가지씩 포스트잇에 적어보라고 했다.

강점	• 신규 가입회원에 대한 의무가입 기간이 짧다. • 무료 서비스 사용 기간이 타사에 비해 길다. • 타사에는 없는 전문 분야의 채널이 확보되어 있다.
약점	• 가입비가 타사에 비해 조금 높게 책정되었다. • 타사에 비해 방송 채널이 다양하지 못하다. • 신규 가입 회원에 대한 혜택이 다양하지 못하다.

명민한이 포스트잇에 적은 내용이다. 팀원들이 각자 포스트잇을 들고 나가 플립 차트에 붙이자 경 교수가 입을 열었다.

"여러분들은 지금 '……일 것이다' 하는 내용을 적었습니다. 명 부장님부터 왜 이런 생각을 하게 됐는지 설명해주시겠습니까?"

명민한이 쓴 내용들은 대부분 자료 조사를 통해 알아낸 내용과 서팀장의 이야기를 듣고 나름대로 분석한 결과를 정리한 것이었다. 다른 팀원들의 경우도 크게 다르진 않았다.

팀원들의 이야기를 듣고 난 경 교수는 의미심장한 미소를 지었다. 그는 SWOT 분석의 결과를 그대로 믿어서는 안 된다고 말하며 자신의 경험담을 들려주었다.

"제가 교수 초년 시절에 어느 대기업의 중장기 인재육성전략 수립 프로젝트를 하면서 겪었던 일입니다."

이야기는 13년 전으로 거슬러 올라간다.

경 교수는 프로젝트에 참여한 팀원들과 함께 다양한 자료를 수집하고 이론을 토대로 하여 브레인스토밍을 하였고, 그 결과를 보고서로 작성하여 당시 스폰서였던 담당 임원과 면담을 가졌다.

프로젝트 팀이 도출해낸 내용은 충분히 실현 가능한 방안들이었고 이론상으로도 전혀 하자가 없어 보였다. 그러나 결과 보고를 접한 스폰서의 반응에 경 교수는 말문이 막혀버리고 말았다.

"이 방안들은 어떤 근거에서 만들어진 것입니까?"

경 교수는 프로젝트 팀원들의 의견을 종합해서 내린 결론이라고 대답했다.

"좋습니다. 그러니까 팀원들의 주관적인 견해 말고는 이 결론을 구체적으로 뒷받침할 증거는 없는 거네요?"

경 교수는 순간 쥐구멍이라도 찾아들어가고 싶은 심정이었다. 이론상으로 충분히 신빙성이 있다고 판단했고, 프로젝트에 참여한 팀원들이 회사에 10년 이상 근무한 전문가들이었기 때문에 그들이 내린 결론의 타당성에 검증해야 할 필요성을 못 느꼈던 것인데 담당 임원은 그것은 어디까지나 당신 생각일 뿐이지 않느냐며 반문하는 것이었다.

그때 경 교수는 아무리 기발한 아이디어라도 타당성이 검증되지 않았다면 그런 아이디어를 담은 보고서는 종잇조각에 불과하다는 액션러닝의 기본 원칙을 무시하는 실수를 저지른 것이었다.

지난 이야기를 들려주며 경 교수는 해바라기 팀원들이 자신과 같은 시행착오를 겪지 않기를 바란다고 말했다.

빈틈없는 경 교수도 실수할 때가 있었다니 신기할 따름이다.

"지금 이 이야기를 하는 이유는 고객이 알고 있는 상식과 우리가 알고 있는 상식이 일치하지 않을 수도 있다는 점을 말해주고 싶기 때문입니다."

검증되지 않은 모든 아이디어는 가설에 불과하다. 현장을 발로 뛰지 않고 일반적 자료를 통해서 얻은 지식이나 정보, 나름의 노하우에 의지한 판단은 어디까지나 주관적 견해일 뿐이므로 의사결정에 신중을 기해야 한다는 설명이다.

장시간 토론을 한 결과 팀원들이 도출해낸 가설은 다음과 같았다.

1	고객의 니즈 부분	→	수신화면 상태 불량에 대한 개선 요구가 제일 많을 것이다.
2	업계 트렌드 부분		지상파 방송의 실시간 수신화면 및 다시보기 서비스, 그리고 스포츠, 영화, 증권, 레저, 교양 등 다양한 콘텐츠의 확보가 관건일 것이다.
3	마케팅 포인트		고객만족 전담부서 운영, 콜센터 기능 강화 등 가입자의 불편을 최소화할 수 있는 시스템 구축을 자사상품의 강점으로 내세우면 홍보에 유리할 것이다.
4	업계 전망 분석		인터넷, 통신기기 등과 연계된 차별화된 콘텐츠 확보가 시장 지배력을 좌우하게 될 것이다.

이어서 팀원들은 가설검증 계획 수립을 위한 역할 분담을 마쳤다. 이것으로 학습팀에서 머리로 짜낼 수 있는 아이디어는 거의 나왔다. 이제부터는 액션러닝의 5가지 배움의 원천 중 4번째 '과제에 대해 잘 알고 실질적인 문제 해결 경험과 능력을 가진 사내외 전문가로부터 배운다'에 따라 가설을 검증하기 위해 인터뷰할 대상을 찾아야 한다.

서 팀장이 준 자료에 관련자 명단이 들어 있긴 하지만 팀원들은 가능하면 좀 더 고급스러운 정보를 원했다.

"이번에 액션러닝하면서 몇 다리 건너 알게 된 사람이긴 한데, 제 친구의 고등학교 후배가 별빛 사 디지털 TV 사업본부 임원 집안이라 더군요. 아직 장담은 못하겠지만 잘하면 선이 닿을지도 모르겠어요."

나명석 부장이 조심스럽게 운을 떼자 주용해 팀장도 문득 생각나는 사람이 있다며 명함첩을 꺼냈다.

"친구 아들 결혼식에 갔다가 소개 받은 기억이 있는데, 혹시나 했더니 여기 있네요."

케이블 TV 영업이사 명함이다. 친구의 친구든, 친척의 친척이든 주변을 샅샅이 훑어보면 필요한 인맥은 찾을 수 있기 마련이다. 남주남 부장도 생각해보니 창원공장 동료의 지인 가운데 리서치 회사 임원이 있다는 이야기를 들은 것 같다고 했다.

고객 확보는 업계 돌아가는 상황을 많이 알수록 유리하다. 전문가 인터뷰 항목에 몇몇 이름들이 더 추가되었다.

팀원들은 각자 인맥이 닿는 선에서 개별적으로 인터뷰를 추진하기로 하고 시간 절약을 위해 이메일을 통해서 결과를 공유하기로 했다. 토론은 아젠다에 적혀 있는 것보다 30분이나 일찍 끝났다.

"이게 다 액션러닝의 위력 아니겠습니까? 자, 이제 가뿐한 마음으로 맥주 한 잔 합시다."

주 팀장이 냉장고에서 맥주를 꺼냈다.

"혹시 댁에 무슨 일 있는 것 아닙니까?"

원이상 부장이 나명석 부장의 눈치를 살피며 물었다. 잠시 부인과 통화할 일이 있다며 방에 들어갔다 나온 뒤부터 나 부장 표정이 급격히 어두워졌기 때문이다.

"아내가 직장 일 때문에 힘들어하는 걸 알면서도 별 도움이 못 돼니 답답해서요."

나 부장은 맥주를 한 잔 들이켜고는 낮은 한숨을 쉬었다. 회사에서는 다른 부서 실적까지 챙길 정도로 자신만만해 하던 그가 의외로 약한 모습을 보인 것이다.

"부부가 맞벌이하면 그럴 때가 제일 난처하죠. 내일 이 워크숍 끝나면 곧장 집으로 가서 사모님 많이 위로해 드리세요."

원 부장은 충분히 이해하고도 남는다는 표정이다. 상대방이 힘들어 하는 걸 뻔히 알면서도 어떻게 해줄 방법이 없을 때 남편들은 그 이상으로 스트레스를 받기 마련이다. 중3 담임을 맡고 있는 명민한의 아내도 시험 기간만 되면 특히 신경이 예민해지고는 했다.

"그래도 저처럼 지방근무를 하는 입장은 아니잖아요. 저는 가족이 늘 함께 할 수 있다는 것만으로도 부럽다는 생각이 듭니다. 우리는 웬만한 가정사는 다 전화로 해결해야 되거든요?"

"에이, 남 부장님이나 새벽별 보며 나왔다가 식구들 다 잠든 시간에 혼자 현관문 열고 들어가는 우리나 큰 차이 없을 걸요? 하하!"

원 부장이 남주남 부장 말에 맞장구를 치며 넉살 좋게 웃음을 터뜨렸다.

"여러분들, 제가 한 가지 제안을 할까요?"

그때까지 팀원들의 이야기를 듣기만 하던 경 교수가 문득 생각난 듯 입을 열었다. 팀원들끼리 경청, 칭찬의 세션을 진행해보자는 것이다.

"여기에서요?"

주 팀장이 뜨악한 표정을 지었다. 회의도 아닌데 다소 갑작스럽고 뜬금없다는 생각이 드는 건 명민한도 마찬가지였다.

"어차피 지금 잠자리에 들기에는 시간이 좀 이르지 않습니까? 이렇게 시간을 보내느니 서로에 대해 좀 더 이해할 수 있는 시간을 가져보자는 얘기입니다."

경 교수는 앞으로 한 시간만 경청과 칭찬의 기술을 실습해보자고 했다. 팀원들도 두서없는 잡담으로 시간을 때우는 것보다는 그편이 훨씬 생산적일 것 같다는 데 의견의 일치를 보았다.

팀원 한 사람에게 주어진 발언 시간은 5분, 나머지 시간은 팀원들이 돌아가면서 경청의 결과를 코멘트하고 칭찬으로 마무리하는 것으로 채워졌다. 이 기회를 통해서 명민한은 전혀 새로운 경험을 할 수 있었다. 경청을 위해 작정하고 귀를 열어놓았더니 상대방의 입장이 가슴에 와 닿는 것이었다.

사실 지난번 탁 대리의 이야기를 경청할 때는 몇 번의 고비가 있었다. 사표를 내기로 결심한 상태라 그랬는지 솔직한 심정을 털어놓는다면서 팀장인 자신을 탓하는 듯한 말을 툭툭 내뱉을 때는 욱하는 성질이 올라올 뻔했다. 나름 억울한 생각이 들어 몇 마디 해주고 싶은 걸 꾹 참았던 이유는 순전히 숙제 때문이었다. 돌이켜보니 그건 진정한 경청이 아니었다.

"교수님, 이거 재미있는데 한 시간만 더하죠?"

원 부장이다.

"정말이십니까? 그렇다면 이번에는 액션러닝의 또 다른 형태인 오픈그룹 프로그램의 진행방식을 경험해보시겠습니까?"

경 교수는 각자 자신의 고민거리를 하나씩 이야기하되, 주제는 회사 일에 관한 것으로 국한시켰다. 토론 방식은 조금 전에 했던 것과 비슷했다.

먼저 발표자로 나선 원 부장이 새로운 개발 아이템 문제로 골머리를 앓고 있는 속사정을 털어놓았다. 분야가 생소한 만큼 다른 팀원들은 문외한일 수밖에 없었지만 막상 이야기를 듣고 보니 해줄 말이 없는 것도 아니었다.

"솔직히 기대하지 않았는데 여러분들의 질문과 조언 덕에 조만간 돌파구를 찾게 될 것 같습니다!"

원 부장의 얼굴에 화색이 돌았다. 그는 팀원들이 자기 일도 아닌데 각자 나름대로 문제를 이해하고 도와주려는 모습에 감동했다며 앞으로 이런 기회를 자주 갖고 싶다고 했다.

영업1팀의 실적 부진이 최대 고민이었던 명민한 역시 원 부장과 같은 경험을 했다. 주 팀장과 나 부장, 남 부장 또한 업무적으로는 전혀 상관이 없는 팀원들이 자신의 문제를 전혀 다른 시각에서 볼 수 있도록 자극하는 여러 가지 신선한 질문과 실질적으로 도움이 될 수 있을 만한 조언을 해준 덕분에 문제 해결의 실마리를 찾을 것 같다며 흥분한 기색을 감추지 못했다. 한 시간만 하기로 했던 것이 이야기가 진지해지니까 팀원 모두 시간을 잊고 토론에 몰두했다. 허심탄회한 이야기와 진심 어린 조언 속에서 해바라기 팀원들은 모두 마음으로 하나가 되는 것 같았다.

"저는 입사 이래 이런 분위기는 처음 경험하는 것 같습니다. 이것이 팀 학습의 매력이란 것일까요?"

서 팀장도 한 마디 거들었다. 경 교수의 얼굴에는 그 어느 때보다 만족스러운 미소가 피어올랐다.

다음날, 팀원들은 아침 일찍 산행을 다녀와 상쾌한 기분으로 한자리에 모였다.

"팀원들에게서 좋은 아이디어가 하나씩 나올 때마다 계약서가 차곡차곡 쌓이는 것 같았습니다."

1박 2일 워크숍의 마지막 순서인 성찰의 시간이 돌아왔을 때 주 팀장이 시원스레 말했다. 다른 팀원들의 반응도 거의 비슷했다.

"이제 우리가 풀어야 할 문제는 다 나왔으니 각자 현장으로 가서 답을 찾아내면 되겠네요?"

인재개발원을 떠나기 전 주 팀장이 팀원들에게 하이파이브를 제의했다.

"까짓 거, 한번 해봅시다!"

"성공을 위하여!"

"우리 모두 분발합시다!"

"화이팅!"

팀원들의 활기찬 표정에 성공의 아웃풋 이미지가 선명하게 그려졌다.

집에 돌아온 명민한은 아내에게 만약 디지털 TV를 신청한다면 어느 회사 상품을 선택할 것 같은지 물어보았다.

"그건 왜요?"

아내가 거실 탁자 위에 수북이 쌓인 책들을 한쪽으로 치우며 퉁명스럽게 되물었다. 중학교 선생님인 아내는 여름 방학을 앞두고 기말고사 시험문제 준비로 한창 바쁠 때이다.

"회사 일 때문에 그냥 물어본 거야."

"회사 일이라면 당신이 더 잘 알겠죠. 내가 언제 TV 좋아하는 것 봤어요?"

요 며칠 계속 회식이다 뭐다 하면서 밤늦게 들어오는 날이 잦다 보니 아내의 심기가 편치 않은 모양이다. 게다가 어제는 워크숍 때문에 집을 비우기까지 했질 않은가.

사실 명민한의 집 거실에 있는 TV는 장식용이나 마찬가지다. 고등학생인 딸 보람이는 보고 싶은 프로그램이 있어도 제 방에서 컴퓨터로 보느라 거실에는 나오질 않고 명민한은 저녁 뉴스나 스포츠 채널만 겨우 챙겨보는 편이다. 아내도 집에 오면 주로 음악을 틀어놓고 책을 읽는다. 여자들이 좋아한다는 드라마를 즐겨 보는 것 같지도 않다.

"그거 다 이중으로 시간 낭비 돈 낭비하는 거라면서요? 동료 교사들 말이 일주일 내내 TV 프로 재방송이나 하고 영화도 재탕 삼탕 하면서 볼만한 패키지 상품은 죄다 유료로 묶어놓았다고 하던데……"

디지털 TV에 대한 아내의 선입견은 꽤나 부정적이었다. 명민한은 좀 더 이야기를 들어보고 싶었지만 갑자기 아내가 정색을 하는 바람에 말문이 막혀버렸다.

"당신 바쁜 건 아는데 요즘 보람이한테 너무 무관심한 거 아녜요?"

"보람이가 왜?"

"대학은 관심 없으니 연기자 학원에 등록시켜달라네요."

"보람이 공부 열심히 하잖아?"

"작년까지는 그랬죠."

뜻밖의 이야기라는 듯 놀라는 명민한을 보고 아내는 깊은 한숨을 몰아쉬었다. 이제 고3을 코앞에 둔 딸아이가 심경의 변화를 일으킨 건 부모로서 여간 걱정스런 일이 분명하다.

"얘는 아직 안 들어왔어?"

"왔는데 제 방에서 자요."

시계를 보니 벌써 11시가 넘었다. 아내는 딸아이가 요즘 자기와는 말도 하지 않으려 한다며 재차 한숨을 내쉬었다.

"너무 걱정하지 마. 내가 보람이랑 이야기 좀 해볼게."

그러고 보니 숙제를 해야 할 사람이 집에도 있었다.

8월 첫째 주 금요일, 액션러닝 프로그램을 시작한 지도 한 달이 지났다. 명민한은 모처럼 월차 휴가를 내서 여름방학 중인 아내와 딸과 단란한 시간을 보내려 했지만 아내는 당직이라 학교에 갔고 집에는 명민한과 딸 보람이 둘뿐이었다.

아내는 1년 사이 보람이가 많이 변했다며 이야기 좀 나누어보라고 했다. 워낙 모범생 스타일이라 부모 속을 썩이는 일이라곤 전혀 없던 아이인데 무엇 때문에 달라졌다는 것일까. 보람이는 아침 식탁에 잠깐 얼굴을 비치고는 제 방으로 들어가 점심 때가 다 되도록 꼼짝을 하지 않는다.

닫힌 딸아이의 방문 앞에 멈춰 서서 명민한은 잠시 생각에 잠겼다. 부녀간에 속 깊은 대화를 나누어본 지가 얼마나 됐는지 기억이 나질 않는다. 고등학교에 진학할 때까지 보람이의 꿈은 수시로 바뀌었다. 엄마처럼 학교 선생님이 되고 싶어한 적도 있고 외교관이 되고 싶다고 말한 적도 있다. 또 한때는 '여성 최초'라는 수식어가 붙은 다소 엉뚱한 직업의 세계를 선망하기도 했다. 그러나 대학에 가지 않겠다는 말은 들어본 적이 없다.

노크를 하고 방문을 열었다.

"아빠랑 이야기 좀 할까?"

컴퓨터 화면에 눈을 주고 있던 아이가 무표정한 얼굴로 돌아보았다.

"왜요?"

딸아이의 반문에 명민한은 갑자기 할 말을 잃었다. 예전 같으면 이럴 때 "어, 아빠 오늘 회사 안 가세요?"라고 물으며 반갑게 맞이했을 아이다.

"엄마도 없는데 우리 나가서 점심 먹을까?"

"배 안 고픈데요."

보람이는 여전히 컴퓨터 화면에서 눈을 떼지 않은 채 심드렁하게 대꾸했다. 성격 밝은 아이가 요즘은 통 웃지도 않는다며 걱정하던 아내 말이 떠올랐다. 며칠 전에 진로 문제로 잔소리를 심하게 했더니 이제는 자기랑은 아예 눈도 마주치지 않으려 한다며 아내는 걱정이 태산 같았다.

명민한은 별로 내켜 하지 않는 아이를 겨우 설득해 밖으로 데리고 나왔다. 잠시 후 두 사람은 집에서 멀지 않은 곳에 있는 패밀리 레스토랑으로 들어갔다. 세 식구가 전에도 몇 번 와봤던 곳이다.

"방학인데 무슨 계획 없니?"

"없는데요."

"공부는 잘 돼?"

부녀간의 대화는 여기서 끊겼다. 아이는 주문한 음식이 나오자 말없이 밥만 먹는다. 혹시 무슨 고민있냐고 물어도 대꾸가 없다.

'경청—질문—칭찬'

식사를 하면서 명민한의 뇌리에는 온통 그 생각뿐이었다. 그러나 이 상황에서 경 교수가 말한 '좋은 대화의 3가지 법칙'을 어떤 식으로 적용해야 할지 감이 안 잡혔다.

"엄마한테 얼핏 들었는데 대학 안 가겠다는 말, 사실이니?"

딴에는 최대한 부드럽고 자연스럽게 물어보려고 했는데 보람이는 지금 그 이야기는 하고 싶지 않다며 간단하게 말을 잘랐다. 명민한은 또다시 할 말을 잃었고 아이는 지루한 듯 휴대폰만 만지작거렸다.

보람이는 친구와 약속이 있다면서 집에 도착하기 전에 차에서 내렸다. 작정하고 딸과의 대화를 시도했던 명민한의 노력은 별 소득 없이 끝나고 말았다.

해오름 그룹 야심만만팀의 김햇살 부장 이야기

2005년 Techno-MBA 과정에서 액션러닝 방식을 적용했던 실시한 해오름 그룹의 교육 참가자 수는 50명이었다. 계열사별 책임 연구원급(차·부장급) 직원들을 대상으로 한 이 프로그램은 기술 분야 핵심 인재 육성을 목표로 5~6명이 한 팀을 이루었다.

당시 해오름 그룹의 교육 담당자였던 박재치 과장은 경영성과 창출에 실질적으로 기여할 수 있는 액션러닝을 도입하고 싶어했으나 그룹 인재개발원의 특성상 20개 이상의 계열 회사에서 참가하는 학습자들의 직속 상사를 모두 스폰서로 끌어들이기는 현실적으로 무리가 있었다. 경 교수는 이런 경우의 가장 좋은 대안으로 오픈그룹 프로그램 방식을 권했고 박재치 과장은 경 교수의 조언에 힘입어 재치 있게 프로그램을 설계했다.

총 6명으로 구성된 '야심만만팀'은 김햇살 부장을 포함하여 5명이 해오름 화학회사 소속 연구원이었고 나머지 1명은 화장품 생산부서 연구원이었다. 대개 책임 연구원급 부장이라면 한 부서에 15년 이상 근속한 경력을 갖고 있기 때문에 여간해서는 자기 일에 남이 개입하는 걸 원치 않는다. 설령 어려운 일이 생겨도 그 업무에 관한 한 자신이 전문가라는 확신을 갖고 있기 때문에 섣불리 조언을 청하지 않는다.

경 교수는 학습팀의 이런 성향을 감안하여 액션러닝 오픈그룹 프로그램의 의미를 구체적으로 설명하며 팀원들 간의 적극적인 교류를 유도하였다. 한 팀원의 아이디어를 받아들여 야심만만 팀원들은 각자의 연구실을 교대로 방문하여 서로의 업무에 대한 이해의 폭을 넓히고 과제에 대한 고민을 털어놓는 등 끈끈한 유대관계를 형성하였다.

김 부장이 속한 부서에서는 바닥재로 쓰일 고부가가치 제품을 개발하는 중이었다. 그런데 특정 생산 공정에서 풀리지 않는 고민거리가 생겼다. 바닥재로 쓸 모노륨의 끈끈한 정도, 즉 점도라는 물성(물리적 특성)을 현재 상태에서 절반 이하로 낮추지 않으면 신제품 개발이 불가능하다는 난관에 봉착한 것이다.

만약 신제품 개발이 무산된다면 독일에서 비싼 제품을 수입해 써야 하는 상황이었다. 김 부장은 이 문제를 자체적으로 해결하기 위해 수많은 실험을 거듭해보았지만 뚜렷한 방법을 찾아내지 못했다. 결국 김 부장은 물에 빠진 사람 지푸라기라도 붙잡는 심정으로 액션러닝 팀 미팅을 할 때 자신의 고민을 털어놓았다.

이때 김 부장에게 결정적인 아이디어를 제공한 사람이 화장품 생산회사 소속의 신 부장이다.

"부장님, 저희도 화장품 개발할 때 비슷한 경우가 있었는데요. 화학적으로 보면 점도는 결국 표면 장력의 문제 아니겠습니까? 저희는 미국에 본사가 있는 A라는 회사의 계면활성제를 이용해서 문제를 해결한 적이 있습니다."

신 부장이 머뭇거리며 자신의 부서에서 화장품을 개발할 때 특정 회사의 계면활성제를 촉매제로 써서 김 부장이 고민하고 있는 것과 비슷한 문제를 해결했다며 경험담을 들려주었다.

이야기를 귀 기울여 듣고 있던 김 부장은 그럴 수도 있겠다는 판단이 들었다. 다른 팀원들도 자신이 알고 있는 한도 내에서 도움이 될 만한 조언을 아끼지 않았다.

건축자재와는 별 상관도 없는 화장품 회사의 경험담을 토대로 한 접근이었지만 결과는 놀라웠다. 김 부장은 신 부장과 팀원들의 조언에서 결정적 힌트를 얻어 본사 개발팀과 협력, 제품개발에 성공하였고 액션러닝 기간 동안 파일럿 테스트까지 마쳤다.

1년 후 해오름 화학회사에서 김 부장이 개발한 고부가가치 바닥재 제품의 예상 매출액은 무려 200억 원에 달했고 예상 순이익은 전체 매출액의 30%에 달했다. 단일 제품으로 이만한 성과를 올린 것은 누구도 예측을 하지 못한 일이었다. 또한 무엇보다 이 성과가 값진 이유는 외국 하이테크 회사들이 시장을 독식하고 있다시피 했던 상황에서 우리 힘으로 고부가가치 제품을 상용화했다는 데 있다.

만약 이때 김 부장이 건축 바닥재와 화장품은 분야가 다르다는 이유로 조언을 흘려들었거나 신 부장이 자기는 화장품에 관련된 일을 하니까 김 부장의 고민과는 무관할 것이라는 소극적인 태도로 일관했다면 문제는 계속 해결되지 않은 채 남아 있었을 것이다. 그러나 오픈그룹 프로그램에 참여한 이들 팀원은 모두가 서로의 말을 주의 깊게 경청하여 최고의 성과를 이끌어낼 수 있었다.

오픈그룹 프로그램 사례 ②
한국 기업 중공업 사업부의
황 과장 이야기

2002년도부터 2007년까지 승격후보자 과정에서 액션러닝을 실시한 한국 기업은 인사고과 점수가 아무리 좋아도 액션러닝에 참여하지 않으면 승격대상자 심사에 이름을 올리지 않았다. 중공업, 화학, 컴퓨터, 무역 등 30여 개의 사업 부문으로 구성된 이 회사는 과장 후보자가 1년에 최소 100명에서 최대 200명 정도였다.

상황이 이렇다 보니 특정 사업 부문 또는 특정 팀에 액션러닝 팀 구성의 적정 인원인 5~6명의 과장 승격후보자가 존재한다는 것은 현실적으로 불가능했다. 즉 싱글 프로젝트 프로그램으로는 액션러닝을 할 수 없다는 이야기이다. 경 교수는 이러한 회사의 특성을 감안하여 오픈그룹 프로그램 방식으로 액션러닝을 실시하기로 하고 학습 팀 미팅을 2주에 1회로 잡았다. 회당 미팅 시간은 4~6시간, 3개월짜리 프로그램이었다.

그중 한 오픈그룹 팀의 일원인 황 과장은 풍력 발전기 모터를 설계하는 부서의 엔지니어였다. 오리엔테이션을 마친 후 팀원들의 면면을 확인한 황 과장이 경 교수에게 물었다.

"교수님, 이 프로그램은 학습자들이 서로 조언이나 정보를 주고받을 수 있는 프로그램이라고 하셨는데, 여기 모인 분들은 제 업무와는 전혀 상관이 없는 제가 하는 일에 대해서도 아무것도 모르는 분들입니다. 그런데 어떻게 프로그램을 같이 할 수 있다는 말입니까?"

경 교수는 석연찮은 표정을 짓고 있는 황 과장에게 이렇게 되물었다.

"황 과장님이 지금 하고 계신 업무 중에서 그 업무에 대해 전혀 문외한인 사람들의 도움을 받아서 할 수 있는 것에는 어떤 것이 있을까요?"

황 과장은 한참을 생각하고 난 후 뭔가를 떠올렸다.

"제가 지금 어떤 모터를 설계하고 있는데 설계 절차에 대한 매뉴얼을 만들어보면 어떨까요?"

경 교수는 황 과장의 제안을 흡족하게 받아들였다. 사실 매뉴얼이란 것은 그 분야에 대해 잘 모르는 사람도 따라할 수 있게 만들어야 한다.

"황 과장님, 저는 학교에서 경영학을 가르치는 사람입니다. 우선 저를 이해시키면 다른 사람들도 과장님이 설계하신 모터의 매뉴얼을 이해할 수 있을 겁니다."

경 교수는 황 과장에게 일단 자신을 이해시켜보도록 했다.

"그게, 그렇게 되나요?"

황 과장이 고개를 갸우뚱하더니 결심한 듯 입을 열었다.

"네, 일단 한 번 해보겠습니다."

약속대로 황 과장은 첫 미팅 때 매뉴얼을 작성하여 가져왔다. 그러나 경 교수는 물론 팀원 가운데 그 누구도 그 내용을 이해하지 못했다. 황 과장의 업무 내용을 잘 모르는 것도 이유라고 할 수 있겠지만 전문 용어의 약자가 많은 게 더 큰 이유였다. 게다가 황 과장은 자기 머릿속에 업무 내용을 다 꿰고 있기 때문에 매뉴얼을 작성할 때 몇 단계를 그냥 건너 뛰어도 눈치채지 못한 듯 보였다. 결과적으로 그 매뉴얼은 엉성했다.

"이게 전부 무슨 말이에요?"

"이건 왜 여기서 여기로 가는 거죠?"

팀원들의 질문이 쏟아지기 시작했다. 팀원들 앞에 놓인 매뉴얼은 다른 사람들은 몰라도 황 과장 자신만은 너무나 잘 아는 내용으로 채워졌을 터였다. 황 과장이 보기에는 누구나 알고 있는 것이라 생각되어 굳이 설명할 필요를 못 느끼는 부분에 대해서도 팀원들은 꼬치꼬치 질문을 던지곤 했다. 그들의 질문에 일일이 대답하느라 진땀을 흘리던 황 과장은 마침내 자신의 매뉴얼에 문제가 있음을 깨달았다.

이른바 '지식의 저주'라는 말이 있다. 정보든 방법이든 어떤 사실을 알고 있는 사람은 그것을 모르고 있는 사람의 심정을 죽었다 깨어나도 이해할 수 없다는 이야기다.

당시 상황에서 황 과장이 그런 경우였다.

황 과장은 팀원들의 계속되는 질문에 답하기 위해 약자는 풀어쓰고 자신이 설계하는 모터의 각 단계별 고려사항에 대한 체크리스트를 만들어 한 단계도 건너뛰지 않고 꼼꼼하게 다시 작성했다.

풍력 발전기에 사용될 모터를 설계하는 작업은 몹시 복잡하고 어려운 단계를 거쳐야 하기 때문에 최소한 2년은 걸리는 큰 작업이다. 그렇기에 황 과장이 이때 만든 매뉴얼은 초반 작업에 불과했지만 액션러닝 프로그램 기간인 3개월 동안 이룬 성과치고는 꽤 만족할 만한 수준이었다.

아무튼 엉성했던 매뉴얼의 기초가 탄탄해진 것은 순전히 팀원들의 질문 덕택이었다. 황 과장은 이 매뉴얼을 토대로 하여 2년 동안 풍력기 모터 설계에 매진한 결과 마침내 완성된 매뉴얼을 선보일 수 있게 되었다.

황 과장의 매뉴얼은 2메가와트급 발전기 모터에 관한 것이었는데 설계가 모두 끝나가던 시점에서 750킬로와트급의 모터 하나를 추가로 수주받게 되었다. 그런데 이후에 놀라운 일이 벌어졌다. 750킬로와트급 모터를 설계하는 데 소요된 기간이 불과 2개월밖에 걸리지 않았던 것이다.

2년 뒤에 경 교수가 황 과장을 찾아갔다.

"2메가와트에 비하면 750킬로와트짜리 모터는 훨씬 더 작은 건데, 이번에 2개월에 완성하신 750킬로와트급 모터가 용량이 적기 때문에 설계 기간이 그렇게 대폭으로 줄어든 건가요?"

"교수님께서 잘 모르셔서 하시는 말씀인데요. 발전기 모터라는 것은 용량과 관계없이 들어가는 부품의 수가 같기 때문에 크기와는 관련이 없습니다."

"와우, 그렇다면 이건 정말 대단한 성과군요! 그 비결이 뭔가요?"

경 교수의 질문에 황 과장은 만면에 웃음을 지어 보였다.

"이게 다 액션러닝 기간 중에 만든 매뉴얼 덕분이지요."

황 과장은 그때의 경험을 거울삼아 체크리스트 만드는 습관을 들였고, 그 결과 자동으로 실수가 줄어들어 2개월 만에 작업을 마칠 수가 있었다고 대답했다.

풍력 발전기의 핵심 부품 중에 모터만큼 중요한 감속기라는 것이 있다. 한국 기업은 당시 감속기 설계를 외국의 컨설팅 회사에 의뢰하고 있었는데 그 비용이 자그마치 30억 원이었다. 만약 감속기 분야에 황 과장처럼 열정적인 인재가 있었더라면 그 비용은 고스란히 회사의 수익으로 남아 있었을 것이다. 감속기나 모터나 기술적인 면에서 복잡한 건 거의 비슷한 수준이기 때문이다.

"저는 액션러닝을 하면서 너무나 많은 것을 배웠습니다."

황 과장은 좋은 기회를 주어 고맙다는 말을 하며 이 학습 과정을 통해서 또 하나의 비전이 생겼다고 덧붙였다.

"앞으로 이 매뉴얼을 더욱 발전시켜서 생산 현장의 작업자들도 그대로 따라하기만 하면 풍력 발전기 모터를 설계할 수 있을 만큼 완벽한 매뉴얼을 만들고 싶습니다."

오픈그룹 프로그램 사례 ③
진선미 기업 섬유 부문의
박 대리 이야기

박들꽃 대리는 고부가가치 섬유를 생산하는 진선미 기업의 인재 양성 교육 프로그램의 의무과정으로 액션러닝에 참여했다. 학습팀은 6명으로 구성되었고 기간은 12주, 프로그램은 팀원 각자가 개인의 과제를 수행하는 오픈그룹 프로그램 방식으로 진행되었다.

액션러닝 프로그램 시행 당시 진선미 기업은 고탄력 섬유를 만들어내는 생산공정 중 특정 공정의 공정 불량률이 10%가 넘는다는 고질적인 문제를 안고 있었다. 공장에서 품질관리 업무를 담당하는 박 대리는 이 문제를 직접 해결하여 불량률을 제로화시킨다는 야심찬 목표를 갖고 첫 시간부터 대단한 열성을 보여주었다.

자신의 과제와 관련된 준비도 철저히 해왔다. 각 공정의 사진과 평면도, 불량공정의 결과물에 대한 자료는 물론, 나름대로 원인을 분석

해놓은 자료들을 낱낱이 제시하며 협조를 구하는 박 대리의 열성적인 모습에 팀원들도 혀를 내두르지 않을 수 없었다. 팀원들 가운데 섬유에 대해 아는 사람은 한 명도 없었다. 그래도 팀원들은 최선을 다해 자신이 아는 것들을 풀어놓았다. 그중 결정적인 아이디어를 제공한 사람이 페트병을 생산하는 업무에 종사하는 정 대리였다.

"잠깐만요, 공장에서는 이런 문제가 나타났을 때 어떤 식으로 처리를 하던가요?"

정 대리는 박 대리의 이야기를 유심히 듣고 이것저것 질문을 하기 시작했다. 그는 박 대리가 그림까지 그려가면서 설명을 해주자 또 다른 문제를 제기했다. 경 교수는 물론 그 자리에 있던 그 누구도 알아듣지 못하는 이야기였지만 두 사람의 대화는 진지하기 그지없었다.

"그러지 말고 우리 다 같이 공장에 한 번 가보는 건 어떨까요?"

현장조사를 해보자는 경 교수의 제안에 박 대리가 반색을 했다. 다행히 진선미 기업의 생산 공장은 인재개발원과 가까운 곳에 있었다. 박 대리의 열정에 감동한 팀원들도 적극 찬성하였다. 경 교수를 포함한 6명의 현명한 질문자들이 박 대리 프로젝트의 막강한 지원자로 나선 것이다. 비록 전문적인 지식은 부족하지만 그들 모두는 액션러닝 학습을 통해서 현장을 직접 눈으로 확인하면 뭔가 실마리를 찾을 수 있을 거라는 믿음을 갖게 되었다.

팀원들은 현장에서 보고 느낀 궁금한 점이나 아이디어를 포스트잇에 적어서 전해주었고 그것들은 하나도 빠짐없이 박 대리의 다이어리에 옮겨졌다.

팀원들은 공장에 다녀온 뒤에도 각자 떠오르는 생각이 있으면 아무리 사소한 것이라도 포스트잇에 써서 박 대리에게 전했다. 팀원들의 의견이 적힌 포스트잇은 박 대리의 보물1호였다. 나중에는 그 숫자가 너무 많아서 다이어리가 꽉 찰 지경이었다. 박 대리는 그것을 사무실 파티션에 붙여 놓고는 공장에 갈 때마다 쭉 한번 훑어보고는 했다.

그렇게 1년 이상 고민하고 여러 가지 시도를 한 끝에 박 대리는 결국 엄청난 성과를 올렸다. 10% 이상이었던 공정 불량률을 0.003% 이하로 떨어뜨린 것이다. 이 정도면 거의 무시할 수 있는 수준이다.

그전까지 진선미 기업은 불량제품 처리를 전담하는 직원을 1교대당 2명씩, 3교대로 총 6명을 배치했지만, 박 대리가 그 문제를 해결하자 현장에 있을 필요가 없어져 다른 공정에 전환 배치되었다.

박 대리는 과장으로 승진하여 본사 품질 기획팀으로 발령이 났고, 3년 후 진선미 기업은 중국에 스판덱스 생산 공장을 새로 설립하면서 박 대리가 제안했던 대로 라인을 설치하기로 결정하고 실행에 옮겼다. 진선미 기업의 결산 결과 박 대리가 문제의 공정을 해결함으로써 얻은 경제적 순이익은 자그마치 약 100억 원이나 되는 규모였다.

아무리 똑똑한 사람도 혼자서 모든 일을 해결하려고 들면 자기만의 생각에 갇히기 쉽다. 액션러닝이 타 방법과 차별화되는 가장 큰 특징은 타인의 질문과 아이디어를 진지하게 경청함으로써 발상의 전환이 이루어진다는 점이다. 그리고 이것은 오픈그룹 프로그램이라는 독특한 방식이 갖는 최대의 강점이기도 하다.

경교수의 **One Point Lesson • 5**

오픈그룹 프로그램 운영방법

학습팀 미팅 운영방법

오픈그룹 프로그램은 학습팀원이 4명일 경우에는 4개의 과제가 있고, 5명이면 5개, 6명이면 6개······ 이런 식으로 팀원 수에 따라서 과제의 개수가 동일하게 존재한다. 액션러닝의 발상지인 영국을 비롯한 많은 유럽 국가들에서 활발하게 운영되고 있는 오픈그룹 프로그램은 한 학습팀의 팀원들이 서로 다른 조직으로부터 모일 수도 있지만, 가장 일반적인 팀 구성 방법은 같은 회사 내에서 업무가 다른 5~6명이 팀을 이루는 것이다.

오픈그룹 프로그램의 가장 큰 특징은 팀원 각자가 과제에 대한 발표를 하고 피드백 시간을 운영하는 것이다. 과정에 따라 다를 수는 있지만 오픈그룹 프로그램을 많이 진행하는 기업의 아젠다(Agenda,

표준시간표)는 다음과 같다.

09:00~09:20	아이스 브레이크와 그라운드 룰 결정
09:20~10:10	제1발표자
10:20~11:10	제2발표자
11:20~12:10	제3발표자
13:30~14:20	제4발표자
14:30~15:20	제5발표자
15:30~16:20	제6발표자
16:40~17:30	성찰과 다음 미팅 준비

즉 학습팀 미팅에서 6명의 팀원 각각에게 50분간의 시간이 배정되는데, 각각의 팀원들은 자신에게 주어진 이 시간에 자신의 과제, 이에 대한 현재 상황, 그동안 추진했던 내용, 애로사항 등을 발표한 다음 팀원들로부터 도움 받고 싶은 내용을 요청하는 것이다.

팀원들은 발표자가 제기한 문제를 새로운 시각에서 조명할 수 있도록 '엉뚱한 질문', 또는 '신선한 질문'을 던지고 자신의 경험과 지식, 정보 등을 총동원하여 발표자의 고민을 해결하는 데 실질적으로 도움이 될 만한 조언을 제공한다. 이를테면 앞에서 사례로 들었던 수선화 보험회사의 오픈그룹 프로그램의 경우, 한 팀원이 '변호사 시장 신규 개척'을 과제로 선정하고 이에 대한 도움을 요청하자 나머지 팀원들이 자기가 알고 있는 변호사를 소개시켜준다든지, 자신이 경험했던 변호사들의 성향과 전형적인 보험 관련 요구사항, 자신의 경험을 토대로 터득한 변호사 시장 개척 시의 추진 단계와 단계별 유의사항 등을 매우 구체적으로 설명해준 것이다.

마지막으로 발표자는 팀원들의 조언을 토대로 하여 다음 미팅 때까지 실천할 사항을 정리하고 실천의지를 다진다.

2차 미팅 시점부터의 프로세스

발표자는 다음 미팅 때까지 팀원들의 질문과 조언을 듣고 자신이 실천한 내용을 구체적으로 볼 수 있도록 자료를 준비하고, 그 조언을 실천하는 과정에서 발생한 애로사항, 현재 극복했거나 향후 극복해야 할 문제점, 이에 대해 팀원들로부터 조언 받고 싶은 사항 등을 구체적으로 기록하여 다음 미팅 때 발표자료로 삼는다.

■ 개인별 발표자료 양식과 작성 예시

팀 : ○○○○○	성명 : ○○○	과제 : ○○○○○○ 활성화
지난 2주간 (10. 1 ~ 10. 13) 추진한 내용	1. 현재 고객별 BIZ 진행현황 취함 2. A用 QQ leaflet 완성(지원팀 협조) 3. A用 QQ 시장 전담을 위한 팀장/팀원 합의	
애로사항 / 장애요인	극복한 내용 / 극복할 내용	
1. 사업부 조직개편(시장개척팀 신설)으로 개인과제 향후 진행 여부 불투명 및 인수인계로 업무 폭주 2. 지역별 판매 담당의 관례화로 타 팀원들의 이해 3. 기술서비스 전담 사원 변경	**극복한 내용** 1. 기존 담당지역에서 ○○○업체 개발 활동 및 안정적인 판매 달성을 강조, 계속 본인 팀에서 담당할 수 있도록 팀장 설득 2. 후임 팀원들과 개인적인 술자리 마련으로 본인의 과제 및 계획을 설명하고 양해를 구함 **극복할 내용** 1. 신임 팀장에게 본인 과제 중요성 이해와 지원 유도 2. 고객과 기술회의 및 테스트를 진행할 수 있는 ○○ 능력 배양	

향후 2주간 추진할 내용	다른 팀원들로부터 조언 받고 싶은 사람
1. 홍콩지점 ○○○ Meeting(10.14) • ○○○업체 BIZ 방안 교육 및 향수 계획 논의 • ○○○생산 기계업체(C사) 중국 대리상 접촉 방안 강구 • 중국 남방지역 Prospects 발굴 계획 수립 2. 독일 K-fair(플라스틱 산업 전시회) 참가 (10.19~10.25) • 기계생산업체 발굴 및 네트워크 형성 • ○○○ 생산업체(Prospects) 발굴	1. 국제 전시회 참가 경험담 2. FDA 및 위생 인증관련 know-how 3. 최근 행상운임 동향 및 ○○○○년 예상 운임

  팀원들은 발표자의 과제 해결에 도움이 될 만한 구체적 정보나 아이디어, 질문 등을 포스트잇에 적어 효과적인 피드백이 이루어지도록 한다. 이때 러닝코치는 과제의 내용에 대해서는 절대 개입하지 않는다. 그 대신 모든 학습자들이 화기애애한 분위기에서 서로를 실질적으로 도울 수 있는 방법을 조언하며, 학습팀 미팅을 통해 배우고 느낀 점들을 보다 구체적으로 정리할 수 있는 성찰의 기회와 방법을 제공한다.

  미팅의 횟수와 간격은 제한이나 기준이 있는 것은 아니지만 유럽에서는 월 1회, 회당 1일(8시간), 8~9개월의 프로그램이 일반적이며, 한국에서는 2~3주당 1회, 회당 4~6시간, 3~5개월로 운영하는 프로그램이 가장 많은 것으로 보인다. 2차미팅부터 마지막 차수까지의 미팅은 앞에서 설명한 방식을 반복하며 마지막 미팅에서는 보다 많은 시간을 할애하여 과정 전체에 대한 심층적인 성찰을 실시하는 것이 바람직하다.

■ **포스트잇을 활용한 피드백**

> To. _____ 님
>
> ▶ **과제 해결에 도움이 될 구체적 정보**
> • 과제 관련 사내외 전문가(이름, 부서, 연락처)
> • 과제 관련 도서
> • 과제 관련 웹 사이트
>
> ▶ **과제를 새로운 시각에서 볼 수 있도록 자극하는 질문**
>
> ▶ **효과적 과제 해결을 위한 Hints, Tips, Ideas, ……**
>
> ▶ 문제 해결에 대한 불타는 열정을 가지고 끝까지 최선을 다해서
>   뜻하시는 바를 반드시 성취하시기 바랍니다.(X)
>
> **From** ○ ○ ○
> (010-123-4567)

이런 말은
피드백에
도움이 안 됨

오픈그룹 프로그램은 영업, R&D 등 업무 자체가 개인 단위로 이루어지거나 학습팀원들의 성향이 독립심이 강할 때 효과적이다. 또한 그룹 인재개발원 등 스폰서십을 구하기 어려운 경우에도 효과를 볼 수 있다.

Chapter6

5차 학습팀 회의 : 자체 미팅

몸으로 가설을 검증하라

하늘기업 해바라기팀의 액션러닝

여섯 번째 이야기

워크숍 이후 명민한에게는 뜻밖의 소득이 있었다. 통신기기 박람 회장에 갔다가 우연히 마주친 고용진 전무로부터 디지털 TV 분야 국 내 최고 전문가로 통하는 최고봉 교수를 소개받게 된 것이다.

"뭐 도와줄 건 없나?"

처음 고 전무가 과제 이야기를 꺼냈을 때만 해도 큰 기대는 하지 않았다. 그런데 명민한이 전문가 인터뷰 이야기를 꺼내자 고 전무가 반색을 하며 명함 한 장을 건네주었다.

"디지털 TV 업계에 대해서는 미래 대학에 있는 최고봉 교수가 많 이 알고 있는 것 같던데 한번 연락해보게."

최고봉 교수에 대한 기사는 명민한도 읽어본 적이 있다. 알고 보니 그는 고 전무의 대학 후배였다. 다른 팀원들은 개별 인터뷰 일정이 잡혀 있었고 명민한은 원이상 부장과 함께 미래대학으로 향했다.

원 부장은 평소 따지기 좋아하는 성격을 십분 발휘하여 최 교수를 만나 구석구석 문제의 핵심을 파고들었다. 최 교수 또한 상대가 하늘기업 직원들이란 사실을 알고는 대하는 태도가 남달랐다. 덕분에 그들은 지난번 집중 워크숍에서 수립한 가설의 상당 부분이 빗나갔다는 사실을 알게 되었다.

타사에 비해 방송 채널이 다양하지 못한 게 약점이라고 생각했던 명민한은 최고봉 교수를 만나고 난 뒤 꼭 그렇지만은 않다는 사실을 알게 되었다. 나팔꽃 사의 경우 채널 수는 즐거운 TV와 비슷하지만 이미 가입자가 100만 명에 육박하는 수준인 반면, 하늘기업처럼 가입자 확보에 열을 올리고 있는 찔레꽃 사는 기존 디지털 TV 업체들에 비해 서비스 채널이 많다는 걸 강점으로 홍보하고 있었다. 문제를 깊이 파고들면 들수록 어떤 것이 강점이고 약점인지 쉽게 구분이 되질 않았다.

다음 학습팀 회의를 일주일 앞두고 주 팀장으로부터 연락이 왔다.

"아무래도 우리끼리 따로 미팅을 가져야 할 것 같습니다."

금요일 오후, 해바라기팀은 회사 근처 커피숍에서 모임을 가졌다.

"다음 주가 스폰서 미팅인데 걱정이네요. 고 전무님 성격 깐깐하기로 소문난 양반인데 우리가 이렇게 헤매는 모습을 보여드릴 순 없잖습니까?"

주 팀장 말대로 깐깐한 고 전무를 실망시키지 않으려면 이대로는 곤란할 것 같다.

"맞아요. 경 교수 말대로 과제를 어떻게 요리할 건지 우리끼리 방안을 만들어야 합니다."

남 부장이 말했다.

팀원들은 다들 수긍하며 고개를 끄덕였다. 잠시 침묵이 흘렀다. 액션러닝을 시작한 지 1개월이 넘어가는 지금까지 3차에 걸쳐 학습팀 미팅을 하고 지난주에는 1박 2일 집중 워크숍까지 다녀오긴 했지만 러닝코치 없이 팀원들끼리만 회의를 하려니 분위기가 어색해질 수밖에 없다.

"우리끼리 하는 미팅이지만 어차피 회의를 하려면 절차라는 게 있어야 하고 사회자도 필요한데 우리도 경 교수가 했던 것처럼 회의를 진행하면 어떨까요?"

원 부장의 제안이다.

명민한은 무조건 찬성이었다. 안 그래도 영업1팀 회의시간에 실습을 한번 해보려던 참이다. 다른 팀원들도 적극 동의했다.

그로부터 일주일 후 해바라기팀은 본사 회의실에서 자체 미팅을 가졌다. 지난 금요일 회합에서 정한 순서에 따라 5차 학습팀 회의의 사회는 나 부장이 맡았다.

"저더러 사회를 보라고 하셔서 예습 좀 했습니다. 여러분들도 비슷한 생각을 하셨겠지만 업무상 필요한 팀 회의를 할 때에도 이 방법을 쓰면 좋겠다고 느꼈죠. 그런데 막상 배운 대로 해보려고 했더니 아무것도 생각이 안 나는 겁니다."

사회자인 나 부장이 아젠다에 액션러닝식 과제수행 프로세스에 대한 복습 시간을 끼워 넣은 이유를 설명하며 팀원들의 양해를 구했다.

■ 해바라기팀 5차 회의 : 자체 미팅

13:00~13:05	아이스 브레이크
13:05~13:10	아젠다 설명 및 합의
13:10~13:20	액션러닝식 과제수행 프로세스 복습
13:20~14:30	가설검증 결과 검토 및 시사점 도출
14:40~15:10	과제 해결 핵심질문 결정
15:10~15:40	향후 추진계획 수립
15:50~16:20	고 전무님 예상 질문 및 모범답안 작성
16:30~17:00	중간보고 장표 초안 작성 및 역할 분담
17:10~17:30	차기 미팅 아젠다 결정 및 준비사항 점검
17:30~17:50	성찰

회의운영에 대한 부담이 컸던지 나 부장은 자신이 작성한 아젠다를 미리 이메일로 보내 경 교수에게 자문을 구했던 모양이다. 차기 미팅 아젠다 결정 등 몇 가지 보완 사항을 말해주고 나 부장이 3시간으로 정했던 미팅 시간을 4시간으로 조정해준 것도 경 교수라고 했다.

사회자의 아젠다 설명에 이어 팀원들은 눈치 게임과 팀 구호를 외치는 것으로 간단한 아이스 브레이크 타임을 가졌다. 어색했던 분위기가 한결 가벼워졌다. 그라운드 룰에 '1인당 1회 발언시간 3분으로 제한'이란 규칙을 추가했다. 시간 배분을 엄격하게 한 것은 아무래도 경 교수 없이 하는 회의이니만큼 좀 더 효율적으로 진행하기 위한 일종의 포석인 셈이다.

회의장 탁자 위에는 모래시계 두 개가 놓여 있었다. 모래시계는 발언시간을 정확히 지키기 위한 효과적인 도구로 쓰인다. 나 부장은 그 모래시계들을 팀원들이 다 볼 수 있도록 탁자 가운데로 옮겨 놓았다.

"지난 회의 때 수립한 가설검증 결과에 대해 발표해주십시오."

사회자의 주재로 본격적인 토론이 시작되었다.

"가입비가 타사에 비해서 조금 높은 게 약점인 줄 알았더니 서비스 질을 따져보면 꼭 비싼 것만은 아니더군요."

"저는 그동안 광고에 소홀했던 게 문제라고 생각했는데 우리가 경쟁사만큼 광고비를 안 쓴 것도 아니란 사실을 알고 깜짝 놀랐습니다."

팀원들은 돌아가면서 3분씩 자신의 조사 결과를 이야기하고 앞으로 풀어야 할 문제점을 포스트잇에 적었다. 이야기를 들어보니 다른 팀원들도 적잖이 충격을 받은 듯했다.

"고 전무님께서 이번 과제 분석에서 가장 중요한 건 고객의 요구사항에 포커스를 맞추는 것이라고 했잖습니까? 지금부터는 고객의 선택 기준에 대한 의견을 말해주십시오."

학습팀 회의를 처음 주도하는 사람 같지 않게 나 부장은 노련한 진행 솜씨로 팀원들의 적극적인 참여를 이끌어냈다.

"저희 친척 중 한 사람이 찔레꽃 사 상품을 쓰고 있는데 눈이나 비가 올 때는 물론 바람만 세게 불어도 수신이 끊겨서 보통 짜증나는 게 아니랍니다. 소음도 장난 아니게 들리고 화면이 일그러져서 중요한 경기장면을 놓칠 때도 있다고 말입니다."

"찔레꽃 사 상품은 다른 회사에 비해 가입비도 좀 비싸지 않습니까?"

원이상 부장의 말을 나 부장이 받았다.

"많이 비싼 건 아니고 몇천 원 차이인데 광고 효과 때문인지 디지털 TV하면 그 회사 상품을 떠올리는 사람들이 많더군요."

"아, 그 유명 가수가 나오는 광고요?"

찔레꽃 사 상품이라면 광고에 나온 가수의 광고 멘트가 유행어가 되는 바람에 고객 인지도 확보에 성공한 상품이다.

검토 결과 '참'으로 판명된 가설은 총 15개 중 5개에 불과했다. 3개는 거짓으로 결론이 났고 7개는 부분적으로는 맞지만 일부분에서 결정적인 오류가 있음이 밝혀졌다. 경 교수는 액션러닝은 머리로 하는 게 아니라 몸으로 하는 것이라고 했다. 시간이 갈수록 해바라기 팀원들이 절실하게 공감하게 된 말이다.

시장은 유동적이고 고객의 입맛은 갈수록 까다롭게 변한다. 그러나 분명한 사실은 시장이 있는 곳이면 어디나 파이가 존재한다는 것이다. 고객의 입맛이 까다롭기는 하지만 맞추기 나름이다. 타사 상품과 즐거운 TV의 장단점을 면밀히 분석해본 결과 특별히 어느 회사 상품이 절대적 우위에 있다고는 볼 수 없었다. 이번 회의에서 도출된 시사점은 크게 3가지로 압축되었다.

1. 상품의 기능 및 스펙 등 객관적 사실
2. 이 상품을 구매함으로써 누릴 수 있는 고객들의 실질적 혜택
3. 타사 상품과 비교했을 때 즐거운 TV의 구체적 강점

명민한은 문득 미래 대학 최고봉 교수에게 들었던 이야기가 떠올랐다. 최 교수는 이 부분에 대해서 매우 의미 있는 조언을 해주었다. 그는 1번과 2번 항목에 대해 각 회사는 수십 혹은 수백 가지 사항을 내세우지만 고객들은 무조건 그 숫자가 많다는 사실만으로 동요하지는 않는다고 말했다. 그들은 자신이 끌리는 몇 가지 결정적인 요소에 의해서만 움직이기 때문이다.

최 교수는 이 경우 1번과 2번 항목에 해당되는 사항들은 고객의 주관적 취향이나 판단에 의한 취사 선택이 가능하기 때문에 무턱대고 장점을 나열하는 방식의 전략은 설득력이 떨어진다고 덧붙였다.

3번 항목 또한 함정은 있다고 했다. 고객 입장에서 가격은 일반적인 선택의 기준은 될 수 있지만, 즐거운 TV의 경우 타사 상품에 비해 가격 경쟁력이 딱히 유리하다고는 할 수 없는 상황이다. 그렇다면 이런 경우에는 고객에게 어떠한 점을 어필해야 하는가? 고객의 입장에서 딱히 "이거다." 하고 선택할 만한 기준이 없을 때 승패를 결정짓는 건 상품의 소구 포인트를 정확히 잡아주는 일이다. 해바라기 팀원들은 이 모든 유의사항들을 염두에 두면서 과제 해결을 위한 핵심 질문을 작성했다.

1. 단기간 내에 기업 고객과 계약을 체결하기 위해 우리는 무엇을 어떻게 하는 것이 좋은가?
2. 고객사의 키맨(Key Men)에게 우리 회사 상품을 효과적으로 어필하려면 어떤 방법이 가장 좋을까?

3. 예상치 못한 고객사의 요구사항이 계약의 걸림돌로 작용할 경우 우리는 어떤 대응을 할 수 있을까?

　　팀원들은 NGT를 기본으로 하여 자유로운 대화와 브레인스토밍을 하면서 3가지 핵심 질문에 대한 아이디어들을 정리한 다음, 다시 그 내용을 정교하게 다듬고 향후 추진계획을 수립하였다.

　　"타사 상품에 대한 고객 불만 사례부터 조사해보는 겁니다. 그럼 진짜 중요한 요구사항이 어떤 건지 구체적으로 알 수 있지 않겠습니까?"

　　주 팀장 말에도 일리가 있다.

　　"시간도 없는데 설문조사는 힘들지 않을까요? 요즘 우리 부서는 신제품 개발 건으로 정신이 없어서요."

　　원 부장이 난색을 표했다. 현업이 바쁜 건 다른 팀원들도 사정이 비슷했다. 명민한의 영업1팀만 해도 요즘 휴대폰 단말기 판매 경쟁이 붙어서 초비상 사태다. 공교롭게도 경쟁사 신제품 출시와 시기가 맞물려 있는데다 성능이나 가격 면에서도 별 차이가 없기 때문에 순전히 영업력으로 승부를 걸어야만 하는 상황이다.

　　아이디어는 좋은데 문제는 그 방법이다. 이때 명민한에게 반짝 떠오르는 생각이 있었다. 시간관계상 고객들을 직접 만나는 건 불가능하지만, 그 대신 타사 홈페이지나 인터넷 블로그 등을 검색해보면 객관적인 사례 수집은 될 것 같았다.

　　"명 부장님 의견에 저도 동의합니다. 기업 홈페이지는 고객 민원실 내지는 불만 성토장 같은 곳이니 고객들의 생생한 목소리를 듣기에는 제격이죠."

팀원들도 대체로 찬성하는 분위기다.

나 부장은 고 전무와의 미팅에 대비한 예상 질문과 모범답안 작성을 미리 준비한 플립 차트에 양식으로 그려서 NGT로 하자며 노련한 진행솜씨를 발휘했다.

"이거 다 경 교수님한테 코치 받은 겁니다."

팀원들이 감탄하자 나 부장이 쑥스럽다는 듯 말했다. 명민한은 학습팀을 위한 경 교수의 치밀한 배려에 또 한 번 놀라지 않을 수 없었다. 중간보고 장표는 그동안 만들어두었던 차트들을 활용하기로 손쉽게 의견이 모아졌다. 블랭크 차트의 위력이 새삼 확인되는 순간이다.

과제 추진 세부일정 계획에 몇 가지 변동사항이 있었지만 팀원들은 타사 홈페이지 검색에 대한 역할 분담을 마치고 경 교수에게 배운 대로 그날 회의 결과에 대한 성찰을 마친 후 만족스럽게 회의장을 나섰다.

러닝코치 없이 팀원들끼리 갖는 회합이라 자칫하면 자기 의견을 드러내기에 급급하거나 중구난방식 잡담 수준에 그쳤을 수도 있었다. 그럼에도 회의가 순조롭게 끝난 것은, 이제 웬만큼 액션러닝 방식의 회의운영 기술에 익숙해졌기 때문이다. 얼마 전까지만 해도 그저 아는 사람 정도에 불과했던 팀원들이 이제는 모두 친구가 된 느낌이다.

"이렇게 체계적으로 틀을 짜서 회의를 운영하니까 집중도 잘 되고 비로소 우리가 한 팀이라는 느낌이 드네요."

저녁 식사를 위해 식당에 들어서면서 나명석 부장이 한 말이다.

"네, 그래서 우리 생산기술팀도 이 방법을 활용해서 회의를 해볼 생각입니다."

남주남 부장이 맞장구를 치며 나 부장을 추켜세운다.

"전 오늘 나 부장님 회의 진행 솜씨를 보고 한 수 배웠습니다. 그런 의미에서 저녁은 제가 쏘겠습니다."

"칭찬 받은 제가 쏴야 되는 것 아닙니까?"

"이번에는 저에게 기회를 주시죠. 액션러닝 마칠 때까지 나 부장님이 쏘실 기회는 얼마든지 있습니다. 하하!"

워크숍 때는 잠시 의견이 달라서 티격태격했던 두 사람이 언제 그랬냐는 듯 덕담을 주고받는 모습이 보는 사람마저도 유쾌하게 했다.

"다들 수고 많았구만. 그런데 액션은 언제 할 건가?"

고 전무는 팀원들이 가져온 중간보고 장표를 세밀하게 훑어보더니 만족스러운 듯 고개를 끄덕이며 진지하게 팀원들을 돌아보았다.

"계약 말이야."

잠시 어리둥절해하던 팀원들은 비로소 정곡을 찔렸다는 느낌에 당혹스러운 표정을 감추지 못했다.

대박 증권회사의 액션러닝식 회의운영 기법
최 팀장의 리플렉션 노트

회의운영 기술은 매우 중요한 리더십 스킬에 해당된다. 경청과 칭찬, 질문이 리더와 조직원 간의 1:1 관계에서 의사소통을 위한 필수 항목이라면, 회의운영 기술은 1:多의 관계에서 필수적이라 할 수 있다.

대박 증권회사 경영지원팀을 맡고 있던 최 팀장은 액션러닝의 학습 효과를 톡톡히 경험한 사람이다. 최 팀장의 평소 회의운영 스타일은 부하직원들이 프레젠테이션을 하면 몇 가지 지적사항을 제시하는 정도에서 그치고는 했다. 그런 그가 액션러닝에서 'I AGREE 방식'의 회의운영 기법을 배우고 난 후에는 자신의 회의운영 방식에 문제가 있다는 걸 깨달았다.

부하직원 입장에서는 상급자 앞에서 개인적 의견을 발표한다는 게 여간 조심스러운 일이 아니다. 잘못하면 여러 사람 앞에서 무안을 당할 수도 있고 준비를 철저히 했더라도 입이 얼어붙어 말 한 마디 제대로 못할 수도 있다.

많은 직장인들이 자신의 의견을 말로 표현하는 데 어려움을 느낀다. 어릴 때부터 일방적인 주입식 교육을 받고 이에 길들여진 탓에 여러 사람 앞에 나선다는 게 보통 용기가 필요한 일이 아니다. 그러니 자연히 회의를 할 때도 소극적인 태도를 보이게 되고, 내세우고 싶은 주장이나 의견이 있어도 선뜻 입이 열리지 않아 눈치만 보다가 마는 것이다.

물론 반대의 경우도 있다. 회의가 생산적으로 운영되려면 자신의 의견을 말하는 것 못지않게 남의 말에 진지하게 귀를 기울여주는 경청의 자세가 중요하다. 하지만 많은 사람들이 이러한 사실을 알면서도 막상 그런 자리가 만들어지면 다른 사람 말을 듣는 일에 매우 소극적이거나 인색한 모습을 보이고 자기 할 말만 두서없이 떠든다. 결국 시간은 한정 없이 흘러가는데 회의는 알맹이 없이 끝나고 마는 경우가 비일비재한 것이다.

이렇듯 비생산적인 회의에 익숙해 있던 최 팀장은 액션러닝에 참여했다가 경 교수로부터 자신이 배운 것을 현장에 적용해보고 그 결과를 발표하라는 숙제를 부여받았다. 그래서 숙제도 할 겸 경영지원팀 전 직원을 대상으로 열리는 회의를 'I AGREE 방식'으로 진행하기로 했다.

꼼꼼히 아젠다를 짜고 회의준비를 나름 철저히 하면서도 최 팀장은 막상 회의가 시작되기 전까지는 정해진 시간 안에 원하는 결과를 얻을 수 있을지 의구심을 떨치지 못했다. 그러나 일단 해보기로 결심한 이상 자신부터 솔선수범하여 경직된 회의 분위기를 개선해보기로 목표를 세우고 회의를 진행하였다.

■ **Agenda**

일시	2010년 7월 2일 15:45~17:00
대상	경영지원팀 전 직원
내용	경영지원팀 문제점 도출을 통한 개선 과제 선정이란 주제로 I AGREE 방식의 회의 진행 • 아이스 브레이크(초성 게임 진행) • 문제점 도출을 통한 개선 과제 선정 • 개선 과제에 대한 해결방안 도출을 위한 역할 분담 • 성찰

최 팀장은 준비된 아젠다에 따라 회의를 시작하면서 아이스 브레이크를 통해 직원들이 평소의 딱딱한 분위기에서 벗어나 가볍고 즐거운 마음으로 회의에 참여할 수 있도록 유도하였다. 본격 토론에 임해서는 포스트잇을 이용하여 참석자 모두의 참여를 이끌어냈고 도출된 개선 과제에 대한 해결방안을 이끌어내기 위해 역할 분담을 할 때에도 회의가 효과적으로 진행될 수 있도록 최선을 다했다.

그 결과, 최 팀장 스스로도 놀랄 만큼 회의 진행이 빠르고 원활했으며 직원들의 자발적 참여에 큰 보람을 느꼈다. 그전까지는 구성원들끼리 의견충돌이 잦아 시간이 지연되거나 방관적 태도를 취하는 사

람들 때문에 성과가 지지부진한 경우가 많았던 것이다. 하지만 이번
에는 정해진 시간 안에 회의 목적을 90% 이상 달성할 수 있었다.

■ **최 팀장 리플렉션 노트**

적용 내용	적용 성과
I AGREE 방식으로 진행한 회의 • 일시 : 2010년 7월 2일 15:45~17:00 중회의실 • 대상 : 경영지원팀 전 직원 • 내용 : 경영지원팀 문제점 도출을 통한 개선 과제 선정이란 주제로 I AGREE 방식의 회의 진행 – 아이스 브레이크(초성게임 진행) – 그라운드 룰 – 문제점 도출을 통한 개선 과제 선정 – 개선 과제에 대한 해결방안 역할 분담 – 성찰	• 아이스 브레이크를 통한 회의 시작으로 팀원들이 가볍고 즐거운 마음으로 회의를 시작할 수 있었음 • 포스트잇을 이용하여 회의 구성원 모두의 의견 참여를 이끌어낼 수 있었으며, 이전 회의와 달리 의견충돌로 인한 시간 지연 및 회의 참여의 방관자가 없어졌음 • 멀티보팅(multi-Voting) 방법을 통해 도출된 문제의 우선 과제 선정이 원활하였으며, 정해진 시간 안에 90% 이상의 회의 목적을 달성하였음
느낀 점	개선 · 보완점
• 처음 회의를 진행하기 전에는 원하는 결과가 정해진 시간 안에 가능할 수 있을까 하는 의구심을 가졌으나 스스로도 놀랄만큼 빠른 회의 진행과 직원들의 자발적 참여를 느낄 수 있었음 • 회의 진행 시 수동적인 부분을 보이던 직원들의 회의 참여 태도의 변화를 보면서 지금까지의 일반적 회의 진행에 대해 반성을 하게 되었음	• 회의 진행자로서의 역할에 충실하려 했으나, 관행에 의해 의견을 유도하려는 경향을 보였음. 향후 재적용 시에는 좀 더 객관적으로 회의를 진행하여야겠음

경교수의 **One Point Lesson · 6**

액션러닝의 **학습효과** 극대화 방법

학습자의 문제 해결 능력과 의사소통에 액션러닝이 미치는 영향

전남대학교 간호학과 이숙자 박사는 2009년 2월 「액션러닝 프로그램이 간호사의 문제 해결 능력과 의사소통 능력에 미치는 효과」라는 제목의 학위 논문을 발표하였다. 이 박사는 본 연구를 위해 2008년 5월 26일부터 7월 18일까지 실험집단 20명, 대조집단 30명을 대상으로 액션러닝 프로그램을 실시하였다.

액션러닝 과제는 간호인계 업무 간소화를 위한 일일 병동관리 업무 정보화 제안서 및 예비 전산 프로그램 개발, 간헐적 말초정맥주입장치의 표준간호 실무지침 개발, 이렇게 두 가지였다.

5~6명이 한 팀을 이루어 총 5개 학습팀을 구성하였고 팀별 학습

기간은 8~12주 사이였다. 각 학습팀은 주당 2~3회 러닝코치가 참여하는 미팅을 가졌고 매 학습이 끝난 후에는 개별 성찰일지를 작성하도록 하였다. 또 이와는 별도로 현업에 쫓기는 팀원 간의 원활한 의사소통을 위해 팀원들끼리 이메일로 교류하면서 정보를 공유하도록 했다.

이숙자 박사가 '액션러닝 프로그램에 참여한 실험군은 대조군보다 문제 해결 능력이 더 높을 것이다'라는 가설 하에 실험군과 대조군을 대상으로 문제 명료화, 원인 분석, 대안 개발, 계획·실행력 등의 문제 해결 능력 수행평가와 의사소통 능력에 대한 수행평가를 실시한 결과 도출해낸 결론은 다음과 같다.

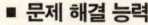

■ 문제 해결 능력

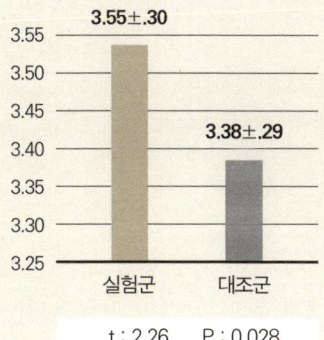

t : 2.26   P : 0.028

■ 의사소통 능력

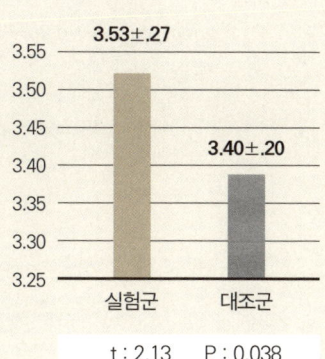

t : 2.13   P : 0.038

그래프를 통해 알 수 있는 것처럼 액션러닝에 참여한 실험군의 문제 해결 능력은 액션러닝에 참여하지 않은 대조군에 비해 높게 나타났고, 의사소통 능력 또한 실험군이 대조군보다 높게 나타났다.

단 한 번의 액션러닝 프로그램으로 문제 해결 능력이 향상된다는 것은 사실 쉽지 않은 일이다. 그럼에도 이 연구는 통계적으로 유의미한 차이를 입증했다는 점에서 중요한 가치를 부여할 수 있다.

액션러닝 과정에서 학습효과를 극대화하려면?

▌ 액션러닝의 학습공식

액션러닝의 창시자라 할 수 있는 레그 레반스(Reg Revans) 교수는 다음과 같은 학습공식을 제시했다.

> **L = P + Q**
> · P : Programmed knowledge, 구조화된 이론 지식(예 : 교과서에 나오는 지식)
> · Q : Questioning, 질문

출처 : Michael J. Marquardt, Action Learning in Action, 2000.

레반스 교수가 말하는 공식의 핵심은 이미 알고 있는 지식이 참인가에 대한 질문과 그에 대한 답을 통해 보다 완전한 학습이 일어난다는 것이다. 한편 조지 워싱턴 대학교의 마이클 마쿼트(Michael Marquardt) 교수가 제시한 학습공식은 다음과 같다.

L = P + Q + I + R
· P : Programmed knowledge, 구조화된 이론 지식(예 : 교과서에 나오는 지식)
· Q : Questioning, 질문
· I : Implementation, 알고 있는 지식의 구현
· R : Reflection, 성찰

출처 : Michael J. Marquardt, Optimizing the power of action learning, 2004.

이는 알고 있는 지식을 현장에 적용하고 이에 대해 성찰함으로써 보다 실행력이 강한 학습이 일어난다는 것이다. 이에 대한 경 교수의 주장은 다음과 같다.

L = P × Q × I × R

즉 강력하고 진정한 의미에서의 학습이 일어나려면 4가지 요소가 완전하게 갖추어져야 한다는 것이다. 왜냐하면 위의 식에 의하면 4가지 중 한 가지 요소라도 0일 경우 답은 0이 되기 때문이다.

액션러닝 과제수행 과정에서 일어날 수 있는 학습 효과는 매우 다양하다. 효과적인 팀 회의 운영 방법은 물론, 팀원들 또는 스폰서와의 의사소통 등 과제수행 과정에서 만나는 수많은 사람들과의 의사소통 방법을 체득하게 되고, 팀원들과의 중요한 의사결정을 통해 문제 해결 프로세스와 각 단계별 도구 및 기법을 활용할 수 있게 되며, 팀 내에서 일어날 수 있는 다양한 형태의 갈등을 해결하고 관리하는 방법을 익힘으로써 리더십 향상이라는 역량을 키우게 된다.

이런 의미에서 액션러닝의 과제수행 과정은 리더십을 발휘하는 과정이라고 할 수 있다. 여기에서 말하는 리더십이란 내가 원하는 방향으로 다른 사람들이 행동하도록 영향력을 행사하는 과정을 말한다.

실제로 팀 리더들이 하는 일도 액션러닝의 과제수행 과정과 다르지 않다. 즉 모든 리더들은 자기가 이끄는 팀원들이 주어진 과제를 효과적이고 효율적으로 수행하도록 영향력을 행사해야 하며, 액션러닝 과정에서 참가자들이 이러한 영향력 행사의 다양한 방법과 메카니즘을 습득할 수 있다는 측면에서 액션러닝은 리더십 트레이닝에 적합한 프로그램으로 세계적 인기를 모으고 있는 것이다.

▌액션러닝 과정 중에 학습기회를 100% 활용하는 방법

액션러닝 학습기회를 100% 활용할 수 있는 방법에는 다음 4가지가 있다.

첫째, 주의 깊은 관찰과 끊임없는 질문으로 스스로 동기를 부여한다.

둘째, 러닝코치를 벤치마킹한다. 러닝코치는 이 분야의 전문가이기 때문이다.

셋째, 학습팀에서 배우고 느낀 내용을 다음 미팅 때까지 자신의 조직, 업무에 적용해보고 궁금한 점이 있으면 러닝코치에게 질문한다.

넷째, 입사 이래 액션러닝 시작 전까지 배웠던 내용들을 러닝코치와 학습팀으로부터 검증받을 수 있는 좋은 기회로 활용한다.

▌과제 내용에 관한 학습 방법

첫째, 사내 전문가를 활용한다. 특히 싱글프로젝트 프로그램인 경우 더욱 그러한데, 학습팀의 과제수행 초기 단계에서 빠른 시간 내에 과제를 명확하게 이해하고 필요한 지식과 정보들을 흡수하려면 사내 전문가의 활용이 효과적이기 때문이다. 이때 제일 좋은 방법은 과제 관련 실무자를 초청하는 것이다.

둘째, 현장방문, 고객 인터뷰, 동종·이업종 벤치마킹을 적극 활용한다. 이때에도 다음의 양식을 활용하여 질문을 미리 준비하면 효과적인 학습효과를 거둘 수 있다.

Worksheet 13 **과제 내용 관련 지식 습득을 위한 질문**

질문 대상자	질문할 내용	질문하는 목적	질문 담당자

그들 모두의
역량향상을 위하여

ACTION
LEARNING

하늘기업 해바라기팀의 액션러닝

일곱 번째 이야기

　본격적인 액션이 시작되었다. 해바라기팀은 초반부터 난관에 봉착했다. 공략 대상으로 결정된 다섯 군데 기업 고객으로부터 모두 퇴짜를 맞은 것이다. 실무사업팀의 문을 두드려본 결과 이미 타사 영업팀에서 물밑 작업을 마친 뒤라는 걸 알 수 있었다. 6차 학습팀 회의의 주요 안건은 공략 대상 기업의 재선정이었다.

　사실 과제를 줄인다는 말은 에너지를 집중해서 한 곳이라도 확실하게 계약을 성사시켜야 한다는 걸 의미한다. 팀원들도 이를 이해하기는 했다. 하지만 명색이 회사의 핵심 부장들이, 그것도 5명이나 되는 부장들이 과제를 수행하는 일인데 원래 목표치를 100% 달성하지는 못하더라도 가능하면 계약 규모가 큰 기업 위주로 눈길이 가는 건 어쩔 수 없었다.

"안 되겠습니다. 이제부터는 무조건 가능성이 높은 곳부터 찾아보기로 합시다."

팀원들은 주 팀장의 제안에 따라 중소기업은 물론이고 공공기관, 학교, 종교단체 등 디지털 TV가 필요할 만한 곳이라면 일단 후보에 넣었다.

"전략적 제휴 차원에서 서로 윈윈할 수 있는 조건으로 본다면, 이 중에서 어느 회사가 제일 가능성이 높을까요?"

팀원들이 뽑은 5개의 후보 기업 중 경 교수 질문에 딱 들어맞는 곳은 남 부장이 아이디어를 낸 Q외국어학원이었다. 남 부장이 알아본 바에 의하면 Q외국어학원은 직장인과 학생들을 대상으로 한 영어와 중국어, 일본어 등의 학원을 전국적으로 가지고 있었고, 그 밖에 온라인 외국어 교육 프로그램도 활발하게 운영하고 있었다.

따라서 이 학원의 기존 온라인 교육 프로그램을 즐거운 TV에 편입시키고 수강생들을 가입자로 확보할 수 있다면 특별히 큰 비용을 들이지 않고도 양쪽 모두에게 유리한 조건이 될 것이었다. 경 교수가 무릎을 탁 치며 이 아이디어를 실행에 옮기려면 어떤 방법이 좋을지 물었다.

"일단 양해각서라도 받아올까요?"

경 교수는 주 팀장의 말에 더욱 흡족한 미소를 지어 보였다. 양해각서(MOU)라면 직접 계약을 성사시키는 것보다 훨씬 수월할 것이다. 팀원들은 양해각서 체결에 총력을 집중하기로 하고 역할 분담을 했다.

해바라기 팀원들이 Q외국어학원에 찾아가기 전에 해야 할 일은 양해각서 초안을 작성하는 일이었다. 그런데 5명의 팀원들 가운데 양해각서를 만들어본 경험이 있는 사람은 한 명도 없었다. 양해각서는 계약의 성격에 따라서 내용이 다르기 때문에 상대방의 조건이 까다로울 경우 여간 손이 많이 가는 게 아니다.

양해각서에 들어갈 내용을 정리하는 것은 깐깐한 성격의 원 부장이 맡기로 하고 Q외국어학원 실무자를 만나 협상을 진행하는 일은 명민한과 남 부장이 맡았다. 그동안 나 부장과 주 팀장은 다른 기업을 알아보기로 했다.

명민한과 남 부장은 일반 구매계약서 형식의 표준 양해각서를 들고 Q외국어학원으로 향했다. 그러나 이들은 이 서류를 펼쳐 보일 기회조차 가질 수 없었다. 두 사람이 협상 테이블에 앉아 명함을 건네기가 무섭게 Q외국어학원 담당자가 난색을 표명한 것이다. 즐거운 TV의 실무 책임자가 아닌 사람과는 구체적이고 진지한 협상을 하기 어렵다는 게 이유였다. 디지털 TV 건에 대해서만큼은 하늘기업 대표 자격으로 왔다고 해도 소용이 없었다. 직접 이 사업에 관여하고 있는 당사자가 아니면 안 된다는 소리다. 할 수 없이 서환희 팀장의 협조를 얻어 다음 일정을 잡기까지 또다시 일주일이 걸렸다.

그런데 실무 책임자와 함께 갔다고 해서 일이 성사되는 것도 아니었다. 이번에는 양해각서의 내용을 가지고 이견이 생겼다. 팀원들 모두가 양해각서는 기본적인 계약의 조건만 간단하게 명시하는 게 무난하다고 판단했던 것인데 상대방은 가격 조건은 물론 세부적인 항목에 대해서도 내용 변경을 요구하고 나섰다. 이제 해결점이 보인다 했더니 산 넘어 또 산이다. 두 번째 양해각서도 상대방을 만족시키진 못했다.

"이 정도 사양에 이 정도 가격 조건이면 우리도 최대한 양보한 겁니다."

어떻게 구했는지 서 팀장이 타사 상품과의 비교 자료를 내보이면서까지 애를 썼지만 협상은 쉽사리 이루어지지 않았다.

나 부장과 주 팀장이 각각 협상을 시도한 기업에서도 비슷한 반응이 나왔다. 그쪽에서는 아예 담당자가 아니면 만나지 않겠다고 해서 서 팀장이 시간을 쪼개 팀원들과 세 군데 회사를 동행했다. 그러는 동안 시간은 어느덧 8월말로 접어들었다. 해바라기 팀원들은 속이 바짝바짝 타들어가는 것 같았다.

"양해각서 하나 체결하는 데도 이렇게 절차가 까다로우니 서 팀장님 진짜 고생 많으셨겠습니다."

"어차피 제 일인데요, 뭘. 그나저나 명 부장님이나 남 부장님을 비롯해서 모두가 이렇게 고생을 하고 계시니 미안하다고 해야 할지, 고맙다고 해야 할지 제가 몸 둘 바를 모르겠습니다."

직접 현장을 겪어보니 그동안 서 팀장의 마음고생이 얼마나 심했을지 짐작이 간다. 딴에는 미안해서 한 소리였는데 서 팀장은 오히려 팀원들을 걱정하고 있었다.

"회사 일인데 내 일 남의 일이 어디 있습니까? 요즘 같아서는 공장 업무만 없으면 매일 저 학원에 출근도장이라도 찍고 싶은 심정입니다."

남 부장이 이마에 맺힌 땀을 손등으로 훔치며 씨익 웃는다. 액션러닝을 하는 순간부터 모두가 한 배를 타게 된 것이라던 경 교수 말이 새삼 피부에 와 닿았다.

해바라기팀 7차 학습팀 회의는 그 어느 때보다 무거운 분위기에서 시작되었다. 이날 미팅의 주요 아젠다는 양해각서 체결이 실패한 원인에 대한 반성과 성찰이었다.

"여러분은 이번 실패의 원인이 무엇 때문이라고 생각하십니까?"

경 교수의 물음에 팀원들은 실무 책임자의 예상치 못한 요구사항, 과정상의 까다로움 등 여러 가지 이유를 나열하였다.

"그럼 여러분은 이 실패로부터 무엇을 배웠나요?"

뭔가 해결책에 대한 논의가 있을 줄 알았던 팀원들은 갑자기 실패의 교훈을 이야기하라는 경 교수의 주문에 애매모호한 답변을 할 수밖에 없었다.

"그것만으로는 부족합니다. 좀 더 구체적으로 성찰해봅시다. 여러분은 실패의 가장 큰 원인이 상대방의 무리한 요구 때문이라고 생각하십니까?"

잠시 침묵이 흘렀다.

"그럼 상대방의 입장에서 생각해봅시다. 그들은 왜 그토록 무리한 요구를 했을까요?"

경 교수가 자신이 상대 회사의 실무 책임자라면 그 심정이 어떠했을지 3가지만 적어보라며 팀원들에게 포스트잇을 나누어주었다.

- 내가 만일 실무 책임자였다면 – 업무적으로 직접 관련이 없는 제3자를
  상대하는 건 왠지 불안하고 내키지 않았을 것이다.
- 내가 만일 실무 책임자였다면 – 조금이라도 회사에 이익이 되는 쪽으
  로 양해각서 내용을 조정하고 싶었을 것이다.
- 내가 만일 실무 책임자였다면 – 다소 무리한 요구라고 생각되는 부분
  이 있어도 회사의 이익을 위해서 일단은 밀어붙였을 것이다.

명민한이 적은 내용과 다른 팀원들의 생각은 크게 다르지 않았다.

"그렇다면 이 교훈을 앞으로 직장에서 혹은 가정에서 어떤 경우에
활용할 수 있을까요?"

이어지는 경 교수의 질문은 오로지 당장 눈앞에 나타난 과제에만
온 신경을 집중하고 있던 팀원들의 허를 찔렀다. 사람이 살면서 겪게
되는 모든 갈등의 근원에는 거의 대부분 균형 감각의 상실이라는 문
제가 존재한다. 역지사지의 관점에서 상황을 직시할 수 있다면 풀지
못할 갈등은 없다. 결국 양해각서가 실패한 원인도 상대방의 입장은
배제한 채 과제수행이라는 팀의 목적에만 너무 집착했기 때문이다.

경 교수는 이 부분을 따끔하게 지적하면서 팀 학습의 교훈을 일상
생활의 영역에까지 확장시키도록 유도하고 있는 것이었다. 뚜렷하게
보이지는 않지만 시한폭탄을 짊어지고 있는 것 같은 아내와의 관계,
집중 워크숍을 다녀온 뒤 큰맘 먹고 시도했던 보람이와의 대화가 실

패로 끝난 것도 결국은 주어진 상황을 자신의 관점에서만 보려고 했던 게 문제였다는 생각이 든다.

회의가 끝난 뒤 주 팀장이 결의에 찬 표정으로 팀원들을 돌아보았다.

"심기일전하는 의미로 오늘 경 교수님 모시고 단합대회라도 해야 하는 것 아닙니까?"

"역시 주 팀장님은 이벤트에 강하십니다."

주 팀장과 남 부장은 호흡이 척척 들어맞는다. 경 교수도 팀원들의 제의를 기분좋게 받아들였다.

여름의 막바지라 저녁인데도 공기가 후텁지근하다. 해바라기 팀원들이 경 교수와 같이 간 곳은 시원한 호프집이었다.

"경 교수님, 전부터 궁금한 게 한 가지 있습니다."

맥주를 한 잔씩 돌린 뒤 호기심 많은 원 부장이 입을 열었다.

"오리엔테이션 때 말씀하시긴 하셨지만, 교수님이 액션러닝에 그토록 강한 열정을 쏟으시는 진짜 이유는 무엇입니까?"

실은 명민한도 그점이 궁금했다. 도대체 액션러닝의 어떤 점이 경 교수를 이토록 매료시켰던 것일까?

"독일 유학 시절 내가 제일 좋아했던 친구는 학력은 중졸이지만 세계적으로 유명한 대학 교수들 앞에서 강의를 하는 사람입니다."

경 교수가 맥주를 한 모금 마신 다음 자신의 독일 친구 이야기를 꺼냈다. 기계 설비에 관한 일을 한다는 그 친구는 자신이 다루는 기계에 관해서라면 애초에 그것을 발명한 사람보다 더 많은 것을 알고 있다고 할 만큼 공부를 많이 했다.

경 교수는 자신이 그 친구를 좋아하고 존경하는 이유는 그가 철저한 학습인이기 때문이라고 했다. 사람들은 그에게 '마이스터'라는 최고의 존칭을 붙여주었지만 그는 결코 자신의 배움에 안주하지 않고, 내로라하는 기계공학자나 교수들도 미처 파악하지 못한 문제를 현장에서 찾아냈다.

평생 배우고 익히는 자세를 실천함으로써 세상을 이롭게 하는 사람, 경 교수는 그런 사람이 대우받는 세상을 만들고 싶어서 평생 이 길에 올인하기로 했다며 문득 생각난 듯이 팀원들에게 말을 했다.

"여러분, 학자에 따라 다르기는 하지만 전문가들의 연구 결과에 의하면 인간의 두뇌 속에는 뉴런이라는 세포가 약 10억 개에서 많게는 10조 개나 활동하고 있다고 합니다."

경 교수의 설명이 이어졌다. 두뇌생리학자들은 지구상 가장 위대한 천재로 손꼽히는 아인슈타인도 자신이 갖고 있는 뉴런의 약 3%밖에는 쓰지 못했다고 추정한다. 물론 이 부분에 대해서는 학자들마다 추정치가 다른데, 아무리 높게 잡아도 30% 이상 활용했다고 보는 두뇌생리학자는 단 한 명도 없다. 그러므로 자신의 뇌 속에 잠재되어 있는 능력을 50% 이상 활용하고 있는 사람은 전무하다고 해도 과언이 아니다.

다른 여건이 동일하다면 개인 차원의 성과는 '능력 × 노력'이다. 경 교수는 모든 사람들이 무한한 잠재능력과 선한 의지를 갖고 있기 때문에 이를 잘 조합한다면 엄청난 성과가 창출된다는 것을 그동안의 수없이 많은 경험을 통해 확인할 수 있었다며 팀원들을 찬찬히 둘러 보았다.

"지금 이 자리에 계신 여러분 모두는 엄청난 능력의 소유자들이십 니다. 만일 그 능력을 다 활용하지 못한다면 나머지 부분이 너무 아 깝지 않습니까?"

바로 그 점이 액션러닝에서 무임승차자를 허용하지 않는 이유이고 동시에 학습자 한 사람 한 사람을 소중히 여기는 이유라며 경 교수가 건배사를 제의했다.

"여러분 모두의 역량 향상을 위하여!"

경 교수는 해바라기팀이 반드시 과제를 해낼 것을 믿는다며 팀원 들을 격려하였다. 그러면서 그는 액션러닝 프로그램을 진행하면서 알게 된 수많은 사람들이 한 사람도 빠짐없이 모두 열심히, 성실하게, 최선을 다해 살고자 하는 선한 의지를 갖고 있다는 사실을 확신하게 되었다고 했다.

여러 가지 피치 못할 상황이나 개인적 사정에 의해서 겉으로만 그 렇지 않은 것처럼 보일 뿐, 사실은 모든 사람들이 자신에게 주어진 임무를 성실하게 완수하고자 하는 건전한 의지를 갖고 있다는 것이 지난 15년간 수없이 많은 확인을 통해 굳건히 다져진 자신의 신념이 라는 것이다. 그런 경 교수의 눈빛에서 명민한은 진실한 열정의 힘을 느꼈다.

"교수님 말씀을 들으면 어려울 게 없을 것 같은데도 솔직히 전 아 직 액션러닝의 진수를 잘 모르겠습니다."

원 부장이 조심스럽게 머뭇거리며 다른 방법, 예를 들어 프로젝트 팀이나 태스크포스 팀, 또는 6시그마와 같은 다른 운영방식들과 액션러닝의 결정적 차이가 무엇인지 경 교수에게 물었다.

"명 부장님은 혹시 그 대답을 알고 계십니까?"

경 교수가 무슨 이유에서인지 질문의 화살을 명민한에게 돌렸다.

"타 프로그램과 비교했을 때 액션러닝의 강점은 '성찰'에 있다고 봅니다. 그동안 경 교수님께서 역설하신 '그들 모두의 역량 향상'이란 것도 결국은 이 성찰에서 나오는 것 아니겠습니까?"

"제대로 보셨습니다!"

경 교수가 만족스러운 표정을 지으며 또 다른 질문은 없는지 팀원들을 돌아보았다. 주 팀장은 현재 액션러닝이 어느 정도 확산되었는지를 물었다. 경 교수는 외국 유수업체는 물론 국내에서도 누구나 알 만한 기업, 공공기관, 병원, 대학 등에서 액션러닝을 실시하고 있다며 여러 가지 사례들을 상세히 설명해주었다. 명민한은 액션러닝이 그 정도로 파급되어 있다는 사실에 대해 자못 놀라움을 금치 못했다.

"액션러닝은 어떤 조직에서든 가능한 프로그램이라고 하셨잖습니까? 혹시 이런 경우에도 응용이 가능할까요?"

나 부장이 부인 이야기를 꺼냈다.

"실은 저희 팀이 워크숍을 하던 그날, 제 아내도 부서 워크숍에 참가하고 있었습니다."

나 부장이 잠시 뜸을 들인 뒤 말을 이었다. 공교롭게도 나 부장의 부인에게 전화가 왔던 그날 저녁 시간은 팀원들이 토론을 마치고 맥주를 마시며 휴식을 취하던 때였다. 화기애애한 분위기 속에서 기분이 한껏 고조되어 있던 상태라 나 부장의 음성은 평상시보다 훨씬 들떠 있었다.

"여긴 재미가 별로 없는데 그쪽은 분위기가 좋은가 봐요?"

나 부장은 그때 부인의 목소리에 짜증이 살짝 배어 있음을 느꼈다고 했다. 없는 시간을 쪼개서 기껏 워크숍에 참여했는데 도무지 토론 내용에 진전이 없다는 이유였다. 그러면서 나 부장은 부인이 워크숍에 갔다 와서 하는 하소연을 듣고 액션러닝 집중 워크숍에서 했던 방식을 이야기해주었더니 부러워하더란 말을 덧붙였다.

잠자코 이야기를 듣고 있던 남주남 부장도 심란한 표정으로 속내를 털어놓았다.

"나 부장님 사모님은 말이라도 속 시원히 해주니까 이렇게 방법을 찾아 볼 수라도 있죠. 우리 와이프는 대체 무슨 꿍꿍인지 물어도 통 말을 안 하니 제가 아주 속이 터집니다."

"제가 질문에는 두 가지 유형이 있다고 했던 것 기억하시죠?"

경 교수가 물었다. 경청에 대한 강의 시간에 얼핏 들은 것 같긴 한데 자세한 기억은 나지 않았다. 남 부장 이야기는 명민한 자신에게 해당되는 말이기도 했다. 팀원들 모두 경 교수의 설명이 이어지길 기다렸다.

액션러닝에서 질문은 개방적이고 중립적인 질문과 폐쇄적이고 질문하는 사람의 개인적 가치판단이 담긴 질문, 이렇게 두 가지로 나뉜다.

개방적이고 중립적인 질문은 학습팀원들의 생각을 자극하고 마음을 열어 새로운 사고의 지평을 넓히는 역할을 한다. 반면 폐쇄적이고 질문하는 사람의 개인적 가치판단이 담긴 질문은 상대방으로 하여금 질문을 통해 새로운 아이디어나 가능성을 탐색하기보다는 그 질문에 대해 자신을 방어할 논리를 찾게 만든다. 그런데 개방적이고 중립적인 질문을 항상 한다는 것은 말처럼 간단한 일이 아니다.

경 교수 자신도 이러한 한계를 극복하기 위해 평소 질문의 내용을 포스트잇에 적은 다음 스스로 답하는 연습을 해본다며 경험담을 들려주었다. 질문 내용이 상대방에게 "예." 또는 "아니오."라는 대답을 요구하거나 자신의 주관적 의도가 실려 있다고 판단될 경우 중립적이고 개방형인 질문으로 바꿔보라는 것이다.

그날 저녁 명민한은 집으로 돌아가는 길에 딸 보람이가 좋아하는 구운 통닭을 포장해갔다. 아내를 위해서 맥주도 몇 병 샀다. 공교롭게도 보람이는 캐나다에서 온 사촌들과 함께 자고 온다며 고모집에 갔고 집에는 아내 혼자뿐이다.

딸아이 문제로 부부가 서먹하던 참인데 한편으론 잘 됐다 싶기도 하다. 아내는 잘 마시지는 못하지만 술 한두 잔쯤은 마다하지 않는 편이다. 명민한은 통닭과 맥주를 식탁에 펼쳐놓고 모처럼 아내와 오붓한 시간을 가졌다.

"보람이는 요즘 어때?"

명민한은 '당신 요즘 보람이 때문에 속 많이 상하지?'라고 물어보려다 경 교수의 조언을 의식하고 순간적으로 질문을 바꾸었다. 아내는 사촌들이 온 뒤부터 부쩍 밝아진 것 같다며 딴에는 외동이라 부모 모르게 외로움을 많이 탔던 모양이라고 했다.

설명이 평소보다 길어진 걸 보니 전처럼 신경이 곤두서 있는 것 같지는 않다. 명민한은 최근 아내가 보람이 때문에 속상해한 진짜 이유가 대학에 가지 않겠다는 말 때문인지, 연기자가 되겠다고 한 말 때문인지 궁금했다.

"나도 그렇게 꽉 막힌 부모가 되고 싶진 않아요. 다만 무슨 일을 선택하든 대학은 가는 게 좋겠다고 생각할 뿐이죠. 그것도 욕심이라면 어쩔 수 없지만 한창 감수성이 예민할 때라 언제 또 마음이 바뀔지 모르는데 너무 성급한 결정이란 생각 안 들어요?"

"나도 당신과 같은 생각이야. 그런데 우리가 보람이와 충분한 대화를 나누지 못한 책임이 더 큰 것은 아닐까?"

명민한의 물음에 아내는 그걸 꼭 말로 해야 되냐고 되물었다.

'우리 가족 사이에 감정의 골이 파인 게 이것 때문이었구나.'

비로소 뭔가 짚이는 게 있었다. 아내는 딸아이가 훗날 자신의 섣부른 선택을 후회할까 봐 걱정했지만 그 마음을 제대로 전달하지 못했고 명민한은 아내가 힘들어하는 모습이 보기 안타까운 나머지 딸아이의 속을 떠보려다 오히려 거부감을 안겨준 셈이었다.

모처럼 아내와 진지하게 대화를 하고 보니 딸아이 진로 문제에 대해서는 부부의 생각이 크게 다르지 않음을 알 수 있었다. 명민한은 아내의 빈 잔을 채워주며 오늘 대화를 통해 느낀 점을 솔직하게 말해주었다.

"진작부터 느낀 거였지만 당신은 볼수록 속이 깊은 엄마였어. 물론 아내로서도 백점짜리이고 말이야!"

갑작스런 칭찬에 아내는 얼굴이 붉어졌다. 명민한은 그런 아내의 등을 살포시 안고 가볍게 톡톡 두들겨 주었다.

"근데 오늘 당신답지 않게 왜 그래요?"

아내가 정색을 하고 물었다. 평소 명민한의 대화 스타일대로라면 이런 말이 나올 만도 했다.

"응, 이거? 오늘 액션러닝에서 배운 거 써먹는 거야. 당신도 보람이 오면 실험해보라고."

"그럼 뭐야, 내가 당신 액션러닝 실험대상이었단 말이에요?"

밉지 않게 눈을 흘기는 아내 모습이 오늘따라 더욱 사랑스럽다. 단 둘이 나눈 대화가 효과가 있는 듯하다.

최고봉 교수는 고객의 입장에서 모든 걸 판단하고 결정하라고 했다. 팀원들 입장에서는 상대 기업도 설득이 필요한 고객이고 스폰서, 즉 우리 회사의 직원들도 고객이다.

명민한은 Q외국어학원의 경우 큰 틀에서 보자면 기업 고객이지만 계약 당사자는 수강생인 청소년과 직장인이 대부분이라는 점을 감안하여 그들의 요구사항에 대해 회사 차원에서 융통성을 발휘해줄 것을 간곡히 호소했고, 어학원 측과는 적정한 선에서 타협을 시도했다. 그 결과 양측 모두에게서 긍정적인 반응을 이끌어낼 수 있었다.

"부장님들이 일하시는 모습을 보고 제가 몰랐던 걸 많이 배웠습니다. 액션러닝 팀, 역시 내공이 다르네요!"

양해각서에 사인을 마친 뒤 서 팀장이 연신 감탄사를 내뱉었다. 이렇게 해서 Q외국어학원과의 양해각서가 가까스로 체결되었다. 명민한은 마치 귀한 보물이라도 캐낸 심정이었다. 다음날 해바라기팀의 긴급 미팅이 있었다.

"축하합니다. 두 분, 아니 세 분 정말 고생 많이 하셨네요!"

주 팀장과 나 부장, 원 부장이 모두 자기 일처럼 기뻐하며 명민한 일행을 개선장군처럼 맞아주었다.

"네, 정말 잘하셨습니다."

경 교수가 만면에 웃음 띤 얼굴로 팀원들을 격려하며 서류를 찬찬히 훑어보았다. 그러더니 문득 생각난 듯 물었다.

"그런데 부장님들, 그동안 직장생활하시면서 양해각서가 실제 계약까지 가는 확률이 몇 퍼센트나 되었나요?"

팀원들은 잠시 뜨악한 표정이 되었다. 명민한이 아는 바에 의하면 양해각서가 실제 계약으로 이어질 확률은 대개 20~30%, 많아야 50%를 넘지 못했다. 아무도 대답하는 사람이 없자 경 교수가 이 단계에서 확실하게 실행력을 담보할 수 있는 방법은 무엇인지 물었다.

"그럼 실제로 계약을 따오는 수밖에 없겠네요."

"계약이요?"

"네, 어차피 양해각서도 계약을 위해서 하는 것 아닙니까?"

"그럽시다, 계약!"

"까짓 거 이왕 여기까지 왔는데 한번 해봅시다."

누가 먼저랄 것도 없이 오기가 발동한 팀원들이 결의에 찬 표정으로 서로를 돌아보았다. 해바라기 팀원들에게 양해각서가 험한 산맥을 넘는 일이었다면 실제 계약으로 가는 길은 얼음으로 뒤덮인 빙벽을 오르는 일에 비견될 만큼 어려운 일이다. 계약서를 작성한다는 것은 돈이 오가는 일이기 때문에 양측 모두 팽팽한 신경전을 벌였다. 명민한은 작은 것 하나라도 놓치지 않으려고 몇 번이고 서류를 검토해보았다.

만에 하나 상대방의 페이스에 말려들면 회사에 막대한 손실을 입힐 수도 있었다. 설령 그 정도까지는 아니더라도 법적 구속력이 없는 양해각서에 비하면 몇 배는 더 까다롭고 복잡한 문제들이 남아 있었다.

막상 계약서 체결이 임박하자 상대방도 전보다 강한 요구사항을 들고 나왔다. 요금은 최대한 낮추는 대신 서비스 사양은 대폭 늘려주기를 원했고 그 외에 양해각서에는 없던 법률적 조항들을 추가시켜달라는 등 요구를 들어주자면 끝이 없었다. 칼자루를 쥔 쪽에서 요구하는 내용들이니 무조건 외면할 수도 없고 그렇다고 해서 회사에 불리한 조건을 승인해달라고 떼를 쓸 수도 없는 노릇이었다.

"웬만하면 계약이 성사되는 쪽으로 지원을 해주고 싶지만 이건 좀 심하지 않은가?"

처음에는 멋도 모르고 Q외국어학원 측에서 원하는 요구사항을 그대로 보고했다가 고 전무에게 싫은 소리를 듣기도 했다. 9월 셋째 주에는 주 팀장 파트에서도 양해각서 체결 성사 가능성이 보인다는 소식이 들려왔다. 원 부장도 곧 합류하여 주 팀장, 나 부장과 함께 움직였다.

"그 회사는 어떻게 된 사람들이 계약서 쓰자고 하는 순간부터 바라는 게 더 많아져요."

양 팀 협상 테이블을 오가며 진땀깨나 흘린 주 팀장이 이번 일로 새로운 경험을 많이 했다며 혀를 내둘렀다. 그 와중에 팀원들을 돕겠다고 실무팀 동료들의 협조를 얻으려다 애꿎은 서 팀장까지 곤욕을 치르기도 했다.

불합리한 전례를 남기지 않기 위해서라도 팀원들 스스로가 분발하는 수밖에 없었다. 명민한과 남 부장 팀에서 양해각서를 정식 계약서로 바꾸기까지는 정확히 3주가 걸렸다.

"이 계약서는 앞으로 하늘기업의 디지털 TV 사업은 물론, 기업 고객을 상대로 하는 모든 사업 영역에서 중요한 매뉴얼로 활용될 것입니다."

보고를 받고 미팅 장소를 찾은 고용진 전무가 팀원들을 격려하며 이번 성과의 의미와 가치를 짚어주었다. 그 말을 듣는 순간 지난 시간의 스트레스가 한꺼번에 풀리는 것 같았다. 종이 한 장을 사이에 두고 고객과 마주앉아서 겉으로는 웃어도 속으로는 진땀을 뺐던 날들, 될 듯 말 듯 애만 태우다 결국은 빈손으로 돌아 나와야 했던 씁쓸한 순간들이 이제는 누구에게나 자랑스럽게 말할 수 있는 열정의 에피소드로 남게 될 것이었다.

"어? 여기도 뭔가 서광이 비치는 것 같은데요?"

주 팀장이 문자 메시지를 확인하더니 얼굴이 활짝 펴졌다. 상대편 회사에서 양해각서를 체결하겠다는 연락이 왔다는 것이다.

"나는 여러분들이 기필코 해낼 거라는 확신을 갖고 있었습니다."

경 교수가 팀원들의 손을 일일이 잡고 악수를 청했다.

이강한 이사의 가정에 적용한 액션러닝

경청과 칭찬, 닫힌 인간관계를
열어주는 최고의 명약

하늘소 손해보험 회사 임원인 이강한 이사는 전형적인 경상도 남자다. 집에서는 꼭 필요한 경우를 제외하고는 거의 말이 없는 편이라 가장이 퇴근하여 집에 돌아오면 화기애애하던 분위기가 경직되곤 했다. 자녀들은 아버지가 어렵다 못해 두려운 대상이었기 때문에 웬만하면 눈길을 마주치는 것조차 피하려고 들었다.

이 이사는 자녀들과 잘 지내고 싶었지만 그 방법을 몰랐다. 특히 고등학교 3학년에 재학 중인 큰 딸은 드러내놓고 아버지와의 대화를 기피하는 상황이었다. 이 이사는 딸이 원하는 성적을 얻지 못해 고민하고 있다는 걸 알고 부모로서 뭔가 도움이 되어주고 싶었지만 번번이 대화의 물꼬를 트는 데 실패하고 말았다. 딸아이는 공부 이야기만 나오면 필요 이상으로 신경질적인 반응을 나타내곤 했다.

이 이사는 액션러닝에 참여한 뒤 자신의 대화 스타일에 문제가 있다는 걸 깨달았다. 답답한 마음에 자꾸 충고를 했던 것인데, 그것이 딸아이의 반감을 부른 요인이 되었다. 공부 스트레스로 가득 차 있는 아이에게 부모의 험난했던 입시 경험담은 위로가 될 수도 있지만, 여기에서 이 이사가 간과한 것은 몸에 좋은 약을 억지로 먹이려다 보면 오히려 환자의 위장장애를 불러올 수도 있다는 사실이었다.

이 이사는 경 교수의 조언에 따라서 그간의 대화 스타일을 바꿔보기로 했다. 우선 대화를 할 때는 딸이 편안하게 이야기할 수 있도록 귀를 열어두고 진지하게 들어주기만 했다. 이야기를 듣다가 뭔가 생각나는 게 있으면 한꺼번에 여러 가지를 심문하듯 물어가며 딸의 잘잘못을 가려주고는 했던 과거의 방식에서 탈피하여 최대한 인내심을 발휘하였다.

일반적으로 부모 자식 간의 대화가 실패로 끝나는 이유는 부모가 지나치게 어른 노릇을 하려는 심리를 갖고 대화에 임하기 때문이다. 아무리 옳은 말이라도 나를 따르라는 식의 일방적인 가르침은 자녀들에게 잔소리로 받아들여지기 십상이다.

이 이사는 자신의 대화 스타일을 완전히 바꾸어서 부모가 아닌 친구의 입장에서 딸의 이야기를 경청하였다. 그렇게 4개월이 지나는 동안 딸의 태도에 변화가 생겼다. 뭔가 이야기를 하려고 하면 바쁘다는 핑계로 자기 방문을 쾅 닫고 들어가 버리고는 했던 딸아이가 이 이사의 퇴근이 늦어지기라도 하면 먼저 전화를 걸거나 메시지를 보냈다. 혼자만의 틀 속에 갇혀 있는 것처럼 말문을 닫고 지내던 딸아이가 동생들을 챙겨주고 할아버지, 할머니께 안부전화까지 하는 모습을 보며 이 이사는 감동하지 않을 수 없었다.

학업성적도 몰라보게 좋아졌다. 영어 실력이 늘지 않는다고 걱정하던 딸은 토익점수가 크게 올라 이듬해 수시전형에서 원하는 대학에 합격하는 기쁨을 맛보았다.

■ 이강한 이사의 리플렉션 노트

적용 내용	적용 성과
질문, 경청, 칭찬의 기술실습 • (큰딸)이랑 ○월 ○일(토요일) 베스킨라빈스	• 현재 큰딸이 고민하는 문제, 즉 공부, 친구문제, 진로 등에 대해 많이 알게 되었고 편안하게 들어주었더니 깊이 있는 이야기도 조심스럽게 했음. (공부하기도 바쁠텐데 할아버지, 할머니에게 안부전화도 하고 동생을 잘 챙긴다고 구체적으로 칭찬하니 아이는 상당히 기뻐했음)
느낀 점	개선·보완점
• 평소에 깊은 대화를 별로 할 기회가 없었다고 생각하고 별다른 시도를 하지 않았는데, 먼저 딸과 약속을 하고 편안히 이야기를 들을 수 있었고 지속적인 대화를 통하여 고민하는 문제를 함께 할 수 있겠다고 생각 • 칭찬을 구체적으로 해주니 상당히 즐겁고 행복해 함	• 듣는 연습이 덜되다 보니 자꾸 충고를 하려는 버릇이 나왔음 • 한꺼번에 많은 질문보다는 한문제씩 (공부 또는 진로, 이성문제 등)을 집중적으로 질문하고 들어야겠음

해당화 아이스크림 신 본부장 이야기

2억 1,600만 원짜리 칭찬

해당화 아이스크림 제조회사에 다니는 신 본부장은 부하직원들 사이에서는 과묵하기로 소문난 상사이다. 눈에 드는 부하직원이 있어도 칭찬하는 법이 없다. 아침부터 저녁까지 수도 없이 많은 직원들이 결재서류를 들고 들어와도 그가 하는 말이라곤 "됐어.", "놓고 가." 두 마디뿐이었다. 후배들이 잘하는 걸 보면 여간 기특하고 대견한 마음이 드는 게 아니었지만, 막상 속에 있는 말을 꺼내려고 하면 입이 안 떨어지는 게 문제였다.

신 본부장은 2008년 액션러닝에 참가했다가 경 교수로부터 정말 어려운 숙제를 받았다. 출근하면 하루에 한 사람씩 칭찬할 상대를 찾아서 직접 말로 표현하라는 숙제였다.

신 본부장에게 그 숙제가 어렵게 느껴졌던 건 평소 습관이 안 되었기 때문이다. 숙제 검사 날짜가 일주일 앞으로 다가왔다.

"실천이 따르지 않는 액션러닝은 액션러닝이 아닙니다."

경 교수가 했던 말이 귓전을 때렸다. 아무리 어려워도 숙제는 해야 한다.

월요일 아침, 누굴 칭찬하면 좋을까 생각하며 사무실에 앉아 있는데 이 과장이 들어왔다. 타 회사에 있다가 옮겨온 이 과장은 유능하고 성실한 부하직원이었다. 아직은 회사에 적응이 안 되는지 지나치게 몸을 사리는 것 같지만 그런 태도만 빼면 나무랄 게 없는 친구다. 회사 분위기가 워낙 보수적이다 보니 오랜 세월 한솥밥 먹어온 동료들 틈바구니에서 처신이 조심스러웠던 것일 수도 있다.

신 본부장은 그가 칭찬의 적임자라고 판단하고 숙제를 실행에 옮겼다. 평소 두 마디면 끝나던 것을 길게 하려니 등에서 식은땀이 나는 것 같았다. 그렇지만 신 본부장은 마침내 해냈다.

"평소 자네를 지켜봤는데 늘 성실하고 열심히 하는 모습이 보기 좋아. 책임감이 강한 사람 같아."

"네?"

"나가 봐."

"아, 네."

이 과장이 얼떨떨한 표정으로 방을 나갔다. 반응이야 어떻든 본부장 입장에서는 평소 본 대로 느낀 대로 상대방을 칭찬하고 격려하라는 액션러닝의 교육 내용을 충실히 지킨 것이다.

월요일 아침에 본부장으로부터 뜻밖의 칭찬을 듣게 된 이 과장은 목요일 오후 말 그대로 대어를 낚아가지고 본부장실을 다시 찾았다.

아이스크림 제조회사에서는 원료 중 하나인 생과자 저장고 온도와 습도를 효율적으로 관리하는 게 무엇보다 중요하다. 저장고 온도와 습도가 조금이라도 높으면 생과자가 탄력을 잃어 눅눅해져 버리고, 너무 낮으면 제품으로 만들어지기도 전에 부서져 버린다. 그런데 기존 사원들도 해내지 못한 일을 이 과장이 단 사흘 만에 해낸 것이다.

"예전 회사에서 일했던 경험을 떠올리며 생각해둔 것인데 본부장님이 격려도 해주시고…… 용기를 내봤습니다."

이 과장이 낚아온 대어는 불필요한 생과자 저장고 면적을 300평 정도 줄일 수 있는 완벽한 마스터 플랜이었다. 평당 창고 관리비는 하루 6만 원이었다. 한 달이면 1,800만 원, 한 번의 칭찬으로 연간 2억 1,600만 원을 절약할 수 있었던 것이다.

액션러닝의 **역사**

액션러닝의 역사적 배경

1912년 봄, 영국 해군의 유능한 건축 디자이너로서 무역성 선박조사
관 임명을 앞두고 있던 토마스 윌리암스 레반스의 집에는 유난히 많
은 사람들이 드나들었다. 토마스에게는 레그라는 호기심 많은 아들
이 있었다. 당시 네 살바기 꼬마였던 레그의 눈에 비친 방문객들은
하나같이 불안하고 어두운 표정을 하고 있었다. 방문객들이 모두 돌
아간 뒤에도 아버지의 얼굴엔 근심걱정이 떠나지 않았다는 점도 오
랫동안 기억에 남았다.

그로부터 10년이 지난 뒤, 레그는 아버지로부터 그때 자신의 집
에 드나들었던 우울한 방문객들이 타이타닉 호의 생존자들이었다
는 사실을 알게 되었다. 영국 해군본부 관리로서 타이타닉 호의 사

고원인을 조사하는 임무를 맡았던 토마스 윌리암스 레반스가 아들에게 들려준 침몰원인을 한 마디로 정의하자면 관리자들의 리더십 부재였다.

타이타닉 호는 제작 당시 '신도 침몰시킬 수 없는 배'라고 장담할 만큼 세계 최첨단 시설을 갖춘 초호화 유람선이었다. 바로 그 타이타닉 호가 2,200명의 승객 가운데 무려 1,500여 명의 귀한 목숨을 바다에 수장시키고 세상 사람들을 정신적 공황상태에 몰아넣은 원인이 위기에 대처하지 못한 관리자들의 리더십 부재였다는 사실은 당시 사춘기 소년이었던 레그 레반스에게 한 가지 중요한 교훈을 안겨주었다.

타이타닉 호의 설계자들은 스스로 완벽하다고 자부하는 방수구획을 설치하였다. 방수 격벽은 16개의 구역으로 구분되었고, 만일의 경우 2구역까지 물이 들어차도 침몰하지 않고 떠 있을 수 있도록 설계되었다. 그러나 방수 격벽은 완전히 밀폐된 구역이 아니고 상부의 주 갑판에 모든 구역이 연결되어 있었지만 선원들은 아무도 이러한 사실을 알지 못했다. 결국 사고가 발생하자 격벽의 한계치를 넘어서 넘쳐나는 물이 다른 구역을 차례대로 침범하여 돌이킬 수 없는 재앙에 휘말리게 된 것이다.

"타이타닉 호의 비극은 영리함과 지혜로움을 구별하지 못한 지휘관들이 리더십을 발휘하지 못했기 때문에 빚어진 대 참사였다."

토마스 윌리암스 레반스가 타이타닉 호의 침몰 원인을 조사한 결과 아들에게 들려준 결론이다. 그가 이 교훈을 통해서 아들에게 일깨

위주고자 한 것은, 복잡한 시스템에서 예상치 못한 일이 일어났을 때 지휘자는 융통성을 발휘하여 새로운 질문을 던질 수 있어야 한다는 점이었다.

"나는 이때 뭔가를 이해하려고 할 때 이해한다는 게 무엇인지, 한계는 무엇인지 스스로에게 물어봐야 한다는 것을 배웠다."

액션러닝의 창시자인 레그 레반스가 훗날 당시의 일을 회고하면서 쓴 글이다.

레그 레반스가 어린 시절을 보낸 포츠머스 지방은 퀘이커교도들이 많이 살고 있었다. 퀘이커교는 종교적 리더가 없는 정화 위원회라는 독특한 모임에 의해 동등한 자격을 가진 교인들끼리 개인의 문제를 해결하고자 하는 전통을 갖고 있었다. 전쟁과 노예제도, 차별을 반대하는 박애주의를 근본으로 하는 퀘이커 교파는 특히 영국의 의료보장 제도와 교육, 상업의 발달에 중요한 역할을 했다.

캠브리지 대학원생 시절 퀘이커교 모임에 참석했던 레반스는 아인슈타인 연구의 권위자로 알려진 세계적인 천문학자 아서 에딩턴 교수와 운명적인 만남을 갖게 된다. 1919년 일식 연구를 통해 아인슈타인의 이론을 증명한 장본인이기도 했던 에딩턴은 종교와 과학은 통합돼야 한다고 주장했다. 이러한 에딩턴의 사상은 레반스가 천문물리학과 천문학에 관심을 갖고 종교적 토대를 분명하게 하는 데 깊은 영향을 미쳤다.

레반스는 1956년 이후의 저서를 통해서 자주 성경 귀절을 인용하면서도 당시의 복잡한 종교적, 사회적 분위기를 의식한 탓인지 자신의 종교적 색채에 대해선 직접 언급하진 않았지만 종종 액션러닝을 힌두교나 불교, 유교, 또는 이슬람교에 근거하고 있는 것으로 보았다.

분명한 것은 퀘이커교도로서 레반스는 평화주의자였다는 점이다. 지식인의 사회적 책임과 겸손함, 타인에 대한 배려와 존중, 계층 간 혹은 국가 간의 조화는 퀘이커교의 관심사이자 레반스 자신의 중대한 관심사였다. 그런 레반스에게 자신이 관여하는 카벤디시 랩에서 진행 중인 연구를 군사적인 목적에 사용하려는 영국 정부의 의도는 실망을 안겨주기에 충분했다. 이후 핵 물리학계를 떠난 레반스는 평화적인 데모와 국가 간, 계층 간 조화를 도모하는 일에 헌신하였고, 철학자인 러셀과 함께 핵무장 해제 운동을 펼치는 등 액션러닝이 좀 더 평화로운 사회를 만드는 데 활용될 수 있도록 교육의 선구자로서, 휴머니스트로서, 개혁자로서 평생을 바쳤다.

레반스가 물리학계를 떠난 1930년대의 영국은 과학계와 마찬가지로 교육 분야에서도 많은 변화를 겪게 되었다. 즉 구세대적 교육 시스템에 의해 기술적인 진화의 혜택을 받지 못한 계층에 대한 교육이 전혀 고려되지 않는 상황에서 레반스는 영국의 전통적인 계급의식에서 비롯된 교육 시스템에 반대하고 과학자로서의 실력과 겸손함, 그 업적 등에 가장 큰 가치를 부여하였다. 레반스가 퀘이커교의 사상에 영향을 받았다는 것을 알 수 있는 부분도 이 대목이다.

액션러닝 팀은 8명 이하로 구성되며 처음에는 '역경 속의 동지'로, 나중에는 '역경 속의 파트너'로 불려졌다. 팀원들이 자발적으로 모여 외부의 도움 없이 공동의 문제를 서로 도와가며 해결하는 것은 퀘이커교의 정화 위원회와 액션러닝 팀이 유사성을 갖고 있음을 알게 하는 부분이다.

퀘이커교는 애초부터 성직자가 존재하지 않기 때문에 개인의 성실성을 유지하면서 공동체의 지혜를 활용할 수 방법이 필요했다. 그것이 바로 '정화 위원회'이다.

정화 위원회는 아주 간단하고도 중요한 규칙에 의해 운영된다.

1. 정화를 원하는 사람은 5~6명의 믿을 만한 위원들을 직접 선정한다. 이때 다른 사람과 상담해서 위원을 결정할 수 있다. 5명이나 6명의 위원에 정화를 원하는 사람의 수를 더하면 같이 일하기에 이상적인 인원이 될 수 있다.

2. 당사자는 모임이 있기 전에 자기 문제를 적은 메모를 위원들한테 보낸다. 메모에는 3가지 내용을 적어야 하는데, 문제에 대한 구체적인 설명, 문제가 될 만한 상황 및 배경, 앞으로 어떻게 할지에 대한 당사자의 기대 등이 포함된다. 대략 5~6장의 메모를 쓰는 이 과정에서 당사자는 내부 정화를 위한 첫 번째 단계에 들어가게 된다.

3. 위원회는 앞으로 1~2회 더 모임을 갖는다는 전제 하에 처음 3시간 동안의 회합을 갖고 의장과 서기를 정한다. 의장은 모임이 규칙대로 잘 진행되고 있는지 모니터하는 역할을 한다. 서기는 당사자가 모임 후에 생각을 정리하는 데 도움을 준다.

4. 위원회가 열리면 의장은 먼저 당사자가 문제를 간단하게 설명할 수 있을 때까지 침묵을 제의한다. 당사자의 설명이 끝나면 위원들은 당사자에게 아주 솔직하고 도움이 될 만한 질문을 던진다. 이

규칙에는 다른 사람의 문제를 어떤 가정을 가지고 조언하지 말라는 중요한 배경이 깔려 있다. 즉 진지하면서도 개방적이고, 도전적이면서도 배려하는 질문을 통해서 당사자가 자기 내부의 진실을 깨달을 수 있도록 해야 한다. 내가 문제에 대한 답을 안다고 해도 당사자한테는 전혀 가치가 없다. 답은 당사자의 내부에서 나와야만 한다. 따라서 정화 위원회는 당사자가 다른 사람들에게 방해받지 않고 자신의 내부로 들어가도록 도와주어야 한다.

5. 위원들은 당사자의 요구에 맞는 간단명료하며 핵심을 찌르는 질문을 해야 한다. 질문이 연설이 되지 않으면서 당사자가 자신의 문제를 통찰할 수 있도록 하려면 위원들은 자신의 질문에 대한 신뢰를 가지고 있어야 하며, 절대로 주관적인 판단이 개입된 질문을 하지 않도록 해야 한다.

6. 보통 당사자의 답변은 더 많은 질문을 하게 만든다. 당사자는 가능하면 답변을 간단하게 해서 질의문답이 깊이 있는 수준으로 이어질 수 있게 한다. 질의문답은 어떤 경우에도 당사자의 사적인 감정과 사생활을 해치지 않는 범위 내에서 이루어져야 하고, 당사자가 수위를 조절하는 역할을 한다. 당사자는 질문에 대해 답변하지 않아도 되는 권한이 있다.

7. 어느 정도 여유를 둔 상태에서의 부드럽고 인간적인 질의문답 과정은 아주 중요하다. 정화 위원회는 취조를 하는 게 목적이 아니다. 직설적으로 쏘아대는 듯한 질문은 당사자로 하여금 뭔가를 침해당했다고 여기게 만들기 때문에 반성을 불가능하게 한다. 대신

침묵을 허용하는 것도 중요하다. 침묵은 뭔가 잘못 되어가는 것을 의미하는 게 아니라 중요한 일, 즉 새로운 통찰력이 사람들 내부에서 일어나게 할 수도 있다.

8. 3시간 동안의 모임은 아주 적당한 시간이다. 이 정도 시간은 깊이 있는 질문을 가능하게 한다. 모임이 끝나기 30분 전에 의장은 당사자에게 위원들이 지금까지 보고 들은 내용을 얘기하기를 원하는지 물어본다. 위원들이 보고 들은 내용을 얘기한다는 것은 당사자에게 조언을 하는 것이 아니라 당사자의 말과 분위기를 반추함으로써 당사자가 다시 반응할 수 있는 기회를 가지게 하는 것이다. 마지막 10분 동안 의장은 위원들이 당사자를 격려하게 한다. 지난 3시간 동안 당사자는 아주 솔직하게 답변을 해왔기 때문에 이 시간은 중요한 의미를 갖는다.

이상 8가지 퀘이커교 정화 위원회 규칙 가운데 제일 중요한 것은, 당사자에게 어떤 문제가 생겼을 때 다른 사람들은 무엇이 제일 좋은지 아는 척하지 말고 스스로 답변을 찾을 수 있도록 진솔한 배려가 담긴 질문을 할 수 있어야 한다는 것이다.

이것은 또한 액션러닝의 근본 개념과도 맥이 닿아 있는 부분으로, 레반스의 사상을 연구하는 학자들은 어린 시절 아버지가 들려준 타이타닉호의 침몰 원인과 종교적 체험이 레반스가 강조하는 액션러닝 팀의 자율성과 '역경 속의 파트너십' 개념으로 발전했을 것이라 가정하고 있다.

레반스의 생애를 통해서 본
액션러닝의 성장과 발전

▌ 액션러닝의 태동기

1928년 레반스는 캠브리지 엠마뉴엘 대학 연구 장학생으로 뽑혀 카벤디시 랩(Lab, 연구소)에서 박사과정을 시작했다. 레반스는 1906년 전자의 발견으로 노벨상을 수상한 당시 카벤디시 랩의 연구소장이며 트리니티 대학 총장이었던 톰슨의 마지막 대학원생이었다.

톰슨과 레반스의 관계는 매우 돈독했다. 톰슨은 학생들이 자신감과 독립성을 가지도록 가르쳤다. 레반스가 '학습 L = 지식 P + 질문 Q'라는 액션러닝의 공식을 만들고, 전문가의 개입을 반대한 것은 톰슨의 영향을 받았기 때문이다.

카벤디시 랩에서 일할 기회를 가졌던 연구원들에게는 1920년대와 1930년대가 최고의 절정기였다. 당시 카벤디시 랩은 경력에 상관없이 과학자의 개별성을 존중하였고, 교수는 연구의 우두머리라기보다는 멘토의 역할을 했다.

카벤디시 랩에는 40명 정도의 연구생들이 있었는데, 대부분 랩 디렉터의 연구 주제인 원자에 관한 연구를 하고 있었다. 연구생들은 3년 안에 과제를 마치고 박사학위를 받게 되어 있었고, 랩은 그들이 과로하는 것을 막기 위해 매일 오후 6시가 되면 문을 닫았다. 카벤디시 랩의 또 다른 특징은 세미나와 클럽 활동이었다. 동료들 간의 건설적인 비판과 협력이 가능했던 이런 모임들은 새로운 원자 물리학

분야의 열정적인 연구 분위기 속에서 실용주의를 중시하는 토론 문화의 산실이 되었다.

이 무렵 자신이 속한 연구그룹에서 원자 분열의 기초가 되는 중성자를 발견하는 쾌거를 올린 레반스는 카벤디시 랩의 분위기에 대해 다음과 같이 회고한다.

"아버지는 내게 타이타닉 호의 선박을 디자인하거나 지휘 책임을 갖고 있던 전문가들이 자신들이 가진 편협한 지식만을 고집했기 때문에 재앙을 초래했다는 비극적인 교훈을 일깨워주었다. 카벤디시 랩은 이와는 다른 특별한 분위기를 가지고 있었다. 랩에 있는 노벨상 수상자들은 원자 분열이 왜 일어나는지에 대해 각기 다른 의견을 가지고 있었지만 다른 사람들을 설득하거나 자기주장에만 열을 올리지 않았다. 내가 카벤디시에 있는 동안 11명의 노벨상 수상자가 원자 분열의 원인에 관해 치열한 논쟁을 벌였지만, 그들은 서로에게 전혀 적대적이지 않았다. 일례로 채드윅이 새로운 물체인 중성자가 원인이라고 발표하기 전에 러더포드는 세미나 말미에 이런 말을 했다.

"이제 그만 가서 밥이나 먹읍시다. 우리는 지난 4시간 동안 논쟁하고 있었지만 나에게 인상적이었던 것은 내가 아무것도 모른다는 사실인데, 여러분은 어떻습니까?"

나는 1933년부터 이 말을 되새기면서 중요한 시스템을 운영하는 사람들이 자신의 생각이나 의견을 어떻게 바꾸는지에 관해 관심을 가지게 되었다. 우리가 뭔가를 좀 더 잘 하기 위해서는 "나는 당신이 하고 있는 일에 몇 가지 의문을 가지고 있고, 내가 하는 일에 대해서도 역시 그렇다. 그럼 뭔가 다른 접근을 해보는 게 어떨까?"라고 말하는 사람들과 의견을 나누어야 하는 것이다. 사람들이 아무리 중요한 논문을 많이 발표했다 하더라도 뭔가 의문을 가지고 있을 때, 지금 벌어지고 있는 일을 내가 잘 모른다고 할 때, 다른 사람들과 의견을 공유할 때에 비로소 난관을 헤치고 진정한 의미의 진전을 볼 수 있는 것이다. 바로 이것이 액션러닝의 기초이다.

▌ 액션러닝의 성장기

레반스는 이후 5년 동안 원자물리학을 연구한 결과 박사학위를 취득하고 1931년 캠브리지를 떠났다. 1938년부터 1945년까지 에섹스 구위원회 산하의 교육담당 디렉터로서 일하게 된 레반스는 1938년 의료 서비스 담당 동료로부터 특별한 부탁을 받게 된다. 병원의 간호 인력이 부족한 이유와 간호사 훈련 기간 도중 이탈자가 생기는 원인을 분석해달라는 요청이었다. 레반스는 이 일을 계기로 병원과 관련된 업무를 직접 경험하게 되었고 이때 액션러닝의 이론에 기초한 '에섹스 교육위원회에 보내는 메모'를 제출하게 된다.

2차 세계대전 말기인 1944년, 레반스는 영국 탄광청 교육담당관으로 부임하게 된다. 이 시기 영국 정부의 당면 과제는 탄광 산업을 효율적으로 운영할 대책을 마련하는 것이었다.

레반스는 탄광 엔지니어 자격증을 취득한 뒤 직접 갱에 들어가 광부들과 함께 생활을 했다. 이 경험을 통해서 탄광 산업이 얼마나 복잡하게 이루어졌는지를 알게 되었다.

우선 제일 큰 문제는 탄광 산업의 실상을 알지도 못하는 소위 '전문가'라고 하는 사람들이 현장을 지휘감독하고 있다는 점이었다. 탄광은 하루 24시간 각종 안전사고에 노출되어 있었고 광부들이 교육을 받기 위해 잠시라도 갱을 벗어나 있는 건 불가능한 현실이었다.

레반스는 카벤디시 랩에서 동료들과 함께 문제를 해결했던 시스템을 탄광에 도입했다. 즉 실질적 문제 해결 능력을 갖춘 관리자급의 광부들이 소규모 그룹 단위로 다른 탄광을 방문하여—가령 안전 관리에 능한 관리자가 자신만의 노하우를 다른 광부들에게 가르치는 방법으로—이 분야의 베스트 프랙티스를 공유하게 하는 방식이었다.

레반스가 이때 제안한 문제 해결의 핵심 논리는 공동의 어려운 과제를 안고 있는 동료들끼리 자신들의 문제를 직접 해결한다고 하는 '역경 속의 파트너십'이었다.

이때의 경험을 토대로 1945년 액션러닝에 관한 레반스의 첫 번째 논문이 발표되었다. 레반스는 이 논문에서 모든 산업의 관리자들이 인간 경영에 대해 체계적인 훈련을 받아야 한다고 주장했다. 겸손함, 과학적 분석 결과의 존중, 인간에 대한 배려 등을 리더십의 기본이라고 역설한 레반스의 주장은 훗날 액션러닝 팀 학습의 가장 중요한 원칙이 되었다.

1946년에는 중부유럽과 동유럽에서 온 광부들에게 영어를 가르쳤다. 애초에 이 일은 액션러닝과는 전혀 관련이 없는 일처럼 보였다. 그러나 20개가 넘는 언어를 사용하는 사람들을 상대로 공통의 언어를 가르친다는 것은 보통의 교육방식으로는 어림도 없는 일이었다.

레반스는 여기에도 역경 속의 파트너십 개념을 활용하였다. 즉 어느 정도 영어에 익숙한 광부들로 하여금 자국 출신 동료들이 10주 내에 탄광 일을 시작할 수 있도록 현장에서 필요한 기본용어부터 가르치게 하는 방식이었다.

1954년 『작은 것이 아름답다』의 저자인 슈마허와 같이 탄광의 경영 구조에 대한 연구 보고서를 발표한 레반스는 그해 2월부터 1956년 11월까지 영국의 탄광 관리자들을 위한 첫 번째 액션러닝을 실시하게 된다.

▌액션러닝의 세계적 확산과 시련기

1955년 맨체스터 과학기술 대학의 산업경영학 교수로 임용된 레반스는 이후 10년 동안 산업현장에서의 파업에 관한 경험적 연구 결과를 토대로 한 저술작업에 집중하였다. 레반스는 이 논문들을 통해서 대규모 공장의 파업은 관리자들이 실제 작업 상황을 잘 모르거나 생산 과정을 도와줄 수 없기 때문에 생기는 거리감에서 비롯되는 것이라고 역설하였다.

1958년 핵무장 해제 캠페인이 일어났을 때 레반스는 철학자인 러셀과 함께 이 운동에 적극적으로 참여했지만 정치적으로는 개방적인 입장이었다. 그러나 이 일로 레반스를 사회주의자로 간주하는 사람들이 많았고, 그 때문에 액션러닝의 확산에도 많은 지장을 받게 된다.

1959년 유럽경영훈련센터 협회(EATC) 산하의 브뤼셀 지부 연구원으로 임명된 레반스는 『유기체로서의 병원: 커뮤니케이션과 사기에 관한 연구』, 『인간 시스템으로서의 병원』 등을 출판하였다. 1965년 맨체스터 대학을 떠나 벨기에로 간 레반스는 브뤼셀 산업대학 재단 연구원으로서 대학의 경영학 이론을 기업 네크워크에 확산시키기 위한 프로그램 개발에 몰두하게 된다.

이때 레반스는 대학의 전통적인 교육 모델과는 달리 비즈니스와 경영에 경험이 있는 사람들을 중심으로 한 새로운 교육 조직에 관심을 가졌다. 이것은 그가 1945년 탄광 소유주들에게 제안했던 직원대학의 개념과도 일치하는 것이었다.

이 시기를 전후하여 비즈니스 교육의 급속한 성장이 이루어졌다. 1965년 영국에는 런던 비즈니스 스쿨과 맨체스터 비즈니스 스쿨 두 곳뿐이었는데 1985년에는 MBA 과정이 26개, 1994년에는 100개로 늘어났다.

1968년 경영자의 가치와 윤리, 목적의식을 강조한 레반스의 '고급 경영을 위한 대학 간 프로그램'이 벨기에 5개 대학과 21개 대기업의 협력 하에 공식적으로 출범하였다. 이후 브뤼셀 산업대학 재단과 벨기에 정부의 지원으로 대학 간 칼리지의 경영학 박사과정이 설립되었다.

1970년 『경영자의 알파벳』, 1971년 『효과적인 관리자 개발』 등의 저서를 발표한 레반스는 벨기에의 고급 관리자 양성을 위한 대학 간 프로그램의 디렉터로서 공헌한 바를 인정받아 레오폴드 훈장(벨기에를 위해 혁혁한 공을 세운 사람들에게 레오폴드 국왕을 기념하여 수여하는 최고 훈장 중의 하나)을 받게 된다.

1972년 레반스는 미국의 남부 감리대학(SMU)의 교환교수로서 이 대학 경영대학장으로 있던 그레이슨과 함께 처음으로 대학에 액션러닝 과정을 도입하였다. 이 시기 '액션러닝, 고급관리자 개발 프로그램'이라는 레반스의 논문이 〈인사리뷰〉를 통해 발표되면서 처음으로 액션러닝이라는 용어가 출판계에 등장하게 된다.

1973년 레반스는 영국, 호주, 벨기에, 이태리 출신의 조직개발 전문가들을 주축으로 한 '액션러닝 프로젝트(ALP) 인터내셔널'을 조직하였다. ALP는 이후 다양한 방법에 의한 조직개발과 인적자원개발에 관한 액션러닝 프로그램을 제공하기 시작했다. 특히 '체험에 의한 학습'을 강조하는 이 프로그램은 초반에 어느 정도 성공적인 반응을 불러 일으켰지만 재정 문제가 걸림돌이 되었다. 1973년부터는 액션러닝의 철학과 접근 방법을 널리 알려서 프로젝트를 수주하고 운영비를 벌기 위해 저서 출판도 활발히 했으나 재정 문제로부터 자유롭지 못했던 레반스는 67세의 나이인 1974년 다시 영국으로 이주하게 된다.

1975년 레반스는 정신장애인을 돕는 서비스 담당자들을 위한 논문 '무력한 사람들을 위해 서로 돕기'에 이어 『병원의 액션러닝』을 출판한다. 이후 영국에서는 다양한 방식의 액션러닝이 시행되었다. 액션러닝이 어떻게 작업환경과 근로자의 삶을 바꿀 수 있는지를 보여준 레반스의 연구논문들은 이후 영국의 많은 기업에서 요구하는 단기간 학습 프로그램으로 주목 받았다.

1975년 기업의 액션러닝 도입 방법을 소개한 포이의 논문 '액션러 닝이 기업에 활용되다'가 하버드 비즈니스 리뷰에 실린 것을 계기로 액션러닝을 컨설팅이나 사례연구, 태스크포스 팀의 관점에서 보았던 레반스의 기존 이론을 정리한 프로그램들이 소개되었다. 이는 미국의 독자들에게 액션러닝을 소개한 첫 번째 논문이기도 하다.

이 무렵 레반스와 동료들은 주로 기업들을 대상으로 액션러닝을 보급하는 액션러닝 트러스(ALT)와 비영리조직인 국제 액션러닝 재단 (IFAL)을 설립하였고 영국, 네덜란드, 스웨덴, 미국 등지에 액션러닝 지부가 설치되었다.

1978년 '액션 없이 학습 없고, 학습 없이 액션 없다'는 구절로 유명 한 레반스의 저서 『액션러닝의 ABC』가 출판된 후 액션러닝은 호주, 바레인, 벨기에, 영국, 이집트, 핀란드, 인도, 리비아, 노르웨이, 사우 디, 스웨덴 등 세계 각국으로 전파되었으며, 이는 세계적 기업인 GE 사에 액션러닝이 도입되는 계기가 되기도 했다. 그러나 이 시기 GE 사에서 실시한 액션러닝은 조직개발 측면에만 치우쳐 레반스가 주 장한 본래의 액션러닝 개념과 혼동을 일으켰고 '액션러닝의 미국화 된 버전'이라는 비판을 받기도 했다. 즉 GE의 프로그램은 기존의 강 의 중심 프로그램에 비하면 상당한 진전을 보였지만 팀 학습을 중시 하지 않고, 개인의 역량 변화를 극대화하는 데 중점을 두지 않는다는 면에서 태스크포스 팀과 차별성을 갖지 못했다.

또한 레반스의 접근방식은 팀원들의 자발적인 참여에 기초하여 9개월에서 12개월에 걸쳐 이루어지는 데 반해 미국식 버전은 3주에서 3개월에 그친다는 차이점을 갖고 있었다. 즉 팀원들이 뭔가를 배우고 조직문제를 해결한다는 측면에서 액션러닝의 기본 포맷을 따르고는 있지만, 팀원들의 잠재성을 극대화시키지 못한다는 점에서 본질적인 면을 추구하지 않는다는 평가를 받았다.

▌레반스의 생애가 남긴 교훈

1986년 레반스는 맨체스터 대학의 액션러닝 전문 연구원으로 임명되었다. 이 시기 미국에서는 국제경영리더십(LIM)이라는 컨설팅 그룹이 형성되었고 이 그룹의 핵심인물들이 액션러닝의 또 다른 접근방법인 액션 리플렉션 러닝(ARL: Action Reflection Learning)을 선보였다.

1988년 GE에서 처음으로 글로벌 액션러닝 비즈니스 경영과정이 신설되었으며 1989년 영국 상원의원인 버터필드 경이 전국 의료서비스 기관에 액션러닝이 필요하다는 취지의 연설을 했고 1991년에는 레반스의 논문 '제3세계의 액션러닝'이 출판되었다.

1995년에는 영국에서 18개국에서 모인 80여 명의 참가자들을 대상으로 한 제1회 국제액션러닝 상호협력대회가 개최된 것을 계기로 레반스 액션러닝 연구센터가 설립되었다.

2000년 유리 보식 교수가 편집한 『비즈니스 중심의 액션러닝: 글로벌 베스트 프랙티스』가 출판되어 세계 여러나라의 기업과 조직의 담당자들이 경영혁신을 위해 액션러닝을 활용한 사례가 소개되었다. 유리 보식 교수는 2002년 판 『세계의 액션러닝: 리더십과 조직개발 경험』을 통해서도 북남미와 남아공, 유럽, 중국, 홍콩, 한국, 일본 등의 공사부문과 비영리 조직에서 액션러닝이 활용된 사례를 소개함으로써 레반스의 이론을 전 세계적으로 알리는 데 많은 공헌을 하였다.

2003년 딜워스와 윌리스가 공저한 『액션러닝: 이미지와 통로』라는 책의 서문에 "이 책은 액션러닝의 철학을 잘 반영하고 있다."고 쓴 논평을 마지막으로 레반스는 95세를 일기로 세상을 떠났다.

이제까지 살펴본 바와 같이 레반스의 생애는 곧 액션러닝의 역사라 해도 지나친 말이 아닐 것이다. 한편으로는 '오랫동안 영국에서 인정받지 못한 경영의 대가'로 그 이름이 그늘에 가려져 있기는 하지만 아직도 많은 사람들이 비즈니스 현장에서의 '지금, 여기, 그들에게 당면한 문제를 그들 스스로 해결한다'는 레반스의 사상과 업적을 높이 평가하고 있는 것 또한 부정할 수 없는 사실이다.

출처: Yury Boshyk/Robert L. Dilworth (Ed.), Action Learning. History and Evolution, 2010.

액션러닝과 다른 문제 해결 방법들 간의 차이

액션러닝과 여타 문제 해결 방법의 근본적 차이는, 액션러닝이 참가자 전원의 역량 향상을 궁극적인 목적으로 한다는 점이다. 예를 들어 6시그마, 워크아웃, 프로젝트 팀의 경우 학습 효과보다는 과제 해결에 더 많은 관심을 보이고 PBL(Problem-based Learning, 문제 중심 학습)은 학습 효과에 치중하는 특성을 갖고 있다면, 액션러닝은 과제와 학습, 두 가지 측면을 똑같이 중시한다. 그러나 다음의 [그림1]에서 보는 바와 같이, 액션러닝이 과제 해결에만 치중하게 되면 6시그마나 워크아웃, 태스크포스 팀과 다를 게 없게 되고, 학습에만 치중하게 되면 PBL(Problem-based learning, 문제기반학습)과 유사하게 되며, 이도 저도 안 되면 결국 무늬만 액션러닝이 되고 만다. 액션러닝이 학습자들의 역량 향상을 위해 중요한 도구로 사용하는 것은 실존하는 과제이다. 실존하는 과제를 통해서만 학습 팀에게 가장 치열한 학습이 일어나기 때문이다.

〔그림1〕 액션러닝과 다른 방법들 사이의 차이 : 경 교수의 설명

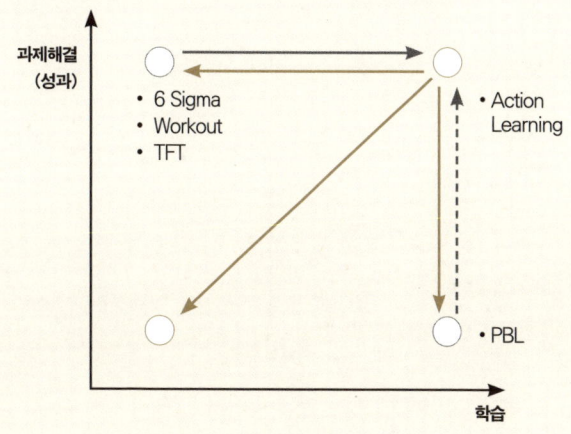

액션러닝과 다른 방식들 간의 차이을 구분하는 또 한 가지 방법은 GE 사가 사용하는 방법이다. 이에 대한 GE 사의 기준은 과제 또는 해결방안이 어떤 성격을 갖고 있느냐에 따라 달라진다.

즉 과제가 단순하고 정량적인 해결방안을 필요로 하는 경우는 팀 구성을 하지 않고 전문가에게 맡긴다. 또 과제가 단순하고 정성적인

해결방안을 필요로 하는 경우는 워크아웃(Workout) 방식을 채택하여 실존하는 과제를 가진 담당자들이 2~3일 간 자유로운 토론을 통해 그 자리에서 해결방안의 실행여부를 결정한다. 과제가 복잡하고 정량적 해결이 가능할 경우는 6시그마를 활용하고 과제가 복잡하고 정성적인 해결대안이 필요한 경우에 액션러닝을 활용한다.

[그림2] 액션러닝과 다른 방법들 사이의 차이 : GE 사의 구분

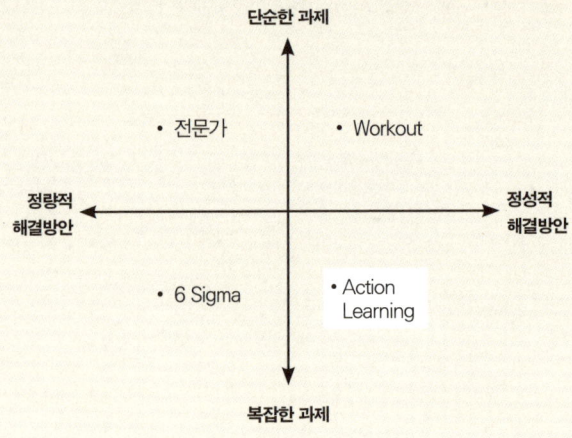

태스크포스 팀과 액션러닝 팀의 차이

사실 태스크포스 팀(TFT)과 액션러닝 팀은 일정한 목적을 가지고 그 목적을 달성하기 위해 임시로 모인 팀이라는 점에서 비슷하다고 볼 수 있다. 또한 뛰어난 팀이라면 어떤 방식을 사용해도 결과는 크게 다르지 않을 것이다. 태스크포스 팀도 액션러닝 팀과 마찬가지로 문

제 해결 프로세스에 입각해서 문제 해결을 위해 단계별로 행동하고, 결과를 반성하며 그 다음 단계에서 또 액션을 하는 팀이기 때문이다.

다만, 태스크포스 팀에는 러닝코치 대신 팀 리더가 팀을 이끈다. 태스크포스 팀의 팀 리더는 장차 팀이 해야 할 일의 전문가인 경우가 대부분이다. 말하자면 그 분야에서 제일 실력이 뛰어난 사람이 팀 리더가 되는 것이라서 팀원들의 의견을 적극적으로 경청하기보다는 독단적으로 결정하기가 쉽고 팀원들도 수동적인 태도를 갖기가 쉽다.

물론 다 그렇다는 것은 아니다. 태스크포스 팀의 리더 중 일부는 모든 팀원들의 참여를 이끌어내기도 한다. 그러나 대부분은 전문적인 리더십 훈련을 받지 못하는 경우가 많다. 그들은 단지 과제와 관련한 전문가로서 팀을 지도한다고 볼 수 있다.

액션러닝의 팀 학습에서 팀은 팀원 각자가 공평하게 역할을 분담하며 민주적인 회의운영 절차를 통해서 과제를 수행하는 가운데 시너지 효과를 낸다. 전문적인 훈련을 받은 러닝코치, 즉 프로세스 전문가가 팀원들의 학습효과를 촉진하는 중재자 역할을 하기 때문이다.

단, 액션러닝의 경우도 러닝코치가 과제 내용에 깊이 개입하는 등 중재자 역할을 제대로 수행하지 못한다면 태스크포스 팀과 다를 게 없다. 학습팀원들이 러닝코치에게 의존하게 되면 태스크포스 팀원들이 팀 리더를 따라가는 것과 똑같게 된다.

또 하나의 차이는 성찰이다. 액션러닝에서는 러닝코치가 문제 해결 프로세스를 통해 '당신은 여기서 뭘 배웠나', '어떤 교훈을 얻었나', '어떤 시사점을 얻었나', '그 시사점을 다음 단계에 어떻게 활용할 것인가'라는 질문을 지속적으로 제기하여 팀원들의 성찰을 유도하고, 그 결과를 다음 단계에 활용하게 만들고, 그것이 자기계발에 도움이 된다는 사실을 끊임없이 주지시킨다. 그런 식으로 학습팀원들을 동기부여하면 팀원들은 과제수행에 훨씬 주도적으로 참여하게 된다.

지금까지 설명한 것은 태스크포스 팀과 액션러닝 팀의 차이라기보다는 잘 운영되는 팀과 그렇지 못한 팀의 차이라고도 할 수 있다. 다만 액션러닝에서는 팀 운영과 관련한 전문가인 러닝코치가 팀과 함께하기 때문에 팀 운영이 바람직한 방향으로 나아갈 가능성이 높은 것이다.

Chapter8

8차 학습팀 회의

당신은 무엇을
배웠나요?

ACTION
LEARNING

하늘기업 해바라기팀의 액션러닝

여덟 번째 이야기

그 뜨겁던 여름도 완연히 기세가 꺾이고 간간히 선선한 바람이 도로가의 나뭇잎을 흔들고 있다. 명민한은 이날 모처럼 영업1팀 동료들과 같이 점심 식사를 했다.

"부장님, 이러다 우리 영업1팀이 전체 1등을 해버리면 어쩌죠?"

아침부터 연신 싱글벙글하던 탁 대리가 팀원들에게 일일이 물을 따라주며 콧노래를 부른다. 탁 대리뿐만 아니라 6명의 영업 1팀 식구들 모두의 얼굴에 웃음꽃이 피었다.

"어쩌긴 뭘 어째? 내친 김에 동종업계 판매 1위까지 먹어버리는 거지, 안 그래?"

지난 1년 간 사무실에서 웃는 모습이라곤 볼 수 없던 김 과장도 목소리가 한껏 들떠 있다. 팀 분위기가 이렇게 좋아진 게 얼마 만인가.

9월 초부터 상승곡선을 그리기 시작한 영업1팀의 매출 실적이 10월 들어 사내 5위로 올라갔다. 이대로만 가면 탁 대리 말처럼 연말이 되기 전에 전체 1등하는 것도 시간 문제다. 모든 게 팀원들이 일치단결해서 노력을 아끼지 않은 덕분이다.

"이게 다 부장님 덕이죠, 뭐."

탁 대리가 그 공을 명민한에게 돌렸다.

영업1팀 회의방식을 액션러닝식으로 바꾼 뒤부터 눈에 띄게 변화가 시작된 것은 사실이다. 명민한은 그러면서 회의 분위기가 달라진 것은 기본이고 일을 대하는 팀원들의 마음가짐까지 달라지는 것을 느낄 수 있었다.

"이 사람 또 오버하네. 우리 팀이 잘해서 그런 거지, 뭐가 내 덕이야."

"탁 대리 말이 맞아요. 이게 다 부장님이 알려준 그 'I AGREE' 덕분이 아니겠습니까?"

김 과장 말에 식사 도중 한바탕 큰 웃음이 터졌다. 갑자기 탁 대리가 자신을 추켜세우는 바람에 괜히 쑥스러운 기분이 들었는데 김 과장이 이 대목에서 방점을 콕 찍은 셈이다.

"그러게요. 교육은 부장님이 대표로 받고 우린 그대로 따라하기만 했는데 이렇게 빵빵 터뜨리고 있으니, 정말 대단한 거 아닙니까?"

우스갯소리라고는 할 줄 모르는 것 같던 최 대리도 한 마디 거들고 나섰다.

액션러닝 프로그램에 참여한 뒤로 명민한에게는 주변의 모든 상황이 실습대상이었다. 과제를 수행하면서 얻은 경험은 거의 대부분 명민한 자신의 성찰 과정을 거쳐서 개선된 형태로 현업에서 재구성되었다. 그 과정에서 몇 번의 시행착오와 실패를 겪기도 했지만 그마저도 영업1팀이 성과 부진의 늪에서 빠져나오는 데 결정적인 자양분 역할을 했다. 회의실로 향하는 명민한의 발걸음이 날아갈 듯 가볍다.

■ 해바라기팀 8차 학습팀 회의 아젠다 '성찰'

13:00~13:05	아이스 브레이크
13:05~13:10	아젠다 설명 및 합의
13:10~13:20	과제수행 경과 발표
13:20~14:30	결과에 대한 성찰 및 반성
14:30~15:10	성과보고회 프리젠테이션 예상 질문 및 모범답안 작성
15:10~16:00	향후 추진계획 수립
16:00~16:10	휴식
16:30~17:00	성찰

학습팀 마지막 미팅의 주요 아젠다는 성찰이었다.

"여러분이 수행한 과제가 갖는 의미는 무엇일까요?"

경 교수가 물었다. 하늘기업이 전사차원에서 목표로 세웠던 것은 '즐거운 TV 가입자 30만 명 조기 확보 방안'이었다. 해바라기팀은 그 방안을 현실적으로 실행가능한 해결책으로 바꿔 과제를 수행한 결과 전사차원의 목표에 도달할 수 있는 구체적인 방향을 제시하였다.

즉 앞으로 이 목표를 실천에 옮기게 될 실무 부서의 직원들에게 기업 고객 공략과 계약 성공에 필요한 완성도 높은 매뉴얼을 제공할 수 있었다는 점이 이번 과제수행의 가장 큰 가치라 할 수 있었다.

"프레젠테이션에서 지금 명 부장님이 했던 이야기를 그대로 발표하면 되겠네요?"

"네, 저도 같은 생각입니다."

명민한의 이야기를 듣고 난 팀원들은 하나같이 공감을 표시했다.

"잠깐만요."

경 교수가 들뜬 분위기를 가라앉히며 차분한 눈길로 팀원들을 바라보았다.

"여러분들은 액션러닝의 궁극적인 목적이 뭐라고 생각하십니까?"

그들 모두의 역량 향상. 학습과정에서 경 교수가 귀에 못이 박히도록 했던 말이다.

"그렇다면 구체적으로 여러분들의 어떤 역량이 향상되었나요?"

과제가 끝난 뒤에도 경 교수의 질문은 여지없이 쏟아지고 있었다. 성가실 만큼 되풀이되는 과정이지만 매번 새로운 차원의 성찰을 통해 또 다른 학습 기회를 갖게 만드는 것은 명민한이 이제껏 그 어떤 프로그램을 통해서도 경험하지 못했던 액션러닝만의 참다운 매력이다.

경청, 칭찬, 질문, 회의운영의 기술, 현장을 바라보는 눈, 과제수행 프로세스 등 팀원들은 저마다 자신의 사례를 예로 들어가며 지난 4개월 동안의 일을 떠올렸다. 남 부장은 현장에 답이 있다는 사실을 통해서 많은 걸 알게 되었다고 답했고, 나 부장은 성찰을 통해서 학습 효과가 커진 것 같다고 했다.

"그걸 다 어떻게 배웠죠?"

경 교수가 다시 물었다.

"교수님이 계속 질문을 하셨잖습니까? 전 그 질문에 대답하는 과정에서 많이 배웠습니다."

주 팀장이다.

"우리끼리 피드백을 주고받는 과정에서도 배운 게 많았습니다."

꼼꼼한 원 부장이 지난 4개월 동안의 학습팀 회의내용과 과제수행 과정을 빠짐없이 기록한 다이어리를 넘기며 회상에 잠겼다. 경 교수와 팀원들의 대화내용은 물론 매 학습팀 회의 때마다 팀원들끼리 주고받았던 피드백을 구체적으로 기록한 원 부장의 다이어리는 그 자신만을 위한 역량 향상 매뉴얼이라 해도 과언이 아니다.

"평소 시간 관념이 희박한 편이었던 저는 학습팀 회의운영 프로세스를 통해서 1분의 가치를 깨닫게 되었습니다."

팀원들 대부분이 공감하는 나 부장의 성찰이다.

"전 이번 프로그램에 참여해서 제 인생의 중대한 전환점을 만난 것 같습니다. 우리가 액션러닝 동지로서 똘똘 뭉칠 수 있었던 것만으로도 세상에서 제일 든든한 백그라운드를 가진 것 아니겠습니까?"

계속해서 박수를 부르는 팀원들의 멘트는 남 부장의 격앙된 어조에서 절정을 이루었다. 명민한이 말할 수 있는 건 크게 두 가지였다.

하나는 학교 공부도 할 만큼 했고 직장생활도 남 못지않게 해왔지만 그동안 잘못 배운 게 너무 많았다는 사실이다. 머릿속에 든 지식이 아무리 많아도 직접 부딪쳐서 확인해보지 않으면 실질적인 문제해결에 아무 도움이 안 되는 가설에 불과하다는 점을 학습팀 활동을 통해서 뼈저리게 느낄 수 있었다. 그런 점에서 액션러닝은 몸으로 하는 것이라고 했던 경 교수 말이 백번 옳다.

두 번째는 성찰의 중요성이다. 모든 성공과 실패는 저마다 그 나름의 교훈을 갖고 있다. 그 가치를 잘 몰랐을 때는 매번 학습팀 회의를 할 때마다 성찰을 요구하는 경 교수의 제안이 번거롭게 느껴질 때도 있었다. 그러나 이제 성찰은 업무의 영역에서 뿐만 아니라 명민한의 일상생활에서도 빼놓을 수 없는 하나의 중요한 습관이 되었다. 4개월이라는 짧은 기간 동안 생각의 변화를 일으킨 것만으로도 그로서는 평생 잊지 못할 소중한 경험이 아닐 수 없다.

"오늘은 그동안 수고하신 여러분들을 위해서 내가 한 잔 살 테니 우리 다 같이 자축합시다!"

학습팀 회의가 끝난 뒤 경 교수가 회식을 제의하자 팀원들이 이구동성으로 만류하고 나섰다.

"아닙니다. 저희가 교수님을 모셔야죠!"

"맞습니다. 저희가 사비를 털어서라도 근사한 데로 모셔야죠!"

경 교수와 해바라기 팀원들이 즐거운 실랑이를 하고 있는 사이 유 차장과 서 팀장이 회의실 문을 열고 들어왔다.

"축하는 인재개발팀에서 해야죠. 다들 월권하시는 것 아닙니까?"

이렇게 해서 해바라기 팀원들의 액션러닝 성공을 자축하는 파티가 열렸다. 경 교수와 서 팀장, 인재개발팀의 유 차장까지 함께한 자리는 말 그대로 축제 분위기였다.

"한 가지만 더 묻겠습니다."

다 함께 건배를 마친 뒤 경 교수가 입을 열었다. 그는 팀원들에게 이 학습을 통해 배운 것들을 어떻게 적용할 것인지 물었다.

명민한은 오늘 점심시간에 영업1팀 팀원들과 나누었던 이야기를 떠올렸다. 대림산업 깔끄미팀이 액션러닝을 전사차원으로 확산시킨 사례를 롤 모델로 삼아 해바라기팀 역시 그에 못지않은 파급력을 발휘할 수 있는 충분한 스토리를 갖고 있지 않은가.

"저도 이번에 여러분들이 일하는 모습을 보고 더욱 확신을 갖게 되었는데요. 이 성과를 우리만 알고 있을 게 아니라 다른 부서에도 전파시켜야 한다고 생각합니다."

서 팀장이 명민한의 의견에 적극 동조하고 나서자 유 차장이 회심의 미소를 지으며 경 교수와 팀원들을 돌아보았다.

"안 그래도 우리 인재개발팀에서는 하늘기업 모든 구성원이 액션러닝 방식을 체득할 수 있도록 하는 프로젝트 초안을 만들고 있는 중입니다."

유 차장은 그간 국내 다른 기업들의 동향을 파악한 결과, 전자, 제약, 식품, 금융정보서비스, 건설, 화재보험사 등 업종을 불문하고 전사차원의 액션러닝을 실시하고 있다는 사실을 알게 되었다고 설명했다.

"스폰서라면 명색이 물주인데, 지금 나만 빼놓고 너무들 하시는 것 아닙니까?"

갑자기 귀에 익은 목소리가 들려 뒤를 돌아보았더니 고용진 전무가 활짝 웃는 얼굴로 나타났다. 고 전무는 다시 한 번 팀원들의 노고를 치하하며 축하주를 한 잔씩 건넸다.

"저 역시 여러분에게 배운 점이 많았습니다. 나는 사실 액션러닝 팀이 이렇게까지 자기희생을 마다않고 우리 사업본부 일을 끝까지 추진해줄 줄은 꿈에도 생각 못했어요. 사실 소속팀이나 본부는 달라도 회사가 추진하는 전략 방향에 우리 회사 식구들 모두가 한 방향으로 힘을 모아야 한다는 건 누구나 알고 있지만, 우리 임원들도 그걸 실천하는 게 말처럼 쉽진 않거든요. 그런 의미에서 내가 오히려 여러분에게 많은 것을 배우고 느꼈어요."

고 전무의 솔직담백한 고백은 팀원들의 박수갈채를 받을 만큼 충분히 감동적이었다.

"과제는 끝났어도 여러분은 영원한 학습인이라는 사실을 명심하십시오. 액션러닝은 언제 어느 순간에서나 계속되어야 합니다."

액션러닝은 영원한 현재 진행형이다.

명민한은 그날 술자리가 파하기 전에 경 교수가 했던 말을 자신의 액션러닝 다이어리 제목으로 삼았다.

인재개발형 액션러닝
조직개발형 액션러닝

인재개발형과 조직개발형 액션러닝의 특징

액션러닝 프로그램은 크게 두 가지 유형, 즉 선발된 소수인원을 대상
으로 하되 주로 하향식으로 과제를 부여하여 조직의 전략적 이슈를
해결하고 그들을 핵심 인재(리더)로 육성하기 위한 목적으로 실시되
는 프로그램과, 조직구성원 전체 또는 참가 희망자 전원을 대상으로
하여 상향식으로, 즉 학습팀원으로 하여금 자율적으로 과제를 선정
하게 하여 조직을 학습 조직화하거나 경영혁신을 추진하기 위한 목
적으로 실시되는 프로그램으로 분류될 수 있다.

　이 두 가지 유형을 구분 짓는 가장 두드러진 특징은 프로그램의 운
영 목적과 참가자 집단의 규모라는 측면인데, 전자를 인재개발형 액

션러닝 프로그램이라 하고, 후자를 조직개발형 액션러닝 프로그램이라 한다. 이를 좀 더 구체적으로 설명하면 다음과 같다.

첫째, 인재개발형 프로그램을 운영하는 기업들은 사내의 공식적인 리더(핵심 인재) 육성 시스템에 의해 선발된 소수정예 인력을 대상으로 액션러닝 프로그램을 운영함으로써 이들의 문제 해결 역량과 리더십 역량을 강화시키고 향후 이들이 기업 내에서 보다 더 중요한 직책(팀장, 분야별 전문직책 등)을 수행할 준비를 갖추게 하는 것을 목적으로 한다.

반면 조직개발형 프로그램을 운영하는 기업들은 조직구성원 전체 또는 희망자 전원에게 프로그램에 참여할 수 있는 기회를 부여함으로써 이들로 하여금 여러 가지 현안 과제를 해결해가는 과정에서 조직 전체의 경쟁력을 강화시키며 경영혁신을 촉구하는 것을 목적으로 한다.

둘째, 스폰서십(Sponsorship)의 측면에서 볼 때 인재개발형 프로그램에서는 과제 스폰서의 역할이 부각되는 반면, 조직개발형 프로그램에서는 프로그램 스폰서의 역할이 보다 중요시된다.

프로그램 스폰서란 해당 액션러닝 프로그램 전반에 대한 영향력을 발휘하는 사람으로 대개의 경우 CEO가 그 역할을 담당한다. 또한 과제 스폰서란 액션러닝 팀이 해결을 시도하는 각 과제에 대한 실제적인 의사결정 권한을 가진 사람으로, 과제의 범위와 수준에 따라서 사업본부장(부문장)이나 부서장인 경우가 일반적이며, 경우에 따라서는 CEO가 그 역할을 수행할 수도 있다.

셋째, 위에서 설명한 스폰서십 측면의 차이는 액션러닝 팀에 부여되는 과제의 성격이 다른 점과도 밀접하게 관련되어 있다. 즉 인재개발형 프로그램에서는 핵심 인재로 양성될 소수의 참가자들에게 과제를 부여하는 만큼, 모든 회사에서 하향식으로 CEO 또는 최고 경영층이 선정한 회사의 전략적 이슈를 액션러닝의 과제로 부여한다.

반면 조직개발형 프로그램에서는 다수의 조직구성원들이 그들의 업무현장에서 해결하고자 하는 과제를 스스로 선택하여 그 수행 여부를 직속 상사 또는 과제 스폰서가 승인하는 형태의 과제 선정 방식, 즉 상향식 방법을 주로 활용하게 된다.

넷째, 인재개발형과 조직개발형 액션러닝 프로그램 간의 또 다른 차이는 러닝코치의 활용 측면이다. 즉 인재개발형 프로그램에 기용된 러닝코치는 주로 기업 외부의 전문가들인 반면, 조직개발형 프로그램을 운영하는 회사들은 주로 내부의 유능한 인력을 러닝코치로 육성하여 이들을 액션러닝 팀에 배정하는 경우가 대부분이다.

인재개발형 프로그램에서 러닝코치를 외부에서 영입하는 이유는 대개 이 프로그램에 참여하는 학습자들이 중간 관리자급 이상의 고직급자들이란 점을 감안하면 그들을 코칭할 수 있을 만한 내부직원을 러닝코치로 양성하는 데 어려움이 따르고 비용 측면에서도 외부 전문가 코치를 활용하는 게 훨씬 경제적이기 때문이다.

■ **액션러닝 프로그램의 유형과 유형별 특징**

구 분	인재개발형 액션러닝	조직개발형 액션러닝
도입(운영)목적	리더(핵심인재)육성	학습조직 구축 및 경영혁신
참가자집단	선발된 소수인원	조직구성원(희망자) 전원
스폰서십	프로그램 스폰서 (CEO)	과제 스폰서 (사업본부장·부서장)
과제 선정 프로세스	하향식 위주 (Top-down)	상향식 위주 (Bottom-up)
러닝코치	외부 전문가	내부 인력
운영효과	전략적 이슈 해결 미래의 리더 육성	지식공유 문화 확산 변화관리

반면 조직개발형 프로그램에는 수십 개 또는 100개 이상의 학습팀들이 동시에 활동하는 경우가 많아서 모든 학습팀에게 실력이 검증된 외부 코치를 배정하기 어렵고 그만큼 비용상의 문제도 커진다. 또한 학습팀의 활동 자체가 시간이나 장소 면에서 매우 유동적으로 분산되어 있기 때문에 외부 전문 코치보다는 내부의 우수한 인력을 활용하는 것이 바람직하다고 할 수 있다.

출처 :「액션러닝 프로그램의 유형 분류와 유형별 특징에 관한 연구」(서영태, 봉현철, 2008, 경상논총, 26(2), 83~115p)

액션러닝 프로그램의 6가지 핵심 성공 요인

▍과제 선정 노하우

액션러닝 프로그램이 성공하려면 학습자들이 과제를 선정하는 단계에서부터 신중한 고려가 요구된다. 프로그램의 운영자들은 학습 효과가 크고 해결이 가능한 과제를 학습자들이 선택할 수 있도록 회사 고유의 언어로 표현된 '과제 선정 기준'을 제공해야 한다. 그런 다음 과제 선정 절차를 정교하게 설계하여 다양한 이해 관계자 집단을 참여시키고 투명하고 합리적인 의사결정을 유도한다. 나아가 과제 명칭과 과제 선정 배경, 학습팀 또는 학습자 개인이 과정 종료 시점까지 도출해야 할 결과물의 구체적 내용과 성과 측정 방법, 과제 관련 이해 관계자 등의 명단을 기록한 과제기술서를 제출하도록 한다. 마지막으로 이 과제기술서에 담긴 내용을 학습팀 또는 학습자 개인이 과제 관련 최종 의사결정 책임자 또는 최고 경영진과 공식적으로 합의하는 과제조인식을 갖는 것이 필요하다.

▍학습팀 구성 노하우

액션러닝이 성공하기 위해서는 가급적이면 다양한 직무경험과 배경을 가진 사람들로 학습팀을 구성하고, 학습팀의 과제와 관련된 전문가나 유경험자를 배제함으로써 보다 폭넓은 관점에서 과제 해결 대안을 모색할 수 있는 환경을 조성해야 한다.

성공한 액션러닝 프로그램에서 학습팀을 구성할 때에는 학습자들이 프로그램 운영 당시(직전)에 소속해 있는 부서 또는 기능 분야를 혼합하는 것을 원칙으로 삼고 있다. 또한 상당수의 프로그램에서 학습자들의 과거 직무경험과 업종까지를 혼합함으로써 학습팀 내에 가능한 한 다양한 시각과 견해가 존재할 수 있도록 배려하고 있다. 반면 특별한 경우를 제외하고는 직급이나 성격 특성까지 혼합하는 경우는 거의 볼 수 없다. 다만 학습팀을 구성하도록 했기 때문이다. 다만 몇몇 회사의 경우는 학습팀을 구성한 후에 MBTI나 DISC와 같은 성격유형 검사를 실시함으로써 학습자들이 서로의 성격 특성을 인식한 상태에서 팀 활동을 보다 효과적으로 해나갈 수 있도록 배려하고 있다.

▍학습자 동기부여 노하우

성공한 액션러닝 프로그램들에서 공통적으로 발견되는 세 번째의 특징은 이들 프로그램들이 학습자들을 동기부여할 수 있는 강력한 방안을 확보하고 있었다는 점이다. 학습자 동기부여 노하우는 크게 볼 때 외재적 동기부여 방안과 내재적 동기부여 방안으로 나눌 수 있다.

성공한 프로그램들은 대부분 우수 학습팀 또는 우수 학습자에 대하여 여러 가지 형태와 규모의 포상을 실시하고 있다. 뿐만 아니라 프로그램의 결과를 승진 또는 승격의 조건으로 규정한다든지 인사평가에 반영함으로써 학습자들에게 일정 수준의 의무감을 부여하고 있다.

또한 소수의 핵심 인력을 대상으로 운영되는 프로그램의 경우에는 액션러닝 과정에서 얻어진 과제 해결 대안 또는 결과를 최고 경영진에게 보고하는 자리를 마련함으로써 학습자들로 하여금 긴장을 늦추지 못하게 하고 있다. 예를 들어 최종 발표회의 팀별 발표자를 팀원들이 자율적으로 결정하는 것이 아니라 발표 당일에 무작위로 선정하는 방식을 도입함으로써 학습자 전원이 프로그램의 모든 과정에 적극적으로 참여할 수 있도록 유도하는 방법 등을 쓸 수 있다.

성공한 프로그램에서는 지금까지 설명한 외재적 동기부여 방안뿐만 아니라 학습자들의 자기발전 욕구에 소구하거나 동료 참가자들과의 인간관계 형성 등으로부터 얻을 수 있는 개인 차원의 무형적 효용을 강조하는 방법, 또는 조직발전에 기여해야 한다는 조직 구성원으로서의 사명감을 고취시키거나 조직의 핵심 인재로 선택되었다는 자부심을 갖게 하는 방법, 그리고 문제 해결을 위한 액션러닝 방식의 효과를 프로그램 초기에 직접 체험할 수 있는 기회를 제공하는 등의 방법을 통해 학습자들의 내재적 동기를 유발하고 있다.

▌러닝코치 관리 노하우

성공한 액션러닝 프로그램에서 공통적으로 발견되는 또 하나의 성공요인은 이들 프로그램들이 자질과 경험을 갖춘 러닝코치를 확보하여 학습팀의 과제수행 과정을 체계적으로 지원하고 관리한다는 점이다.

이때, 프로그램의 특성에 따라 사외 러닝코치를 기용하거나 사내 러닝코치를 활용할 수도 있다. 다만 사내 러닝코치를 활용하는 경우 처음부터 이들만으로 모든 학습팀을 코칭하게 하는 것은 예외적이라 할 수 있다. 대부분의 경우는 사외 전문 러닝코치로 하여금 사내

러닝코치를 교육시키게 한 다음, 사외 코치와 사내 코치 간의 성찰미팅이나 사내 코치에 대한 보수교육을 통해 상대적으로 경험이 부족한 사내 코치들의 역량을 향상시킬 뿐만 아니라 학습팀 간의 방향과 진도, 그리고 문제 해결 수준 등을 통일시키고 상향 평준화하기 위한 노력을 기울이고 있다.

▍프로그램 운영 프로세스 설계 노하우

액션러닝 프로그램을 운영하는 교육 담당자들이 프로그램을 설계하는 과정에서 공통적으로 직면하게 되는 가장 어려운 도전 중 하나는 해당 프로그램에 할당된 인적·물적 자원, 그중에서도 특히 시간과 예산이라는 한정된 자원의 범위 내에서 교육 효과를 극대화하는 일이다. 즉 교육 담당자는 실제 과제의 수행을 통한 교육 참가자의 역량 개발이라는 액션러닝의 취지에 부합하도록 프로그램을 설계하기 위해서, 어떤 내용의 학습 또는 과제수행 모듈을 제공해야 하며 각각의 모듈에 어느 정도의 시간을 배정해야 하는가, 그리고 각각의 모듈을 어떤 순서로 배열해야 하는가를 결정해야 한다.

　성공적인 액션러닝 프로그램들이 공통적으로 포함하고 있는 모듈을 과제수행 및 실행효과 극대화 관련 모듈과 학습 효과 극대화 관련 모듈로 나누어 정리하면 다음의 표와 같다.

■ 프로그램 운영 프로세스 모듈

과제수행 및 실행 효과극대화 관련 모듈	학습팀과 스폰서 간 의사소통	과제 명확화
		중간 점검과 피드백
		과제수행상의 지원
	변화관리	
	실행의사결정	
	실행	
	실행결과의 점검(Follow · up)	
학습효과 극대화 관련 모듈	지식과 도구의 습득	과제관련 지식
		문제 해결 프로세스
		학습팀 미팅 운영방법
	사내외 벤치마킹(Benchmarking)	
	성 찰	
	학습팀간 상호 벤치마킹	
	학습팀원 간 및 러닝코치의 피드백	

위 표에서 보는 바와 같이 성공한 프로그램들은 먼저 과제수행 및 실행효과를 극대화하기 위해 학습팀과 스폰서 간의 의사소통을 원활하게 할 수 있도록 공식적인 절차를 프로그램에 포함시키고 있다. 이러한 의사소통 과정을 통하여 학습팀과 스폰서가 학습팀의 과제 수행을 통해 얻고자 하는 구체적 결과를 명확하게 정의하고 학습팀 이 스폰서로부터 중간 점검과 피드백, 그리고 과제수행에 필요한 인적·물적 자원과 심리적 후원 등을 제공받을 수 있는 기회를 마련하는 것이다.

둘째, 학습팀의 과제수행 결과가 형식적인 문서 작성 작업에 머무르지 않고 실제로 실행에 옮겨지게 하기 위하여 성공한 프로그램에서는 스폰서의 실행 의사결정 과정을 프로그램의 한 모듈로 공식화하고 있으며 그 의사결정 이후의 과제실행 과정과 실행 결과를 점검하는 단계까지를 액션러닝 프로그램에 포함시킴으로써 실행 효과를 공고히 한다.

셋째, 성공한 프로그램들이 '변화관리' 모듈을 포함시키는 이유는 과제 스폰서의 의사결정 이전에 학습팀이 제안하게 될 과제 해결방안의 실행으로부터 영향을 받을 수 있는 각종 이해관계자 집단을 대상으로 변화관리를 실시함으로써 해결방안의 실행 효과를 향상시키기 위함이다.

다음으로 성공한 프로그램들은 교육 참가자들의 학습 효과를 극대화하기 위해 위의 표에서 열거한 다양한 모듈을 제공하고 있다. 특히 성공적인 프로그램 모두에서 과제 관련 지식 습득, 학습팀 미팅 운영방법 습득, 사내외 벤치마킹, 그리고 성찰을 위해 충분한 시간과 체계적인 방법을 제공하고 있다. 또한 학습팀 간 상호 벤치마킹과 학습팀원 간 및 러닝코치의 피드백 모듈을 포함시킴으로써 교육 참가자들이 강의수강이나 도서 연구 등 전통적인 학습 방법에만 얽매이지 않고 모든 학습자원을 동원하여 학습 효과를 극대화하도록 노력하고 있다.

▌프로그램 운영 노하우

프로그램 운영 노하우란 해당 액션러닝 프로그램을 운영하는 과정에서 교육 담당자가 프로그램을 성공으로 이끌기 위해 발휘하는 노하우를 말한다. 다음은 그 대표적인 5가지의 운영 노하우를 정리한 것이다.

1. 교육 참가자에 대한 배려와 지원

2. 프로그램 참가 주체들 간의 조정(Coordination)

3. 정보공유와 안내

4. 엄정한 집행

5. 융통성 발휘

프로그램 운영 노하우에 관한 5가지 항목별 주요내용을 간략히 기술하면 다음과 같다.

첫째, 프로그램을 성공시키려면 교육 담당자들이 교육 참가자 개개인에 대한 세심한 배려와 적극적 지원을 아끼지 않아야 한다. 여기서 배려란 주로 심리적 측면을 일컫는 것으로 칭찬, 격려, 인사 등을 말하며 지원이란 주로 물리적 지원으로 각종 교보재의 적기 공급은 물론 과일, 음료 등 교육 참가자들의 육체적 피로를 달래기 위한 지원까지를 포함한다. 심리적 배려와 물리적 지원이 꼭 필요한 이유는 무엇보다도 액션러닝 프로그램이 과제 해결과 학습, 그리고 현업의 업무수행을 동시에 병행할 것을 요구하고 있어서 교육 참가자들이 경험하는 스트레스 수준이 여타의 교육 프로그램에 비해 월등히 높기 때문이다.

둘째, 교육생과 강사가 참여하는 다른 교육 프로그램과는 달리 액션러닝 프로그램에는 과제 스폰서, 실행 관련 부서, 교육 참가자의 직속상사, 러닝코치 등 다양한 집단이 참여하게 된다. 이런 이유 때문에 액션러닝이 성공하기 위해서는 이들 주체들의 다양한 입장과 이해관계를 조정하는 교육 담당자의 역할이 매우 중요하다.

셋째, 프로그램 교육 담당자들은 학습자들이 숙지해야 할 각종 정보들을 적기에, 오해가 생기지 않도록 정확하게, 그리고 반복적으로 공유하고 안내하는 데 특별히 신경을 써야 한다. 액션러닝 프로그램은 일회성 교육이 아니라 최소 3개월 이상의 비교적 장기간에 걸쳐 진행되는 복잡한 프로세스이므로 교육 참가자들이 알아야 할 정보가 매우 많은 것이 특징이다. 교육 참가자들이 알아야 할 정보에는 학습팀 회의를 비롯하여 과제조인식, 스폰서 피드백 세션(Sponsor Feedback Session), 현업 부서와의 협의, 주제별 전문가와의 회합, 현장 방문 등의 각종 일정과 일정별 장소, 참가자, 그리고 진행 방법 등에 관한 정보, 각 일정 후에 학습팀 단위 또는 학습자 개인 단위로 제출해야 할 자료의 양식과 내용뿐만 아니라 학습팀별 및 또는 학습자별 평가방법, 각 팀별 진행 현황과 스폰서들의 의견 등이 있다.

네 번째의 프로그램 운영 노하우는 '엄정한 집행'이다. 여기서 엄정한 집행이란 프로그램의 운영 과정에서 일어나는 각종 행정 절차를 깔끔하게 처리하는 것과 모든 참가 주체들 간의 약속을 철저히 이행하는 것을 말한다. 예를 들어 행정 절차에는 학습팀 회의장소 예약, 교육 참가자의 출장비 등 각종 비용 지급 절차, 각종 교재 및 교보재의 적기 공급 등이 포함되며 약속 이행에는 출석관리, 과제물 제출

기한, 평가, 발표자 무작위 선정방법의 준수 등이 포함된다. 액션러닝 프로그램은 앞에서 수차례 언급한 것처럼 교육 참가자들에게 매우 힘든 과업을 요구하는 과정이기 때문에 행정처리가 매끄럽지 못할 경우 학습자들의 원성을 사고 이는 곧 학습의욕의 저하로 이어질 수 있다. 또한 정해진 원칙에 대해 한두 차례의 예외를 인정하기 시작하면 학습자들 모두가 매우 바쁘고 힘든 상황이므로 전체를 일사불란하게 이끌기 어려워진다.

다섯 번째 프로그램 운영 노하우는 네 번째 노하우와 역설적으로 대비될 수 있는 '융통성 발휘'를 들 수 있다. 융통성을 발휘한다 함은 프로그램 설계 당시에 정해진 사항에 지나치게 집착하지 않고 적절한 범위 내에서 상황 변화에 대응하여 운영 프로세스와 각종 의사결정들을 수정·보완해가는 것을 말한다. 예를 들어 예산이 허락하는 범위 내에서 특정 학습팀의 해외 또는 지방 출장이나 러닝코치와의 학습팀 회의를 추가적으로 실시하는 것을 허용하는 것, 또는 전체 학습팀들이 요청할 경우 특정 모듈을 신설하거나 폐지하고 특정 모듈 내의 세션별 순서나 배정 시간 등을 조정하는 것 등이 될 수 있다.

출처:「한국 기업 액션러닝 프로그램의 핵심 성공요인 탐색 : 요인의 내용과 요인 간의 관계에 관한 고찰」(봉현철, 2007, 경상논촌 25(3), 1~34p)

조직개발형 액션러닝의 11가지 핵심 성공요인

▌사내 러닝코치의 육성과 활용

핵심 인재 등 자질이 우수한 러닝코치를 선발하여 체계적으로 육성하여 이를 학습팀의 성과창출에 효과적으로 활용한다.

▌CEO의 스폰서십

프로그램 스폰서로서 CEO는 액션러닝에 대하여 지속적인 관심을 가지고 회사의 주요 경영회의에서 액션러닝 프로그램의 중요성을 언급하고 액션러닝 관련 주요 행사에 참여하여 학습자들을 격려하고 물적·인적 자원을 할당하는 등의 적극적 스폰서십을 발휘한다.

▌현업 부서 임원 및 부서장의 스폰서십

과제 스폰서의 역할을 수행하는 현업 부서의 임원 및 부서장들은 참가자들의 활동시간을 배려하고 관심을 표명하는 등 동기부여하고 학습팀이 제안한 해결방안의 실행을 촉진하는 등 적극적 스폰서십을 발휘한다.

▌과제 선정

프로그램의 목적, 내외부 경영환경 및 참가자들의 특성을 반영한 과제 선정 기준과 CEO와 현업 부서 임원 또는 부서장들이 참여하는 과제 선정 절차를 확립하여 이를 주기적으로 수정·보완하고 일관성있게 운영한다.

▎실행을 통한 정량적 성과창출

액션러닝이 '보고서 경진대회'에 그치지 않게 하기 위하여 과제수행 과정에서 실행 스폰서와 긴밀하게 협력하고, 학습팀이 제안한 해결 방안의 실행 여부를 반드시 결정하며 그 실행 여부와 정도를 지속적으로 팔로우업함으로써 정량적 경영 성과를 창출한다.

▎성공 사례 공유

지식경영시스템과 본부별 및 전사적 우수사례 발표회 등을 통해 성공 사례를 공유함으로써 학습팀 간 상호 벤치마킹을 촉진하고 전체적인 상향평준화를 도모한다.

▎외재적 보상을 통한 동기부여

우수 학습팀에 대한 금전적 보상, 실행 성과 금액의 일정 부분에 대한 수익 배분(Profit Sharing), 임직원의 성과 관리 및 인사고과에의 반영, 러닝코치 자격취득 시 팀장 승진 조건화 등 다양한 외재적 보상을 통하여 조직 구성원 전원을 액션러닝에 적극적으로 참여하도록 동기부여한다.

▎전담조직 운영

액션러닝을 전담하는 조직을 지정하여 이들로 하여금 운영 프로세스

관리, 학습팀 지원 제도 개발 및 시스템 구축, 지식경영시스템 운영, 성과관리 및 변화관리 등의 업무를 효과적으로 수행케한다.

▌ 참여주체 간 의사소통

액션러닝에 참여하는 다양한 주체, 즉 학습팀, 실행팀, 전담조직, 인재개발 부서, 기획부서, 과제 스폰서들 간에 각자의 역할, 전체 운영 프로세스, 성과 및 정보공유 등에 관한 의사소통을 원활하게 한다.

▌ 회사 고유의 문제 해결 프로세스 공유

회사의 비즈니스 모델과 업무 특성에 적합한 문제 해결 프로세스를 선택·개발하여 학습팀원과 러닝코치들에게 교육시키고, 문제 해결 과정에 활용토록 장려함으로써 조직구성원의 문제 해결 능력을 향상시키고 구성원 간의 의사소통을 촉진한다.

▌ 팀 구성의 다양성과 활력

Cross Functional Team, 전략과제 팀, 자율과제 팀 등 회사의 추진방향과 과제의 특성 등을 반영하여 다양한 형태의 학습팀을 구성하고 활동비 지원 등 팀원들의 자발적이고 적극적인 활동을 촉진하기 위한 다양한 조치를 취한다.

출처: 「조직개발형 액션러닝 프로그램의 핵심 성공요인 탐색 : 현대오일뱅크와 대림산업의 사례 연구」(서영태, 봉현철, 2008, 경상논총, 26(4), 77~107p)

"제 여동생이 아이들을 데리고 공모전에 나가서 단체 부문 최우수 표창을 받았다고 조만간 저녁 식사 한턱 쏘겠답니다."

"축하합니다. 그런데 유 과장님 동생분이 왜 우리 팀에게 저녁을 산다는 겁니까?"

"제 동생 말이 이게 다 명 부장님 덕이라네요?"

유 과장 말에 새누리 팀원들의 환호성이 터져 나왔다. 초등학교 교사인 여동생이 담임을 맡은 학생들이 그 학교 역사상 처음으로 어린이 환경미술공모전에서 단체상을 받았다는 이야기다.

"뭐야, 우린 이제 시작인데 그 꼬맹이들이 벌써 만세를 불렀다고?"

탁 대리가 어이없다는 얼굴로 유 과장과 명민한을 번갈아보았다.

"그러게요, 이건 뭐 서당 개 3년에 풍월을 읊는 것도 아니고 저도 좀 놀라긴 했습니다."

액션러닝이 학교에서 아이들을 가르치는 방식으로도 효율적이란 사실을 명민한도 알고는 있었다. 경 교수는 학교뿐만 아니라 조직이 있는 곳이면 어느 곳에서나 액션러닝 팀 구성이 가능하다고 했다.

우연찮게 유 과장 여동생이 교사가 된 이후 처음으로 참가하는 공모전 준비를 힘들어한다는 이야기를 듣고 경 교수를 소개해준 사람은 명민한 자신이었다. 경 교수가 유 과장 여동생을 직접 만나본 후 프로그램에 적합한 러닝코치를 파견했다는 이야기를 들은 게 2개월 전인데 이렇게 빨리 성과가 나올 줄은 몰랐다.

"자자, 회의 시작합시다! 우리 새누리 팀도 분발해야겠어요."

언제 봐도 의욕이 넘치는 한 차장이 분위기 쇄신에 나섰다.

새누리팀은 하늘기업 휴대폰 사업부에서 개발한 '행복한 폰' 출시를 2개월 앞둔 시점에 영업1팀이 자체적으로 액션러닝 팀을 구성하면서 정한 팀 명칭이다. 정식으로 프로그램을 운영하는 게 아니라 해바라기팀이 과제를 수행하는 동안 경 교수가 했던 방식을 명민한이 어깨 너머로 보면서 배웠던 것들을 따라해 보는 식이었다. 새누리팀 러닝코치 역할도 명민한이 맡았다. 팀원들이 분발하자고 하는 건 공교롭게도 그 시기가 유 과장 여동생네 학교에서 액션러닝을 실시한 시기와 맞아떨어졌기 때문이다.

제 살 깎아먹기 경쟁이라는 말이 전혀 어색하지 않을 만큼 휴대폰 판매 시장은 갈수록 과열 양상을 보이고 있다. 자사 제품을 하나라도 더 팔기 위해 온갖 경품이며 혜택들이 남발되다시피 하는 피 튀기는 전쟁의 와중에서 승자가 되려면 이리저리 움직이는 고객의 눈높이에 맞추어 정확히 따라 움직여야 한다. 3차 학습팀 회의의 주요 아젠다는 과제와 관련된 3C 분석이었다.

새누리팀 3차 학습팀 회의

1. 목적 : 과제기술서 초안 작성
2. 장소 : 201호 회의실
3. 준비사항 : 과제기술서 준비사항 및 문제점
4. 일시 : 20○○년 ○월 ○일(오후 2:00~6:00)
5. 일정

2:00~2:05	아이스 브레이크
2:05~2:08	아젠다 설명 및 합의
2:08~2:50	경청의 기술 실습 결과 공유
2:50~3:00	휴식
3:00~3:30	자사 현황 분석
3:30~4:00	경쟁사 및 타사 현황 분석
4:00~4:30	고객 요구 분석
4:30~4:40	휴식
4:40~5:10	블랭크 차트 작성
5:10~5:25	블랭크 차트 완성을 위한 팀원들의 역할 분담 계획 수립
5:25~5:40	차기 미팅 아젠다 결정
5:40~6:00	성찰

"고객들이 진정으로 요구하는 이 상품의 특성은 무엇일까요?"

명민한은 팀원들에게 질문을 던지며 포스트잇을 나누어주었다.

1. 품질
2. 가격
3. 스타일

팀원들의 의견을 종합해본 결과 3가지 가설이 세워졌다.

"애들한테 들은 말인데 어떤 상품은 만지기만 해도 통화료가 올라간다는 루머가 있답니다. 그만큼 스마트폰 품질 상태에 대한 소비자 인식이 불안하다는 이야기죠."

탁 대리가 말했다.

"우리 상품의 장점은 뭐라고 생각하십니까?"

"요즘 트렌트에 딱 맞게 디자인되어 색상이나 스타일이 세련됐다는 말을 많이 듣습니다."

"단점은요?"

"소비자 사이트에 보면 벌써 몇 가지 기계적인 불만사항들이 올라와 있습니다."

"저도 몇 군데 사이트를 확인해봤는데 소비자 불만사례 중에서 제일 높은 비중을 차지하는 게 상품의 외장 재질이 안 좋다는 이야기였습니다."

그 밖에 몇 가지 의견이 더 나왔다.

"그럼 이 내용들이 모두 사실인지 아닌지 알아보려면 어떤 정보가 필요할까요?"

블랭크 차트.

명민한의 물음에 팀원들이 얼굴에 미소를 띠며 답을 했다. 다음은 가격 문제였다.

"가격경쟁에서 유리한 고지를 선점하려면 원가절감이 불가피한데, 우리 제품의 단가가 높아진 건 무엇 때문일까요?"

"요즘 인건비가 너무 올랐지 않습니까?"

"자재가격 상승도 원인이라고 생각합니다."

"네, 그런 이유도 있겠군요. 그런데 우리 제품이 타사 제품에 비해 원가를 높게 책정해야만 되는 결정적인 이유가 있다면 그게 무엇일까?"

명민한이 물었다. 새누리 팀원들의 블랭크 차트에는 자사 제품과 타사 제품의 가격 대비 만족도에 대한 조사 항목이 추가되었다. 스타일에 대해서도 똑같은 방식의 토론이 이루어졌다.

"대리점 현장조사는 어느 분이 맡는 게 좋을까요?"

한 차장이 손을 번쩍 들었다.

"얼마나 걸리겠습니까?"

"네, 제가 아르바이트생을 써서라도 2주일 이내에 서울 시내 대리점은 확실히 설문조사를 마치겠습니다."

한 차장은 역시 시원시원해서 좋다.

"직영점은 제가 맡겠습니다."

유 과장도 질세라 나섰다. 나머지 두 명의 팀원인 탁 대리와 차 대리는 홍대 앞과 명동의 젊은이들을 상대로 설문조사를 하겠다고 자청했다.

"내일은 각자 현장에서 뛰고 월요일에 사무실에서 만납시다."

"좋은 주말 보내십시오!"

"새누리팀 파이팅!"

"아자! 아자! 아자!"

목요일 저녁인데도 거리는 유난히 활기가 넘친다. 명민한은 팀원들과 저녁 식사를 마치고 돌아서면서 문득 디자인팀 하 부장이 했던 이야기를 떠올렸다.

"전에는 못 느꼈던 부분인데요, 최근 들어 영업1팀이 그렇게 단합이 잘되는 이유가 뭡니까?"

한 조직을 책임지고 있는 리더로서 이런 말을 듣는 것만큼 기분 좋은 일이 있을까.

새해 첫 달 영업1팀 판매실적은 마침내 사내 1위를 달성했다. 판매 신장 그래프가 하향곡선을 그릴 때마다 팀장이 무능해서 그런 건 아닐까 싶은 자격지심에 부하직원들 얼굴 보기가 민망했던 명민한에게 이는 실로 꿈같은 일이었다.

"아빠!"

흐뭇한 상념에 젖어 집으로 향하던 명민한의 발걸음을 멈추게 만든 건 사랑스런 딸 보람이의 목소리였다. 모녀가 손을 잡고 마트에 다녀오던 길이었는지 아내도 미소 띤 얼굴로 그를 바라보고 있었다.

"공부하기 힘들지 않아?"

두 사람의 손에 들려 있던 봉지를 받아든 명민한은 한쪽 팔을 딸의 어깨에 두르며 다정하게 물었다.

"공부가 뭐 힘든가요? 성적이 안 올라 그렇지."

"우리 딸 요새 얼마나 열심인지 당신 모르죠?"

쑥스러운 듯 딴청을 피우는 딸아이를 바라보는 아내 얼굴에는 미소가 그치지 않는다. 농담까지 하는 걸 보니 이제는 걱정 안 해도 될 듯하다.

지난해 한 차례 성장통을 치룬 후 보람이에게는 새로운 계획이 생겼다.

"엄마 아빠에게 이야기를 하는 동안 신기하게도 어릴 적 꿈이 되살아났어요. 혹시 나중에 꿈이 변하더라도 지금처럼 내 말에 귀 기울여 주실 거죠?"

국제 인권변호사가 되어 가난한 이민자들을 위해 봉사하는 삶을 살겠다고 자신의 포부를 밝히는 딸아이가 몇 달 사이에 부쩍 커버린 듯했다. 덕분에 부부 사이에도 평화가 찾아왔다.

"여행 준비는 다 했어?"

"당신도 같이 가면 좋을 텐데."

"이번에는 보람이랑 둘이 가고 당신 봄 방학 때 시간을 만들어볼게."

아내는 명민한의 말에 고개를 끄덕이며 아쉬운 듯 말끝을 흐린다. 아내와 보람이는 주말에 4박 5일 일정으로 연숙이네 식구들과 싱가포르와 말레이시아 여행을 떠날 예정이다. 명민한은 액션러닝 과제 수행 후 지난 연말 성과급으로 받은 전액을 아내와 딸의 첫 번째 해외여행 경비에 투자하기로 했다. 모처럼의 가족여행을 함께 하지 못하는 아쉬움보다는 모녀가 다시 예전처럼 사이좋게 웃는 모습을 보니 그것만으로도 뿌듯한 기쁨이 느껴졌다.

팀원들이 모두 영업현장으로 나간 빈 사무실에 홀로 앉아 일기장을 펼쳐든 명민한의 가슴 속은 왠지 모를 감동으로 벅차올랐다. 일기는 명민한의 업무를 포함해서 모든 일상생활에 대한 성찰의 기록이다. 초등학교 졸업 후 오랫동안 중단했던 일기를 다시 쓰기 시작한 것 또한 액션러닝 덕분이다. 매일 쓰진 못하지만 일주일에 한두 번 쓰려고 노력하는 중이다.

"당신은 무엇을 배웠나요?"

천천히 일기장을 넘기며 회상에 잠긴 명민한의 귀에 경 교수의 음성이 들려오는 듯하다.

"나는 질문, 경청, 칭찬의 선순환이 인간의 무한한 잠재력 개발에 가장 강력한 동기부여의 원천이 된다는 사실을 배웠습니다."
"나는 복잡하고 어려운 상황일수록 에너지를 한곳에 집중했을 때 진정 원하는 성과를 올릴 수 있다는 사실을 배웠습니다."
"나는 성찰의 습관을 통해서 그 어떤 실패의 경험도 성공의 밑거름이 된다는 사실을 배웠습니다."
"나는 가설지향적 사고와 사실지향, 아웃풋 지향, 협동지향, 효율지향이라는 5가지 사고방식을 통해서 성공적으로 과제를 수행하는 실질적 방법을 몸에 익힐 수 있었습니다."

"무슨 생각을 그렇게 골똘히 하십니까?"

상념에서 깨어나 뒤를 돌아보니 탁 대리가 종이컵에 담긴 커피를 건네주었다. 표정을 보아하니 인터뷰 결과가 신통치 않은 모양이다.

"직접 현장에 나가보니 포커스 자체가 잘못 됐다는 사실을 알게 됐지 뭡니까."

지난 주 회의 때만 해도 자신만만해하던 탁 대리의 풀 죽은 모습에 명민한은 슬며시 웃음이 나왔다. 가설이 빗나간 사실을 알게 될 때마다 낙담하고 또 낙담했지만 결국은 도전을 멈추지 않았던 해바라기 팀의 기억이 떠올랐기 때문이다.

"자네 오늘 중요한 걸 배운 거야. 현장에 나가보면 가설이란 게 결국은 우리들 자신의 주관적 정보와 지식과 노하우, 판단, 의견에 입각했을 뿐이란 사실을 알게 되지. 그러니 기죽지 말고 이번에는 좀 더 치밀하게 가설을 세우고 검증계획을 세워보자고. 내가 옛날에 이걸 못해서 실패했던 경험을 얘기해줄까?"

탁 대리는 커피를 한 모금 마신 후 명민한 옆으로 의자를 바짝 당겨 앉았다.

성공하려면 액션러닝하라

초판 1쇄 발행 2011년 3월 8일
초판 6쇄 발행 2015년 10월 29일

지은이 봉현철

펴낸곳 (주)행성비
펴낸이 임태주

출판등록번호 제313-2010-208호
주소 서울시 마포구 상수동 396 두산위브상가 201호
대표전화 02) 326-5913 팩스 02)326-5917
이메일 hangseongb@naver.com │ 블로그 http://blog.naver.com/hangseongb
ISBN 978-89-965414-7-9 (13320)

※ 값은 뒤표지에 있습니다. 잘못 만들어진 책은 구입하신 서점에서 교환해 드립니다.
※ 이 도서의 국립중앙도서관 출판시도서목록(CIP)은 e-CIP홈페이지(http://www.nl.go.kr/ecip)에서
　이용하실 수 있습니다.(CIP제어번호: 2011000955)

◇ **행성:B웨이브**는 (주)행성비의 경제경영·실용서 브랜드입니다.

이 저서는 2010년도 전북대학교 저술장려연구비 지원에 의하여 연구되었습니다.